唐代民间信仰与景观研究

——以陕西太白山神为例

僧海霞◎著

科学出版社

北京

内 容 简 介

　　本书以清代陕西太白山及其相关意象为对象的雨神信仰为研究对象，介绍清代陕西雨神发展概况和太白山神信仰发展过程，在此基础上分析了太白山神信仰景观及其分布，并对信仰、景观与区域社会之间的互动关系进行论述。同时，通过对太白山神信仰在清代陕西地区由盛转衰过程的展示，探讨民间信仰演变的轨迹和影响其演变的因素。

　　本书可供历史地理学、文献学等专业的师生阅读和参考。

图书在版编目（CIP）数据

清代民间信仰与景观研究：以陕西太白山神为例 / 僧海霞著. —北京：
科学出版社，2019.6
　　ISBN 978-7-03-061367-7

　　Ⅰ. ①清… Ⅱ. ①僧… Ⅲ. ①信仰-民间文化-研究-陕西-清代 Ⅳ. ①B933

　　中国版本图书馆 CIP 数据核字（2019）第 104598 号

责任编辑：任晓刚 / 责任校对：韩　杨
责任印制：张　伟 / 封面设计：润一文化

科 学 出 版 社 出版
北京东黄城根北街 16 号
邮政编码：100717
http://www.sciencep.com

北京中石油彩色印刷有限责任公司 印刷

科学出版社发行　各地新华书店经销

*

2019 年 6 月第 一 版　开本：720×1000　B5
2019 年 6 月第一次印刷　印张：18
字数：280 000
定价：86.00 元

（如有印装质量问题，我社负责调换）

目　　录

列 表 目 录

绪　　论

一、缘起及研究意义

（一）缘起

众所周知，在我国古代社会，求雨习俗十分兴盛。但是求雨并不能导致降雨，也不能从根本上解除旱灾威胁。然而在民众的意识里，天旱求雨是习惯使然。这种习俗缘何长期存在于区域社会中，值得我们探究。

由此，我想起儿时的经历。20世纪80年代初，每遇干旱，村民会自发敲锣打鼓，到距村庄五六里的一个名为九龙洞的山间溶洞求雨。为首者多为村中头面人物，随从是各家各户的代表，以及无所事事的孩子们。祭拜者烧香、下跪、磕头，口中念念有词，并用所带瓶子在溶洞中接水，接到一定量的水后，求雨者自行离开。此后是否还有其他活动，我已经没有记忆。我的家乡位于河南西部的山区，求雨所选择的溶洞在当地较为罕见，洞内有一条暗河从山前流出。神秘的山洞，无法触摸的神明，对点着蜡烛进洞的儿童来说，敬畏之情油然而生。儿时已经远去，久久不能忘却的，却是那个最早进入我的记忆，与求雨有扯不断理还乱关系的九龙圣母和关于她的神奇传说。

我曾经呆过三年之久的金城兰州，郊区山中家家户户有水窖，保存泛有绿意的雨水。当地民众对发绿雨水的珍惜，让我这个经历过求雨活动的河南人感到不可思议。当我求学西安之后，翻检方志时，发现在清代的陕西，有一些形形色色的求雨地点和神明，还有规模大小不等的求雨活动，以及林林总总的与求雨相关的庙宇，这一切似曾相识，却又不尽相同。

旱时盼雨，几乎成为我所生活过的地区的共同经历，这使我对传统社会中旱灾来临时民众的情感和行为产生了浓厚的兴趣。对于内陆地区的民众，在没有任何科技手段获取雨水的情况下，他们经历了什么？在反复的经历中，他们认知了什么？又在进行何种努力？如何选择而最终又怎样放弃，都成为萦绕在我脑海中的问题。陕西是我生活过的三个省份之一，是我国从东南湿润区域到西北干旱区域之间的过渡带。传统社会末期，祈雨作为一种存在于中国绝大部分版图上的民俗事象，在陕西也普遍存在。

清代是中国古代社会的终结和近代社会的开端，陕西的求雨习俗在这个交替的朝代中发生的变迁，成为我们解读陕西区域社会的一条路径。在怎样的情形下，民众选择了求雨；在何处求雨，是民众选择神明的结果；怎样求雨，反映了区域社会民众的信仰习惯；求雨之后民众的反馈则表达出信仰情感的变化，这种情感在区域社会中如何表达；区域社会则在自身发展的过程中，受这些外在因素的影响，进行了哪些响应和调整，这应是一个动态的过程。对这个过程的解读，对当今干旱半干旱地区民众抗灾心理的认知是有所裨益的。

（二）研究意义

求雨习俗的存在源于民众对雨神的崇拜，雨神崇拜的根本在于干旱气候的出现。干旱是雨神信仰的根源，却不具有唯一性。求雨活动的出现，有着特定的时间特征，与区域人群的认知密切相关，而求雨对象则因地而异。清代陕西是中国农业发展较为充分的地区，人口迅速增加，农业迅速拓展，使得人地之争更趋严重。同样的耕地承载更多的人口时，民众对土地的出产率产生了更高的期望，农业用水的缺乏也就日趋明显。正是在这样的背景下，清代陕西的求雨活动就显得更加突出，求雨所涉及的神明除国家祀典规定的龙王外，更多的是民间神明。对一个高层政区而言，所信奉雨神的不尽相同，是区域社会多样性的表达之一。因此，我认为对民间信仰的探讨，是解读求雨习俗的开端，也可为区域社会发展进程提供依据。

雨神崇拜是民间信仰的一种。民间信仰的产生、传播及其衰落是民众对环境感知过程的见证，这是一个从朦胧到清晰的渐进过程。民间信仰的功用是多重的。谭其骧先生认为："控制当时（明代——笔者注）整个社会精神的，是菩萨神仙，而不是周公孔子孟子。"[①]对信仰社会控制职能的认同是已有研究成果中的一项，这种职能至传统社会末期更为明显。周振鹤先生认为："中国的宗教意识不发达……但中国并非没有信仰……但实际上作为民间信仰的神鬼巫崇拜一刻也没有中断过。……说明民间信仰在中国是宗教风俗之际的重要研究对象，锲而不舍旦暮以之，必定会有出色的收获。"[②]民间信仰伴随着中国社会发展，反映和渗透了中国区域社会的诸多方面，对它的研究必将呈现区域社会中的各种因素和区域发展的相互关系。

在清代陕西太白山神信仰的发展过程中，太白山神由地方神转化为区域神，成为区域共有的信仰。这个区域包含不同的地理基础和人文环境，这表明民间信仰中地方神转化为区域神的基础是一种共有的意识在起作用，这种意识即地方感，而地方感的外在表现形式是政区。政区作为一种空间概念，它所表达的应当是区域民众对共同界域的认可，这从太白山神信仰在清代陕西的空间分布可以见到。民间信仰的传播与国家的祭祀政策密切相关，国家的认可度对区域信仰的扩展至关重要，但却不是唯一因素。促使地方神向区域神转化的是信仰的功利性或者说是实用性，这是由区域社会的地理环境决定的。在中国传统社会，民众的信

① 复旦大学历史系编：《中国传统文化的再估计——首届国际中国文化学术讨论会（1986）文集》，上海：上海人民出版社，1987年，第29页。
② 周振鹤：《序言》，朱海滨：《祭祀政策与民间信仰的变迁——近世江浙民间信仰研究》，上海：复旦大学出版社，2008年，第5—6页。

仰情感是由区域社会的重要灾害决定的，即由他们所面临的生存危机所决定的。

景观是民众信仰情感的外在表达，它的发展也受到诸多因素的影响。景观是缘于信仰而产生，在求雨活动与降雨偶合之后，建庙的概率远大于风调雨顺之时。参与求雨者的身份也与庙宇的建造与否有着一定的关系。庙宇的选址、布局、时空分布与神明的功用和发展密切相关，却又不完全同步。民间信仰与其相伴生的信仰景观的产生和发展无法背离特定的区域社会。区域社会的地理环境和社会各阶层的感知能力对信仰和景观的演变起决定作用。信仰、景观及区域社会，三者独立发展，又有一定的关系。这种关系的发掘和阐释，使我们认识传统社会末期地方社会发展的地域性，同时见证求雨事项中社会各阶层的行为，这些行为与区域环境的关系又随着人的认知而不断变迁。

一方面，民间信仰作为一种发展中的事物，受到诸多因素的影响。区域社会的自然条件如气候、降水等，都会对雨神信仰产生影响。另一方面，以行政权力和政区为主要因素的政治力量影响着信仰发展的阶段性，作为一种外力，它们决定了信仰的传播速度和地域分布；信仰作为一种区域社会的文化存在，也在发展中对区域社会产生了潜移默化的作用，这是一种内力的外渗。两者的合力使得信仰与区域社会发展的联系更加密切。

民间信仰及其景观的发展历程，是区域社会发展的一面镜子。它们只是区域社会众多事象之一，在区域社会的舞台上却透射着社会各阶层势力的涨落，见证着民众在社会发展中对所处地域自然和人文环境认知的变迁。当今民间信仰的复兴，在一定程度上是民众对传统文化的继承，在另一层面上，民众通过对神明的感情寄托，有利于缓解其失调的情绪，稳定区域社会的秩序。对区域神明发展历程的重现，有利于促进我们对区域信仰发展规律的认知，促进区域社会稳定发展。

二、研究现状

现有对民间信仰的研究，多以华南、江南等民间信仰相对发达的地区为研究区域，涉及北方地区者相对较少。尽管研究区域不同，但在研究手段和方法论上已积累了丰富的经验，是为本书研究的基础，下文分专题进行总结。

（一）民间信仰

目前在民间信仰的研究上普遍采取社会史的视角，如武雅士（Athur Wolf）、华琛（James Watson）、王斯福（Stephan Feucht-wang）通过对汉人神明崇拜与祭祀仪式的研究，"揭示了乡村中神明信仰与仪式如何体现了王朝秩序，及其在建立和维系乡村社会秩序方面的功能"[①]。受国外这些研究思路的影响，国内学者也开始对民间信仰展开研究。

民间信仰是与制度性宗教相对而言的，它的产生是基于特定的自然环境和人文背景而出现。周振鹤认为："在我国，民间信仰的性质介乎宗教与风俗之间。当某种民间信仰还只是具有纯粹的民间——或曰庶民——性质，而且仅限于在局部地区流行时，与风俗的其他形式没有根本性的差异，完全可视作风俗的一部分。……但是当某种民间信仰具有全民的性质，而且信仰范围扩大到相当的地域范围时，就有可能向国家宗教转化。因此，在民间信仰与国家宗教之间并没有不可逾越的鸿沟。……民间信仰向国家宗教转化的关键在于政治权力的承认，得到承认的则成为正祀，列入国家祭典。"[②]刘黎明认为："民间信仰不是指群体的信仰，而是在某一个生活空间中的信仰，这个信仰的人有可能是平头百姓，也可能是政府官员、高级知识分子。"[③]由此可知，民间是一种地域概念，而非信仰主体身份的限定。在这个意义上，民间信仰就应当与国家信仰相对应，即民间信仰的神明一定是地方神而非国家神，这似乎有失偏颇。国家神和民间神的界限正如周振鹤所言，是可以转化的，并

[①] 刘志伟：《地域社会与文化的结构过程——珠江三角洲研究的历史学与人类学对话》，《历史研究》2003 年第 1 期。

[②] 周振鹤：《序言》，朱海滨：《祭祀政策与民间信仰的变迁——近世江浙民间信仰研究》，上海：复旦大学出版社，2008 年，第 3 页。

[③] 皮庆生：《"中国民间信仰：历史学研究的方法与立场"学术研讨会综述》，《世界宗教研究》2008 年第 3 期。

非对立。

"民间"的概念，是相对于"官方"或"正统"而言。蒲慕州认为："我们现在所能运用的资料尚不足让我们分辨出在当时社会上下阶层中的宗教现象有何不同，因为我们所能用的材料，尤其是文字资料，基本上都是上层社会所留下的。"①目前所见到的资料是以官方活动为中心，但并不能因此就认为社会各阶层的信仰是相同，这种认知是不全面的。近期历史人类学者普遍采用的"田野调查"，已经可以弥补传世文献缺乏下层资料的缺憾，使得进一步深入民间成为可能。韩森认为，民间信仰主要是为不识字的民众所信奉、所参与的一种宗教。它存在于社会的基层，其教义大多由民众口头相传，并无付诸文字的经文，韩氏指出选择的实用主义原则：惟"灵"是从②。韩森对民间信仰的界定更符合中国的实情，民间信仰的特征，就在于它与宗教的教条式经文、规范化仪式的对立。

对民间信仰的产生，有如下几种观点：发生论，是对民间信仰产生的诸种条件加以科学概括的理论，它涉及思维条件、社会机缘、宗教背景、文化传承、生存方式、族种等范畴，其中有客观因素，又有主观成分，从无形的信仰中找到其生成的有形轨迹；功能论，是对民间信仰赖以产生、传承的内在动因——主体的精神满足或生活需要加以概括的有关理论③。在民间神明形成过程中，这两种理论各有其合理性，但两者并不是截然分开的，并非非此即彼，很多情况下，它们是交织在一起的。从根本上讲，信仰主体的生活需要，在更多时候是受到生存方式的影响，而生存方式则决定着主体的文化传承，既而影响其思维条件，在此基础上主体的精神才能得以满足。蒲慕州认为，民间信仰的形成，除历史人物故事的演化之外，更有由于人们在一时一地的误解和轻信一些非常现象而造成的④。韩森把地方上诸神的形成过程与商业、商品流通

① 蒲慕州：《追寻一己之福——中国古代的信仰世界》第一版序，上海：上海古籍出版社，2007年，第3页。
② （美）韩森著，包伟民译：《变迁之神：南宋时期的民间信仰》译者前言，杭州：浙江人民出版社，1999年，第3页。
③ 陶思炎，铃木岩弓：《论民间信仰的研究体系》，《世界宗教研究》1999年第1期。
④ 蒲慕州：《追寻一己之福——中国古代的信仰世界》，上海：上海古籍出版社，2007年，第17页。

相关联，她把商人阶级在移风易俗中的作用放在首位。对于南方地区而言，商人或商业在一定程度上影响了神明的发展，但这并非是根本力量，实用性一定是民间神明发展的最根本因素。

民间信仰中神明的性质，是由接受信仰的地域范围来确定的。金井德幸对"土神"的定义是：把它想定为处于县级城隍神与村级土地神中间的，属乡一级的神灵。而滨岛敦俊认为，"土神"基本可以定义为：产生于某一地区，并有着该地区特有的灵异传说，因而在该地受到信仰的地方神，其对立的概念可称为"全国神"，土神的地域范围有大有小，有村落层次上的土地神，也有乡镇、县级层次上的，甚至更为广阔的领域上的"土神"①。韩森则将神分为当地神、区域神、全国神，在外力的作用下，当地神和区域神都有向上一层转化的可能。国家神是以国家政治力量扶持，其信仰的地域范围是国家行政力量所波及的地区，这是它与区域神或地方神的根本差异。

民间信仰的对象多为地方神或区域神，神明的功能是民众选择的基础。神明功能与地域社会所面临的主要问题相关。朱海滨认为："在科技文明发达的古代，面对不可测的自然力，人们求神拜佛的主要目的是消灾去难。……因此，崇祀那些能够免除各地自然灾难的神灵，便成了中国人精神生活的重要部分。"②神明功能的来源则因神格不同而有差异。韩森认为神明灵验与否，与由庙像供奉等所体现的受重视程度成正比，人神关系完全受人的希望所左右。她通过对不同时期四个区域性神明庙宇分布的比较表明，新庙宇的增加是沿水路推进的③。区域神崇拜的扩展最先都出现在经济发达地区，这种观点对南方经济发达地区可能是有价值的，但对数千年来发展较为缓慢的北方地区而言，有失公允。林拓认为，神明的灵异功能是信仰形成的重要因素，但不是唯一的因素，甚至不是主要因素。神明的灵异则依据地域社会的需要不断予以扩

① （日）滨岛敦俊著，朱海滨译：《明清江南农村社会与民间信仰》，厦门：厦门大学出版社，2008年，第7页。
② 朱海滨：《祭祀政策与民间信仰变迁——近世江浙民间信仰研究》，上海：复旦大学出版社，2008年，第168页。
③ （美）韩森著，包伟民译：《变迁之神：南宋时期的民间信仰》译者前言，杭州：浙江人民出版社，1999年，第4、7页。

充,一旦失灵,又可以及时调整,显示出极强的伸缩弹性,神明也由此获得永生①。这是南方人格神的发展通则,江南的总管、李王等神明都随着祭祀政策而改变灵异事迹。而对于自然神而言,它的灵异多数情况下是由其自然基础决定的。

对于神明发源地特征的研究,目前较少见到。林拓认为,神明策源地的区位特征,是从区域经济文化的边缘地带渐次演变为区域经济的次重心(核心)和区域文化的次重心,与区域行政、文化中心保持着某种微妙的关系,并与信仰的地域扩展及信仰主体的逐步确定,具有深刻的共生性和共时性,他将之概括为"边缘—核心转换"特征。它是区域市场体系及地域网络发展的产物,是民间社会与国家政治在空间结构上的曲折反映②。林拓以福建为其研究地域,其神明策源地的特征是明晰的,对北方民间信仰不甚发达地区的神明策源地则少有提及。

地方神、区域神的发展是受到诸多因素影响的,在中国南方地区,韩森认为区域神崇拜的扩展最先都出现在经济发达地区。在对江南农村诸神的研究中,滨岛敦俊认为,明朝的祭祀政策是地方社会改变神明职能的重要依据,明初制定的原理主义祭祀政策,整顿了当时的信仰体系,致使国家所提倡的"当为"与地域社会中的"实态"存在明显的乖离③。而对于北方地区而言,商业不是社会发展的主要驱动力,民间信仰的扩展也不以此为根本。传统社会中,北方社会一直以农业为经济发展的基础,绝大多数民众没有流通,民间信仰的传播路线是以何种因素为主导,是研究中应该关注的问题。对于陕西而言,商品经济发展的不平衡性,致使陕西各地社会风尚的变化存在明显的时空差异:从明代中叶起,崇尚奢华的风气首先在西安府兴起,经明末清初的演替,至清代乾嘉时期扩展到陕南汉中谷地一带。这种变迁与明清两代陕西商品经济发展的时空差异几乎存在——对应的关系。率先移风易俗的就是商业活

① 林拓:《地域社会变迁与民间信仰区域化的分异形态——以近 800 年来福建民间信仰为中心》,《宗教学研究》2007 年第 3 期。

② 林拓:《"边缘—核心转换":区域神明信仰策源地的形成及特征——以福建为例》,《宗教学研究》2005 年第 3 期。

③ 滨岛敦俊:《总管信仰——近世江南农村社会与民间信仰》,转引自朱海滨:《祭祀政策与民间信仰变迁——近世江浙民间信仰研究》,上海:复旦大学出版社,2008 年,第 6 页。

动最繁盛的西安府地区；紧随其后，是经济作物种植大规模发展的汉中谷地[①]。这种风尚的嬗递与区域社会的民间信仰是否相关，是值得关注的。同时，中法国际合作项目《华北水资源与社会组织》中，介绍了陕西蒲城县的尧山圣母信仰。这些研究都从作者所关注的点出发，主要是反映民间信仰与社会经济发展之间的关系[②]。这些研究成果对陕西的太白山神信仰来讲，是有借鉴意义的，但套用这些原则无疑是不能充分的解释民间信仰在北方社会发展中的多面向和特殊性。

民间信仰是有其地域基础的，朱海滨认为，某一信仰要在一地存续并发展下去，需要迎合中央政府的祭祀政策，不断对信仰对象的生前事迹和影响地域范围做出调整，同时随着时代信仰主题的变迁，也需要不断制造出新的灵异传说；不同区域之间的民间信仰，存在相互影响的状况；同时在民间信仰的形成、传播过程中，僧侣们、士人阶层都是不可缺少的参与者[③]。而在北方地区，民间信仰的发展和参与者却不尽相同，地方社会的力量相对有限。

（二）中国古代求雨信仰研究

中国自古以来旱灾频发，这对构成整个国家社会文化基础的农业生产造成巨大损失，威胁到社会各个方面的正常运转。从上古时期开始，人类在与旱灾的抗争中，形成了广为流传的求雨习俗，至今尚有遗存，成为一项重要的农业禳灾方式。祈雨是在出现旱灾，且影响到人们生产生活，继而采取的一种消极的抗旱方式。中国北方内陆地区大气降水严重不足，而且缺乏河流和湖泊等储量丰富的地表水资源，人们常年面临旱灾的威胁，干旱一直是影响这一地区乡村生存和发展的普遍问题。这一现象早就受到灾荒史研究者的关注。庞建春认为，邓云特在1937年出版的《中国救荒史》，是近代中国最早系统研究灾荒史的专著，在此

---

① 张晓虹，郑召利：《明清时期陕西商品经济的发展与社会风尚的嬗递》，《中国社会经济史研究》1999年第3期。

② 秦建明，（法）吕敏编著：《尧山圣母庙与神社》，北京：中华书局，2003年。

③ 朱海滨：《祭祀政策与民间信仰变迁——近世江浙民间信仰研究》，上海：复旦大学出版社，2008年，第178页。

书和大部分的灾荒史研究中，都提到传统的天命论、卜雨、祈雨和水神崇拜在旱灾史上的表现，这些表述大多只涉及中上层官方主持的信仰活动，对于更为普遍和具体的基层社会自在状态的抗旱的信仰行为和思想言之甚少。而以往有关神明及其崇拜活动的研究中，多谈论信仰在精神层面的表现，不将信仰的成因、形态和性质与相应的物质文化和组织文化联系起来进行分析①。以往对祈雨的研究成果虽多，但深入者甚少。

有关中国古代求雨习俗，已有论文近百篇。目前的研究大多停留在表象上，主要是对求雨史的脉络做了回顾，多是对祈雨方式的陈述，具体区域性的研究较多，涉及区域有广东、福建、浙江、江苏、河南、山东、河北、山西和甘肃的天水、陇右一带，而其他地区鲜有涉及，求雨的方式因地而异，但这种差异的原因甚少被论及，其根本原因在于目前尚未有对全国各地的求雨习俗做系统的论述和分析，对各地的求雨习俗与当地的自然环境、人文因素的关系，缺乏系统论述和分析。纵观已有的研究成果，目前对求雨习俗的研究尚有许多不足，主要表现在：

（1）研究时段的不连贯性。中国的求雨习俗源自远古神话中先民对自然的模糊认识，学界对各种习俗的起源多有论及。目前的研究主要集中在商、汉、唐、宋、明、清及近代，其他朝代的研究较为罕见。这与社会兴衰有关，也与目前学界热衷于盛世研究有关。求雨习俗在中国历史上是未曾中断过的，盛世时的帝王都是求雨活动的主导者，乱世时的帝王与民众是如何应对旱灾的，求雨习俗是如何延续的？同时，目前多数研究关注的是某一或某些朝代，各种习俗随时代而演变的轨迹很难被认识到，这对于我们认识求雨习俗所反映的文化内涵较为模糊，这是由目前研究的朝代不连贯造成的。

（2）研究区域的不平衡性。近代以前的中国，几乎所有地区都以农业为本，旱灾是整个历史时期所有地区都要面对的灾难，求雨习俗的存在是相当普遍的。目前的研究在区域上是不平衡的，主要集中于华北

---

① 庞建春：《旱作村落雨神崇拜的地方叙事——陕西蒲城尧山圣母信仰个案》，曹树基主编：《田祖有神——明清以来的自然灾害及其社会应对机制》，上海：上海交通大学出版社，2007年，第3页。

地区、黄土高原东部地区，江苏、浙江、两广、福建开始被涉及，而四川、贵州、两湖、江西和广大的西北干旱半干旱地区鲜被提及。首先，这种区域不平衡性与旱灾对各地发展的影响不同有关，灾情的大小决定人们对求雨的热衷程度。其次，这与各地的资料遗存有关。资料遗存是进行求雨习俗研究的基础，只有在具备这种基础的地区才能广泛展开研究。最后，与研究者的志趣有关，研究者所选择的区域应是他们认为相对特殊且较为熟悉的区域，这些是造成目前求雨习俗研究区域不平衡的原因。广大的西部地区是我国环境脆弱的地区，对气候的感应更为直接，对该地区求雨习俗的研究重要性自不待言，对其自然环境与文化发展的关系研究也应引起学界的关注。

（3）研究的深度不够。早期的研究主要是描述性的介绍各地存在的求雨习俗，对其渊源、所代表的文化含义甚少涉猎。20 世纪 90 年代后出现一些解释性的研究，开始追溯某种习俗的源流及其区域特点。21 世纪以来，学者们开始注意到求雨习俗中国家意识在地方的渗透，求雨习俗与当地气候、水资源、区域文化的关系，但这类研究在目前只是凤毛麟角，只能代表目前研究的较高水平，参差不齐仍是目前求雨习俗研究的现状，大多属于介绍性的研究，这是该区域研究深度不够的表现。

求雨作为一种习俗，它的产生、发展、变异能够折射出中国社会发展的历程，对它的研究是极富意义的，今后的发展应从以下几个方面展开。

（1）从多角度来认识求雨习俗。求雨事象不只是一种民俗和抗旱措施，它更是一种与生态、文化、人类、社会有关的事象，今后对它的研究应从多种角度展开，得出一些更符合人类历史发展真实的结论。

（2）对求雨习俗功能的研究。求雨习俗的性质已被涉及，是一种消极的抗旱措施和民俗，各种因素都对其产生了影响。求雨习俗在适应当地自然、人文环境的同时，不同时段内对区域社会的发展必将产生不同的作用。这种影响的大小、利弊等鲜有论及。因此，把求雨习俗放在当时、当地的社会环境中，考察求雨习俗如何适应当地的自然、人文环境，使其更符合当地的社会实际，同时求雨习俗对当地的社会发展的影响应被充分重视，这必将为求雨习俗的研究开拓一个新领域。

祈雨的根源在于水资源的不足。陕西大部地方干燥度偏高，降水量偏低，降水地区分布不均衡，而且年际、季节和地区间降水变率均大，所以作物生长和播种期间，由于少雨或长期无雨，在高温、低湿和旱风共同影响下，土壤中有效水分储存量不能满足作物需要，从而酿成旱灾[①]。旱灾频仍是求雨活动出现的地理基础，也是民间信仰发展的驱动因素。

（三）景观

庙宇景观是信仰的物化外延，是文化景观的一部分。地理学所涉及的景观概念产生较早。近代地理学创始人洪堡认为，景观是"自然要素以及文化现象组成的地域综合体"，是特定地点所能看到的全部地表[②]。对于文化景观，苏尔认为："文化是催化剂，自然是媒介，文化景观是结果。"[③]李旭旦认为："文化景观是地球表面文化现象的复合体，它反映了一个地区的地理特征。"[④]瓦格纳（Wager）和米克塞尔（Mikesell）认为，文化景观是一个特定的人类团体之间相互作用的综合的和特征性的产品，体现了特定的文化偏好和潜力以及一个特定的自然环境。它是历代自然演化和人类活动的结果[⑤]。中外地理学家对景观及文化景观的定义，是目前景观研究展开的重要依据。

汤茂林认为，文化景观是人类为了满足某种需要，利用自然界提供的材料，在自然景观之上叠加人类活动的结果而形成的景观[⑥]。赵荣指出，宗教景观是由宗教类别与渊源、宗教建筑风格、宗教禁忌和宗教节庆、习俗等构成，并指出其研究方法应以野外考察与描述、指标要素选择、主导因素分析等为主[⑦]。刘养洁认为，宗教文化景观，就是由宗教圣地、宗教建筑、宗教礼仪或宗教艺术等多种内容组成的地域文化综合

---

① 聂树人编著：《陕西自然地理》，西安：陕西人民出版社，1981 年，第 126 页。

② Hamerton Philip, *Landscape*, Boston: Roberts, 1885.

③ A.R.Alanen and R.Z.Melnick, *Preserving Cultural landscapes in American*, Baltimore: The Johns Hopkins University Press, 2000, p.9, p.15.

④ 李旭旦：《人文地理学论丛》，北京：人民教育出版社，1985 年。

⑤ P.L.Wagner and M.W.Mikesell, *Readings in Cultural Geography*, Chicago: University of Chicago Press, 1962, p.1.

⑥ 汤茂林：《文化景观的内涵及其研究进展》，《地理科学进展》2000 年第 1 期。

⑦ 赵荣：《论文化景观的判识及其研究》，《西北大学学报》（自然科学版）1995 年第 6 期。

体，其作为包含某种意向的标识性事物，又往往与民众的心仪信仰相联系，从而一道参与着民间生活与地方文化的建构，并在特定地域文化圈内发挥着或隐或显的文化效应或调控作用①。张晶认为，佛教的文化景观包括佛教的寺院殿堂、佛教雕塑与绘画、佛教音乐与风俗等。我国寺院建筑大致分为依山式和平川式两类，寺院的布局因此分为石窟式和塔庙式两种②。

现有对景观的研究，多为具象化的研究。葛兆光认为，各种过去的遗迹诸如祠堂、庙宇、牌坊、碑铭，等等，常常作为象征，为历史存储着种种记忆。历史记忆有深有浅，有的能激活，有的却隐没不见。通常，这些储存记忆的象征并不开口说话，所以，要靠后人的理解和解释，才能呈现出意义，所谓传统，所谓文化，也就在这种变动的记忆和想象中延续③。葛氏所说的祠堂、庙宇等正是我们所说的信仰景观，而他所述的研究路径是值得借鉴的。

从上述研究状况可见，目前对景观的研究主要是理论性的，针对某一具体的文化或者信仰景观的研究比较少见，这就使得信仰景观的研究处于边界模糊的阶段。对具体的信仰而言，其对应的景观是需要根据信仰的特征而加以界定的，这种标准的建立是需要理论支撑的，这种理论目前相对欠缺。

（四）区域社会

区域是民间信仰发展的场域。范正义认为，民间信仰作为民间社会的一个有机组成部分，它不可避免地会对民间社会的其他部分产生影响，同时，民间社会的其他组成部分的运作与操控，也会在民间信仰上留下深刻的印痕，从而使民间信仰携带有当时社会丰富的信息。因此，只有把民间信仰置于地域社会的特定时空背景下，我们才能更全面地理

---

① 刘养洁：《山西宗教文化景观论》，《山西大学学报》（哲学社会科学版）1997 年第 2 期。
② 张晶：《中国佛教的文化景观》，《人文地理》1991 年第 3 期。
③ 葛兆光：《明烛无端为谁烧？——清代朝鲜朝贡使眼中的蓟州安、杨庙》，郑培凯、陈国成主编：《史迹・文献历史：中外文化与历史记忆》，桂林：广西师范大学出版社，2008 年，第 1 页。

解民间信仰带有的这些印痕，对这些印痕的正确解读，反过来又有助于加深对地域社会的理解[①]。而对本书所探讨的太白山神而言，陕西省是其发展的空间。

民间信仰是以地方神明为信仰对象的，当神明跨越文化区，进入更高一级区域时，它所依赖的条件是由何种因素决定的，这是值得关注的一个问题。张晓虹在《文化地域的差异与整合——陕西历史文化地理研究》一书中，将陕西民间信仰划分为陕北、关中、陕南三个区，根据具体信仰对象每区又划分为若干亚区。她认为民间信仰与政区有着密切的联系，并深受当地人文背景的深刻影响[②]。而对太白山神信仰而言，同一高层政区内，信仰的发展也有明显的差异，区域社会各因素无疑对信仰都有影响。

（五）太白山神信仰

陕西太白山神信仰源远流长，对陕西尤其是关中地区的社会发展产生了深刻的影响。张晓虹、张伟然认为，太白山所处的位置及其地面结构在关中地区最有利于形成降雨，民众对太白山可以兴云致雨的认知，是太白山信仰产生的基础，在旱灾频发的关中平原与陕北南部地区，形成太白山神崇拜分布地区，这与当地频发的旱灾相关[③]。张晓虹继续分析太白山神信仰中的政府行为，在赐匾赐号外，还参与修建祠庙和祭祀活动，这不仅促进了信仰的持续发展，而且还直接导致了其在地域上的扩散，使得太白山神信仰由地方性信仰逐渐发展成为区域性信仰[④]。这为太白山神信仰研究提供了一定的基础，却未能阐明区域社会中信仰与景观的关系。

---

① 范正义：《保生大帝信仰与闽台社会》，福州：福建人民出版社，2006年，第4页。

② 张晓虹：《文化区域的分异与整合——陕西历史地理文化研究》，上海，上海书店出版社，2004年。

③ 张晓虹，张伟然：《太白山信仰与关中气候——感应与行为地理学的考察》，《自然科学史研究》2000年第3期。

④ 张晓虹：《民间信仰中的政府行为——以陕西地区太白山信仰为例》，复旦大学历史地理研究中心主编：《自然灾害与中国社会历史结构》，上海：复旦大学出版社，2001年，第470页。

通观已有研究成果，目前对民间信仰的研究较为成熟，而信仰景观则相对薄弱。民间信仰及其景观，是历史时期民众情感的一种表达，作为民众情感表达源头的信仰，是基于区域社会而产生的。区域社会是信仰和景观发展的舞台，而这个舞台不是静止的，它也处于一个动态的发展过程。场域、信仰驱动力的变动必然波及信仰事象和景观，使得信仰和景观成为衡量区域社会发展的因素之一。目前对三者的发展及其相互关系的解读，鲜有涉及。

三、概念界定及研究方法

（一）研究地域和时间段

本书所涉及的空间范围是清康熙六年（1667年）之后的陕西省。清初陕西领府八，包括今甘肃省大部分地区在内。康熙二年（1663年）分陕西布政使司为左右布政使司。左布政使司驻西安府，分理西安、延安、凤翔、汉中四府，兴安一直隶州，榆林一卫，属陕西省。康熙六年（1667年）七月改左布政使司为陕西布政使司。本书所要探讨的陕西省是指康熙六年（1667年）七月与甘肃分制之后的陕西省。由此至清末，省界未变，而省内政区有变动。主要包括：雍正三年（1725年）升耀、商、同、华、乾、邠、鄜、绥德、葭九州为直隶州。雍正八年（1730年）于旧榆林卫地置榆林府。雍正十三年（1735年）降耀、华二直隶州为散州；升同州直隶州为府。乾隆元年（1736年）降葭州直隶州为散州，乾隆四十七年（1782年）升兴安直隶州为府[①]。

本书所涉及的时间是清代（1644—1911年）。正如学界常说的那样，历史地理是一种研究历史时期地理现象的学科。地理现象不是孤立的存在，它是一种前后贯通的历史存在，本书以清代为主体，其中亦会涉及清代前后的历史时段，其中清代前期时间是 1644—1735 年，清代中后期是 1736—1911 年。

---

① 牛平汉主编：《清代政区沿革综表》，北京：中国地图出版社，1990 年，第 435 页。

（二）概念界定

1. 民间信仰

民间信仰是与制度性宗教和国家祀典相对应的一种信仰模式。"早在 20 世纪 60 年代，华裔学者杨庆堃就已指出，宗教因素在规范化的中国社会生活中，是在日益扩散的。近年来，欧美学者也渐渐达成共识，认为民间信仰并非是单纯的'庶民信仰'，在现实生活中，精英阶层（包括皇帝及各级官僚）也享有同样的信仰。"[①]朱海滨认为，民间信仰属于各阶层共同享有的、普遍性的信仰，是中国固有的宗教传统。

韩明士认为："当我说中国'信仰'神祇，我用的完全是该词的大致意思：一些中国人如果有被人询问，可能会说世上有某某神，做过某某事，他（或她）能听到民众的祈祷，享用祭品，他是某个人物或某种力量，可根据它的行为去推测。我不想说任何特殊'信众'感受的可靠程度，无论它只是更'信'，或者更'了解'，或者只是简单的'希望'或'发誓'。"[②]韩明士对中国人信仰的解释，是想将其与基督教等宗教信仰中的信仰区别开来。他的理解是符合中国人的信仰状况的，中国人会在需要时供奉某一神明，不需要时则将之忘却，"临时抱佛脚"是中国民众信仰的特征。

新世纪的民间信仰，已开始摆脱原有诸多关于民间信仰的概念限定，在对越来越多的宗教之外的神明的研究中，中国存在着数量众多的民间信仰，他们有固定的功能，相对稳定的信仰区域，神明在产生之后与地域社会的发展密切相关。地位虽不断被提升，最终未能成为国家神。而在民间信仰中，任何一种神明都不是单一的存在，它既包含其原初的功能，在后世发展中，又不断地因需要而加以调整。它具有特定的地域基础，有相对稳定的信众群体。

我认为，民间信仰是指在特定区域内，社会各阶层共享的，有着其

---

① 转引自朱海滨：《祭祀政策与民间信仰的变迁——近世江浙民间信仰研究》，上海．复旦大学出版社，2008 年，第 1 页。

② （美）韩明士著，皮庆生译：《道与庶道：宋代以来的道教、民间信仰和神灵模式》，南京：江苏人民出版社，2007 年，第 15 页。

特定功能的神明信仰模式；它有特定的祭拜仪式，相对固定的信仰景观，并对地域社会发展产生一定的影响。

2. 神明

将神明分为不同层级，是研究者为研究方便而自行选择的研究手段，分层是为了解读地方社会中神明发展与各个因素之间的关系。我认为民间信仰中的神明可分为地方神和区域神两类。

地方神是指信仰群体仅限于神明发源地，这个发源地受到自然区划的影响，是在自然条件相类似的地区，民众基于共同的生活需要而产生的信仰情感，没有受到外力的影响，也就是说应指一种神明发展的自发阶段。所谓不受外力并不意味着没有官方势力参与其中，而是指没有以行政力量将其列入祀典或以行政命令形式指示其传播，这有别于韩森的当地神。地方神也不同于滨岛敦俊的土神，土神是与国家神相对的，而地方神是与区域神相对的。地方神强调民众信仰情感少受外力的作用。地方神不仅限定信众的地域范围，还限定了外力对神明发展的影响。

区域神是指神明的发展超越其发源地，借助行政或其他力量获得发展并被列入区域祀典。区域的空间范围是基于行政区划，自然区不再是其传播的必要基础，它受到自然区、文化区和行政区共同约束，但以行政区的影响为主。在脱离原有的信仰地理基础时，信仰发展更多受到地方认同感的影响。

雨神，是指广义上与求雨相关的所有神明。神明的主要功能或作为雨神的时间都不在考虑范围内，只要此神曾为求雨对象或在该神庙求雨取得灵应，在本书中都称为雨神。

3. 太白山神信仰

太白山神信仰是指以陕西太白山及其相关意象为对象的雨神信仰。它是一种山神信仰，出现于汉魏之际，至唐代因求雨灵应而成为雨神。太白山神在长期的发展中，信仰范围从县至府、从府至省，自身也由地方神转化为区域神。

4. 信仰景观

信仰景观是信仰的衍生品，它既可以指信仰的外在表达——庙宇、雕塑、画像等物质，这是一种客观存在；也可以指与景观相关联的建筑理念、审美观念和祭拜习俗，是一种曾经发生的历史记忆。

本书中的太白山神信仰景观，主要是指作为物质存在的实体景观，它包括了信仰的发源地太白山山地景观、湫泉景观和整个信仰区的太白庙。

5. 区域社会

周振鹤认为，区域是地理学的概念，是人们对其所居住的地球表面进行区划以后的产物。天然存在的地域差异是人们划分区域的基础，人们以一定的差异为标准，按照不同的目的，将地表划分为各种各样的区域[①]。

区域是有明确界限的地理空间。区域社会是指以行政区划为基础的社会形态，它包罗着各种发展变迁的事象。本书选用区域社会的概念，是想阐明信仰发展受到行政力量的促进和制约，这种行政力量是以政区为其作用的空间。

（三）研究方法

区域社会的信仰和景观是复杂的历史地理事象，对其解读是一个复杂的过程，研究方法具有多样性。

对任何历史地理学研究对象的解读，必然是以历史学方法为主。历史文献是为历史研究提供基本历史信息的文字性工具。陕西地区保存了一批清代地方志和碑刻资料，且有庙宇文化景观遗存，这些文献为本书研究的展开奠定了资料基础，我通过对现存文献的系统梳理、选择、分析，以相对客观的态度反映信仰客体的原生态，并进而揭示这一时期信仰主体对环境的感知能力和感知方式。同时，研究对象作为一种文化现象和景观，其存在有时间的变迁，亦有空间的差异，在信仰圈的不同圈层内，其信仰程度和景观密度迥然不同，这种时空分布特点要求研究者

---

① 周振鹤：《行政区划史研究的基本概念与学术用语当议》，《复旦学报》（社会科学版）2001年第3期。

必须采用历史地理学方法，以时间段为尺度，以神明发源地为中心，对不同圈层进行比较研究，方可显现研究对象的特性。

对祈雨现象区域性特征的剖析，比较研究必不可少。雨神类型及所产生的庙宇景观等因地理基础不同而出现差异；在同一地区内部，不同时代的民众对环境的认知水平也有差异。信仰主体所处的区域社会文化决定其祭祀方式，通过对不同信仰系统的比较研究，既能全面认识陕西太白山神祈雨系统的演变过程和相应的景观变迁，又能发现两者对区域社会产生的影响也不尽相同。

分析心理学家荣格认为，中国古代的道家祈雨，是一种以"自我想象"为手段的"人"通过调整自己，来恢复"我"的自然与和谐，并由此影响到"我"所处的环境，环境的自然与和谐意味着雨水的适时降临；日本深尾叶子等人通过对榆林米脂杨家沟祈雨调的分析，认为这是一种模仿黄土高原小河流水声的曲调。这种通过对当事人思想和声音等因素的心理学分析，为我从更深层次解读祈雨现象提供新的方法，我也试图将此运用到对陕西祈雨习俗的解析中。

清代陕西存在数量众多的雨神及其庙宇，对它们的描述和统计是对其进行整体理解的前提。本书通过对清代陕西有关祈雨的神明和庙宇进行统计，得出其总体概况；进而对陕西存在的太白庙进行统计，分析其在整个祈雨系统中所占的比重，推测其对当时区域社会文化特质构成产生的影响；然后通过对太白庙分布地域范围进行分析，来考察政区因素在信仰发展传播中所起的促进和限制作用。

历史研究是一个诠释的过程，对于能够使研究对象更加明晰呈现出来的研究方法都将是研究者的选择。

四、研究思路及框架

（一）研究思路

民间信仰的发展有内在的逻辑。信仰是沿着产生、表达，信仰活动及载体的政治化和世俗化，信仰、景观与区域社会之间的互动，对其发展路径进行系统梳理,并在此基础上对信仰、景观与区域社会发展进程之间的关系做出诠释,有利于推进其研究和发展。

信仰的产生有其特定的地理基础和社会基础。对于雨神信仰而言,信仰区频繁出现的旱灾是其产生的地理基础,而官员的执政理念及祭祀政策、区域社会传统习惯和求雨的花费较低则是陕西雨神信仰产生的社会基础。清代陕西雨神信仰在雨神类型、信仰主体、求雨仪式和景观方面都有时间和空间的差异,这是太白山神信仰发展的背景,对它们的考察可以为解读太白山神提供参照。

太白山神产生于魏晋时期,明晰于唐宋时期,至清代成为具有强大影响力的区域神。太白山神是有清一代陕西最主要的雨神。太白山神能在清代陕西众多雨神中位居首位,与清代中期形成的区域认同密切相关。清代前期太白山神信仰是在明末基础恢复发展,至清代中期,太白山神信仰开始兴盛,成为陕西雨神的象征,形成了一个以行政区为基础的信仰圈,信仰圈的构造是信仰发展过程的见证。清代后期,区域社会经济受地方性事件的强大冲击,整体信仰力量减弱,太白山神信仰也开始衰落,信仰区逐渐萎缩,至清末太白山神信仰又回归至信仰源区。在信仰发展的整个过程中,因信众社会属性和传播者身份的差异,使得太白山神信仰的发展经历了官方主导和民间自觉两端之间的上下转换;而太白山神也经历了地方神—区域神的属性改变,属性的改变是以其被认可的程度为基准的。

景观是信仰的物化外延,是信仰的地理表达。太白山神信仰景观因在信仰圈中不同区位而有所不同。信仰源区景观类型较多,此外均以太白庙形式存在,清代中期太白庙成为陕西雨神的标识。太白庙的选址、分布表征着信仰主体的心理需求模式和审美观念,是区域文化特质的体现,这是信仰的微观层面。景观的时空分布,即景观类型和数量的差异,是信仰在不同区域发展程度的表征,反映了信仰的波及范围和区域社会对其认可程度,是景观宏观层面的表达。

信仰是区域社会的产物,是基于特定的自然基础和人文需求而产生的,它在特定的基址上发展,必然受到外力的影响,首先是权力,其次是政区,在二者的共同作用下,致使信仰出现政治化倾向,这是外力介入信仰内部使信仰产生变化的原因。同时，信仰作为外力，也介入了区域社会其他事项中，使得信仰出现世俗化倾向，这是信仰力量的渗出。信仰的政治化和世俗化均是信仰对所在区域人文环境作出的反应，但却有入和出的区别。行政力量的介入，促进了信仰的发展，而信仰力量渗入到区域社会，也促进信仰的发展。但前者是推进信仰的上升，后者是促进信仰的深入，两者是有区别的，即外力和内力的差异。

信仰、景观的发展，是人对环境感知的过程。在这一过程中，信仰的变迁是民众对环境认知发展的见证，景观是民众信仰情感的表达；区域社会是这个过程的载体，具备信仰产生、发展的地理基础和社会基础，承载着信仰发展的趋向；区域社会各阶层以不同角色出现在信仰场域中，各种力量的消长对信仰和景观的发展产生影响。信仰决定景观的发展，景观延缓着信仰的消亡，两者由初期的一元对应发展至清代的多元对应，由异大于同至同大于异，最终呈现出对应而不对等的关系。

（二）框架

本书共分四章。第一章介绍清代陕西雨神发展概况，第二章论述太白山神信仰发展过程，第三章分析太白山神信仰景观及其分布，第四章分析信仰、景观与区域社会之间的互动关系。

第一章，陕西频繁发生的旱灾，是雨神信仰出现的地理基础。雨神信仰产生的社会基础包含官员理念、地域社会传统、经济花费等多重因素。清代前期陕西雨神众多，且多为唐宋时期产生神明的遗留，清代中期太白山神成为区域雨神的象征，清代后期雨神信仰整体趋于衰落。清代陕西的求雨活动，一直以民众为参与主体，清代中期地方官员介入的次数较多，这与区域社会发展相关。在求雨仪式方面，关中地区因旱灾频繁而时间较短，多以旱时祭拜为主，包括筑坛、写祝文等程序，与祀典多有重合；陕北地区干旱是常态，旱灾持续时间长，求雨仪式以岁时祭拜为主，求雨成为一种习俗。陕南地区求雨活动较少，缺乏明显的地域特征。陕西雨神信仰景观以庙宇为主体，在数量和规模上，关中最盛，陕北次之，陕南又次之。

第二章，太白山神信仰在陕西存在千年之久，清代中期被列入陕西祀典，得到朝廷封赠，成为区域社会极有影响力的雨神。太白山神出现于汉魏之际，直到唐代贞元年间太白山神才与求雨信仰联系起来。至明代，太白山神信仰开始跨越辖县级政区的范围，在关中地区传播，明末有省级官员参与其间，这是民间信仰由下至上发展路径的应然。入清后，清代前期在关中东部地区扩展，并向陕北南部发展；清代中期，太白山神在关中地区深入发展，形成了郿县和西安两个中心区，并在其外围形成信仰的核心区。清代中后期，在行政力量的作用下，太白山神在陕南地区传播，从而与陕北地区一起构成信仰边缘区。太白山神信仰在长期的发展过程中，形成了其在扩展地域层级和参与人群身份上的上下之间转化，完成了两个不同内容的轮回，使得神明经历地方神—区域神—地方神的发展轨迹，这是社会需求驱动的结果。

第三章，太白山神信仰景观是信仰的衍生品，它包括信仰发源地太白山的山地、湫泉和信仰区的庙宇等景观。太白山地和湫泉在人迹罕见时期，是神秘的意象景观，随着进入人群的增加，神秘感逐渐消去，成为自然景观，而附加于其上的地名、庙宇等成为意象景观的替代。太白庙是基于太白山神信仰而产生的物质存在，它分布于整个信仰区，在与区域自然基础结合的过程中，庙宇选址多为湫泉之地，这与神明发源地地理基础相一致。庙宇的空间分布是信仰程度的体现，在信仰核心区，统县政区内的庙宇数量大致相同，呈现出从西往东逐渐递减的趋势；在边缘区，太白庙零星分布，陕北地区南部和北部榆林府有庙宇，陕南地区太白庙出现时间较晚，在数量上多于陕北地区。除陕西之外，甘肃和河南两地亦有太白庙出现，但不具备规模，是信仰跨越省界发展的一种尝试。太白山神信仰景观的时空分布与信仰发展对应，其选址和布局则与所在地自然环境相关。

第四章，信仰与景观是皮之于毛的关系，而两者的发展则又不能脱离其所依存的区域社会。信仰的政治化，是通过行政力量和政区两个方面来体现的，这两者的实现都以地域民众对所处社会环境的认知为前提。行政力量是信仰发展的驱动者，在区域内促进信仰的发展，同时又阻碍其向区域外扩展，但促进作用要大于阻碍。信仰的世俗化，彰显了它对区域社会的影响。信仰在生活习俗、信仰习惯、庙会经济等方面作用于区域社会。区域的人文环境是信仰和景观发展的基础，又是其发展的见证者，又受到二者的影响。太白山神信仰与景观之间有天然的联系，信仰是景观产生的前提，景观是信仰发展的表征。信仰程度的加深，促使庙宇景观由初期的零星分布至兴盛期的百余座。景观作为物质存在，表征着信仰发展的阶段性，同时又延缓着信仰的消亡。从信仰与景观发展的全程来看，两者由初期的异大于同发展至清代的同大于异，最终形成了对应而不对等的关系。

本书的创新之处在于，通过对太白山神信仰在清代陕西地区由盛转衰过程的展示，探讨民间信仰演变的轨迹和影响其演变的因素。这个过程作者是以祈雨活动的频率、规模、被后世记忆选择的频度和太白庙即信仰景观的密度为判断标准，而这两者的存在是以区域社会信仰群体的选择为依据，区域社会各阶层的认知水平对信仰和景观的发生、发展起着决定性作用；信仰和景观的存在和发展，又在一定程度上影响着区域社会各阶层生产、生活的诸多方面。

区域社会中信仰与景观之间的关系是本书重点予以阐明的，也是本书的最终目的所在。信仰和景观二者是不可分割的，信仰是景观产生的基础，景观又在一定程度上反映了信仰的程度和波及范围，景观的存在又延缓了信仰的消亡过程。区域社会的主要灾害及其对抗方式是信仰发展的基础，民众参与频次和被文献记载是信仰发展的表征，而地域社会的自然基础及经济状况决定了景观的选址和规模布局。信仰的发展对区域社会的物质文化的形成产生了影响，并深刻地体现在区域社会民众的生产、生活之中。

第一章 清代陕西雨神信仰概述

清代是中国传统社会的最后一个时段，对于众多的民间传统事项发展而言，这可能是它的顶峰阶段，也可能是它的衰落阶段，也许两者兼而有之。对陕西的雨神信仰而言，是一个从繁荣归于沉寂的时代。

第一节 清代陕西雨神信仰产生的基础

雨神信仰作为民间信仰的一部分，存在于清代中国的大部分版图上。干旱是中国农业一直面临的问题，很多时候自然灾难是人力不可抵抗的。民众不能从根本上一劳永逸地解决干旱带来的苦难，抗旱就成为必然。求雨是中国一直存在的对抗旱灾的措施之一，历史悠久。作为一种产生于区域社会的事项，雨神信仰产生有着特定的基础。

一、地理基础

干旱是陕西雨神信仰出现的根源。对于这一地区的旱情，当地民众有着深刻的认知。陕北雨水缺乏，"然雨亦甚少，从无连旬雨，不过二三日必晴"①。由于降水稀少，干旱时局部自然环境恶化。

> 山花已枯热风吹，哪见湿云麦陇垂（时北边望雨甚切）。
>
> 十载忧民鬓有丝，何当霖霖又愆期。常将蔀屋祈年意，并入衔斋待旦时。剩有廉泉飞作雨，休愁湛露不成霈。②

陕北降水稀少，而灌溉条件又相对缺乏，民众对神明所怀有的期望就更高。

> 仰止高风岂徒今，我来展谒欲抽簪。七年汤旱穷群策，千里秦关系圣心。耕凿何裨终日苦，催科况复旧时侵。先生若起当今日，何计拯民续好音？③

关中地区因地势西高东低，造成降水西多东少。关中东部地区干旱的影响尤其明显，如大荔：

> 河北频忧旱，所患是垆土，其性本干燥，云腾罕致雨。渭洛水环流，岸高不能取。
>
> 火烈扬鹑疆，秦地赤千里。伊谁抚灾区，岁荒政多秕。济旱苦无术，坐视沟壑死。④

关中地区中部的淳化，也经常遭受干旱的困扰。

> 祇饮一瓢水，苍苍必见怜。老龙鞭欲起，野魃檄当迁。毋负山农力，终期大有年，雩坛徒步切，怅望火云天。⑤

陕南地区水分条件相对较为优越，受干旱影响较小，但旱灾亦时有出现，紫阳"光绪三年丁丑旱，草木皆槁，大饥，人相食，道殣相

---

① 道光《增修怀远县志》卷一《气候》，清道光二十二年（1842 年）刻本。

② 姬乃军，韩志侃校注：《〈延安府志〉校注》卷八十《文征》，西安：陕西旅游出版社，1999年，第 579 页。

③ 康熙《延长县志》卷十《艺文志》，清康熙五十三年（1714 年）刻本。

④ 光绪《大荔县续志·足征录》卷三《诗征》，清光绪五年（1879 年）刻本。

⑤ 乾隆《淳化县志》卷二十八《词赋略》，清乾隆四十九年（1784 年）刻本。

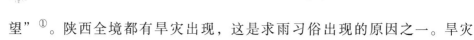
望"①。陕西全境都有旱灾出现，这是求雨习俗出现的原因之一。旱灾是陕西主要自然灾害之一。

据史料记载，陕西历史上，旱灾发生的频次、范围、危害程度，均比其他灾害严重。据统计，几种主要天气灾害对农业生产的总危害程度中，其平均比例：旱灾占50%，涝灾占25%，冻灾占10%，冰雹、大风等灾占15%。旱灾是陕西最主要的天气灾害。②

旱灾年份的地区分布，以陕北和汉中为主，汉江谷地和丹江谷地则是陕南易于出现旱灾的地区。由陕西的水旱灾分区可知，陕西大部分地区为旱灾区。除秦岭和大巴山区为水旱灾少区，旱灾为主区占陕西的绝大部分版图。干旱是陕西境内最常见的气候灾害，对陕西社会的影响主要表现在农业方面。"春旱主要影响冬小麦返青、拔节、抽穗、开花以及棉花播种出苗，水稻育秧、插秧。夏旱主要影响关中夏玉米晒花减产，也能成为棉铃大量脱落的重要因子，并使秋杂粮和晚秋作物不能适时下种或出苗困难。在汉中盆地，夏旱影响水稻分蘖发裸和空壳率的增加。在陕北地区则危害春作物正常生长。秋旱主要危害晚熟的春播作物及越冬作物的播种。"③

频发的旱灾，对陕西社会发展造成了严重损害，给民众生命财产带来威胁。在这样的灾难面前，区域社会各阶层都会采取力所能及的措施来应对，求雨即是其中之一。求雨作为一种抗旱方式，是相对消极的。它不能给民众提供物质支持，只能给区域民众以精神上的支撑和心理上的安慰。对于传统社会的民众而言，自然灾害是他们长久面对的灾难，能从心理上减轻他们的恐惧，也是行之有效的抗灾方式。干旱是旱灾的前提，而旱灾的发生是求雨出现和存在的根源。

---

① 民国《重修紫阳县志》卷五《纪事志》，民国十四年（1925年）石印补刻本。
② 杨新：《陕西旱灾特征》，《灾害学》1998年第2期。
③ 聂树人编著：《陕西自然地理》，西安：陕西人民出版社，1981年，第131页。

二、社会基础

雨神信仰是干旱气候条件的产物，而区域社会中执政者的理念、传统习俗和经济条件等因素，也是雨神信仰产生的重要条件。

（一）统治者的执政理念

执政理念是指统治者治理国家或地方时所采取行为的思想根源。统治者的执政理念既有对前代有效经验的继承，也包含着对所处时代社会形势的判断。这种理念反映在雨神信仰中，则在于统治者对求雨活动带来的利益进行权力选择的认知。求雨是无法带来实际雨水的，但作为权力的拥有者，他是否求雨，是其权力选择的结果。

求雨习俗在中国源远流长。中国先秦时期已出现天旱帝王求雨之举，如成汤的"桑林之祷"，成为数千年帝王求雨的渊源。而后更有董仲舒、朱熹等儒学大家对求雨活动做出规范，大规模的雩祭活动更是历代帝王的专享。帝王是国家的最高统治者，作为一国之君，他的行为是地方官员作为的依据。从清初开始，朝廷就对即将来临或已经出现的灾害，做出积极反应，如旱灾时，常规性的抗旱方式有赈恤、蠲缓、以工代赈等，求雨也是长期采用的措施之一，只不过它不能从根本解决旱灾，它只能在一定程度上减缓人们的精神压力，缓解民众焦躁的情绪。据对《清史稿》本纪的统计，清朝入关后的十位皇帝，除采用常规抗旱方式外，也采取一些其他措施，如"虑囚、恤刑狱、停督抚贡献、减罪、以旱申命求言、省刑宽禁、祭地、停止卤簿"，但最多的是求雨。清代帝王的求雨活动，频次较高，值得注意，这是清代地方社会求雨行为的直接参照。清代帝王求雨活动，是帝王治世理念的行为表达。

由表 1-1 可见，清代皇帝作为国家的最高统治者，在灾害来临时，为维护其统治秩序而采取各种措施来解除或缓解灾害的影响。这些手段的直接后果，是数据无法表示的。这些行为的效果表现在：首先，帝王焦灼的情绪得以缓解，行为人对自己的作为是认可的。对于一直笃信天命观的统治者而言，他们认为自己是天命的代言人，是人神之间的中介。行为是否有效尚需等待，求雨可以让帝王暂时缓解心中对灾荒的恐惧，也是其企图有所作为的行为表达。他们的祭拜场所通常是帝都的天坛、地坛等地，这也是他们对自己所拥有的独一无二的权力的一种运用。其次，帝王的求雨行为，必然影响到臣僚，为他们在地方的求雨行为提供依据。最后，帝王的求雨活动定是声势浩荡，在一定程度上还安抚了近畿民众的情绪，暂时减轻民众的心理压力。

表 1-1　清代帝王求雨情况统计表

年号	抗旱措施次数	求雨次数	求雨所占百分比	灵应次数	百分比	其他抗旱措施
顺治	2	1	50	2	100	谕刑部虑囚
康熙	9	8	88.9	8	100	以旱求言
雍正	2	2	100	1	50	
乾隆	54	31	57.4	5	16.1	申命求言、停督抚贡献、清理庶狱
嘉庆	16	16	100	11	68.8	
道光	24	22	91.7	5	22.7	清理庶狱、求直言
咸丰	6	5	83.3	1	20	以旱求言
同治	11	8	72.3	4	50	清庶狱、求直言、禁凌虐罪囚
光绪	12	8	66.7	4	50	清庶狱、求直言
宣统	5	5	100	2	40	
合计	141	106	75.2	43	40.6	

注：求雨是否灵应是相对而言的，表中统计的求雨灵应次数只是一种趋向，它不能反映真实的求与应之间的关系

资料来源：《清史稿》卷一至卷二十五《本纪》，北京：中华书局，1977 年

在地方，能对区域社会直接产生影响的是地方官员。地方官员的职责在各个朝代不尽相同，但主要职责相差无几。瞿同祖认为："地方官员的祭祀活动并非都是根据朝廷律令或指令而为，老百姓的期望也具有一定的影响力。例如在旱灾的时候，百姓就要求州县官员为他们祈雨。"[①]地方官员们有义务在灾害来临之际安抚辖区内的百姓，他们可能做出的对抗旱灾的方式很多，求雨是其中之一。

在地方社会中，旱象一旦呈现，干燥的环境易使人产生不安的情绪，

---

① 瞿同祖著，范忠信、晏锋译：《清代地方政府》，北京：法律出版社，2003 年，277 页。

而植物的不断萎缩、饮用水的渐次不足、粮食储存量的频频告急、生存环境的逐渐恶化，会导致生活和生产秩序出现混乱，这必然会影响国家的统治秩序。地方官员在国家赈灾物资和蠲缓政策来临之前，是不能无所作为的。地方官吏作为国家权力网在基层的代表者，当社会秩序受到威胁时，他必须采取行动，求雨亦是必不可少的方式。在天命观的影响下，地方官员对求雨持积极态度。乾隆四十年（1775年），毕沅上奏：

> 臣以菲材蒙恩擢抚陕右，夙夜兢兢，惟弗克仰副德意是惧。乃自冬徂春，五月不雨，周原向称陆海，水深土厚，枯燥渐形，又关中以麦为命，百姓容容，望泽孔亟。臣俯稔皇上至诚格天，有所祈请，呼吸立应，爰率文武僚属，步祷西郊。又古传太白龙湫感应神速，急遣官驰往取水。①

毕沅对任地的自然条件和作物种植都较为了解，对旱灾之际的区域社会情状也一目了然，这是地方官员的职责使然。正是基于此，他积极求雨。乾隆年间，太白山神在总督尹继善，巡抚毕沅、秦承恩等人的屡次奏请后，地位进一步抬升，至太白山求雨者更盛。及至光绪初年，陕西巡抚谭钟麟言：

> 岁丁丑关中旱，自七月至明年之二月不雨，秦之民辍业而流离，秦之官若吏束手而罔所呼吁，势岌岌不可终日。钟麟忝抚斯土，德薄招灾，夙夜心疚，闻境之西南有山曰太白，其神曰昭灵普润之神，是国朝所崇封以贶荣也。圣王御宇，百神受职，深山大泽，实兴云雨，或者不忍吾民之弊而有以苏之也。遣属往祷，神鉴其衷，旬日之间……匪惟雨之，又润泽之。②

地方高级官员主动参与求雨活动，是他们自认的责任使然，即职责驱使他们做出求雨选择。对于一些基层地方官员而言，参与地方民众的求雨活动，是对上级行政命令的执行，如永寿县令蒋基曾言：

---

① 乾隆《西安府志》卷首，清乾隆四十四年（1779年）刻本。
② 民国《岐山县志》卷九《艺文》，民国二十四年（1935年）铅印本。

> 去年大田偶旱，幸我大中丞芝轩秦公亲诣名山为民请命，神庥
> 焂应，立致滂沱。中丞公乃命阖属之祈雨著有灵异，辑成专书者，
> 具录以闻。基备员永邑，不揣固陋，敬编次普渡寺灵湫志一卷，以
> 其为永地著有灵异之处。①

再如，中部县的太白庙，"太白庙，在县北河寨湫，乾隆九年邑侯董可成、宜君知县刘士夫奉督宪建，九月九日致祭"②。

都宪可以命令下属建庙，在大旱之时要求地方官员求雨亦应为常事。雍正皇帝曾在雍正五年（1727年）要求各省至京城请龙神塑像至各地。同理，省级长官可以将地方神列入本省祀典，地方官员以此作为求雨的驱动力是必然的。

地方官员求雨，有时也是民众要求的结果。官员对民众行为的认可是民众继续作为的准则。在民众求雨活动中，如果情况许可，他们会要求官员参与。康熙年间，朝邑知县王兆鳌的求雨记载：

> 旬月以来，又无雨之所致也耶，急复斋宿、设坛，而绅士辈为
> 予言，邑南寺后社旧有太白祠者，为祀太白山神而建也。山隶凤翔
> 府之郿县，去邑六百里而遥，里人不惮跋涉率五岁取神山灵湫之水，
> 贮之祠下，遇旱辄祝，其应如响。今新水适至，公可迎而祷也。予
> 夙景神威，素念灵异，闻言踊跃徒步躬请升入邑城，昕夕膜拜，不
> 三日而甘澍滂沛，槁苗获苏③。

王兆鳌以太白灵湫水祷雨，是应地方士绅的请求。官员对民瘼的关心，促使他们在特殊情况下接受民众的建议。勤政为民的观念，是他们对民众请求予以接受的根本原因。

所有的统治者，都是权力的拥有者，他们或出于职责使然，或出于对上级命令的遵从，或是对民意的顺从、许可，他们的求雨行为，是对他们所拥有的权力做出的选择。这种选择对他们的统治而言，有众利而

---

① 光绪《永寿县重修新志》卷九《艺文》，清光绪十四年（1888年）刻本。
② 嘉庆《续修中部县志》卷二《祀典典志》，清嘉庆十二年（1807年）刻本。
③ 康熙《朝邑县后志》卷八《艺文》，清康熙五十一年（1712年）刻本。

无一害，是明智的选择。

（二）区域社会的传统

陕西地处内陆，除秦岭以南的汉中、商洛、安康降水量相对丰富之外，其他地区多为干旱少雨之区，渭河以北的关中平原和陕北黄土高原地区水资源更是缺乏。人们对此有明确的认识，"陕西居西北上游，以农事雄天下，而往往水旱不时，辄数十年大饥一遇，前者无论矣，有清嘉庆十年之水，道光二十六年之旱，光绪三四年复苦奇荒，而二十六年庚子之灾几竭天下全力以赈之"①。陕西的干旱气候是长期存在的，而求雨也成了区域社会民众生活中传统习俗。

先秦时期，关中地区已大规模兴修水利工程，著名的郑国渠、白渠等是其代表。逮及汉代，定都长安，关中平原及其周围地区的农业就显得更为重要，新建和复修的水利工程较前代更多，水利网络也趋于密集。而陕北黄土高原和关中平原与黄土高原交界带地区，降水量常年不足，地高水低，无灌溉条件，干旱成为该区域农业面临的最大困境。董仲舒的《春秋繁露》一书记载了求雨事例，关中地区作为汉代的畿辅之地，求雨习俗当不罕见。在长期与频繁旱灾斗争的过程中，民众逐渐对周围的环境产生了认知。汉代永平年间，武功建太白祠，"唐高祖祠，在凤岗之巅，前则太白行祠也，太白盖封内故山，汉永平八年建祠于此"②。魏晋时期，"山下有太白祠，民所祀也"。民众对太白山云雨气候的认知，与太白庙的兴建之间应有对应关系，这可能是区域社会求雨习俗的萌芽期。

隋唐继续定都长安，长安是当时国际性的都市，人口激增，而关东地区的粮食西运因黄河天堑而倍显艰难，关中地区的粮食危机加剧，干旱的威胁更为严重，求雨习俗的意义凸显。此时，关中地区的华山、终南山、太白山都是求雨之地。太白山作为道教三十六洞天之第十一洞天，因道教徒的符瑞之说而声名鹊起，天宝八载（749 年），唐玄宗封

① 民国《续修陕西通志稿·凡例》，民国二十三年（1934 年）铅印本。
② 正德《武功县志》卷一《祠祀志》，明正德十四年（1519 年）刻本。

太白山为明应公，使其在关中名山中更胜一筹。贞元十二年（796年），关中大旱，朝廷命官员至名山大川求雨，而柳宗元的《太白山祠堂碑记》，则开太白山求雨记忆的先河。

太白山而外，同州的九龙神也起源较早。"唐长庆初，元稹之守同，有祈雨九龙神文。乾宁中连帅李塘遂建庙，嗣是历代有增修，碑碣犹存，盖由来远矣。"①蓝田的石门将军，"济众侯庙，在县东南五十里倒回谷口，其神名石门将军，唐京兆尹第五琦、杨知至此祈雨有应。乾符中岁旱，诏使致祷，应时霈霖，遂封济众侯，增葺庙宇。今榜曰助顺王"②。关中平原上的求雨活动在此时兴盛起来。

逮至宋代，求雨之事更为常见，如李昭遘、苏轼、宋选、范纯仁等人都曾至太白山取湫求雨，并作文记之。此时求雨之俗较盛，《吕氏乡约》对此做了规定：

> 祷水旱。水旱之灾，止可相率祈祷里社，至诚斋洁，莫以酒脯可也。若妄行望祀，合聚群小，喧呼鼓舞，非士君子所宜焉。③

对聚众求雨的禁止，恰在于求雨之风的盛行。宋代是神明赐封的盛行时期，陕西亦不例外，众多民间神明此时取得封赠。太白山神是其中最盛者，由侯至公、由公至王，步入其早期的巅峰。

元明时期，求雨之风亦盛，如元代扶风县民元俊修建太白庙，该地民众已有至太白山求雨的习俗。在高陵：

> 鹿台之神庙，在县西南三十里鹿苑原上，相传轩辕皇帝破蚩尤者。旁有雷石风洞，俗又谓之雨磨，以祷雨多应也，今为奉正里人所祀。元同州学正萧逢春为县令杨翰、主簿陈天瑞祷雨有应而撰记，记曰……。④

---

① 光绪《同州府续志》卷四《文征续录上》，清光绪七年（1881年）刻本。

② （宋）宋敏求撰，（清）毕沅校正：《长安志》卷十六，台北：成义出版社，1969年。

③ （明）赵廷瑞修，马理、吕柟纂，董健桥等校注：《陕西通志》，西安：三秦出版社，2006年，第2020页。

④ 嘉靖《高陵县志》卷二《祠庙志》，明嘉靖二十年（1541年）刻本。

明朝伊始，陕西抚军耿忠就在陕西展开了求雨活动："二岁之间，凡五祷于神，其伸报答"。求雨之盛，可见一斑。明代中后期，祭祀政策松动，求雨活动出现得更为频繁，官员参与的频率也有所增加。

汉魏以来的求雨风俗，在历代帝王的倡导下，地方性求雨活动逐渐增多。宋元时期帝王对民间神明的奉赠，加剧了民众的笃信之情。殆及明清两代，求雨活动已成为区域社会抗旱时不可或缺的手段。这种区域传统是民众对自然环境认知的结果，也是地域文化不曾受到大冲击或断层的表现。

（三）求雨花费较小

求雨作为一种行为，是由不同主体进行的。在区域社会中，主要体现为地方官员和民众两类。在我看来，求雨花费应包括人力投入和物资耗费。人力投入是指参加求雨活动的人员，这由求雨者的地位、旱灾的大小、所求神灵被认可的程度等来确定。物资耗费是指求雨活动的花费，包括交通费用、求雨人员的伙食耗费以及香、表、蜡烛和求雨灵应后的谢神费用。这些费用在多数求雨活动中是没有记载的，我们只能根据零星的资料来探讨。

从目前掌握的资料来看，中古时期的求雨多是官方行为，因而求雨花费是由政府承担的。传统社会后期，求雨活动渐趋频繁，规模大小不一，求雨花费的承担者呈现多元发展趋势。明初抚军耿忠求雨，祠记曰：

> 粤以四月中旬择日斋戒，躬致祝辞，遣僧觉用等赍香帛祝文诣山顶投辞请水。既至，率官僚吏卒暨郡民数百千人备鼓吹郊迎，展祭于武功太白之神祠。……及六月又旱，祷请如前，复获沾足。秋八月禾将垂实，旱甚，复请祷之，大雨随至。……越明年丁巳夏四月、六月俱旱，复奉迎请祷如前岁之仪，而亦两蒙灵贶雨皆尺余。关辅之中，军民鼓舞。二岁之间凡五祷于神，其伸报答。先是凤岗上旧有神之行祠，岁代绵远，庙貌倾损，门庑废阙，乃命工匠士卒补完而增修之，图绘两壁，桩塑神像，焕然一新，又令人于武功故城

得神之碑志于遗庙之侧①。

耿忠大规模求雨是太白山求雨中较为少见的，这与他所面对的形势有关。此当明初，新的社会秩序尚在建立，耿忠所领屯田兵遍及从临潼至凤翔的渭河两岸，他所面临的压力是可想而知的。耿忠所代表的官员求雨，是规模较大的一例，他还在求雨之后重修武功太白庙，故而他的求雨花费是相对较高的。

康熙年间朝邑知县王兆鳌的求雨，他是徒步出城将民众从太白山取回的灵湫水请入城，再在城内朝夕祭拜，所费仅香纸而已，民众取湫的费用是自付的。作为官方参与求雨活动，这是花费付出较小的一例。在关中地区，有些求雨活动是地方士绅举行的，如临潼，"时雨槐，在新丰东堡外，康熙二年，赵居步祷太白山，取灵湫水，归，悬树上……"②。

民众是求雨活动的主体，他们的求雨活动鲜少记载，从仅见的几例中，可知他们的求雨经费应当是出自团体。武功民众在明末时结社至太白山求雨，即是一种民众活动模式，活动费用应是共同出资；再如朝邑县寺后社民众至太白山取湫，花费应当是集体筹资。而大荔的太白山求雨亦是民间行为，"太白庙，在长安屯，明万历间创修。故事屯人欲祷雨太白，先上诸庙，得吉行辄有验"③。民众自发的求雨活动一定是求雨的主流，由于资料缺乏，我们不能详知民众的费用。通过对旱时经济状况的估测，我们有理由相信，民众求雨的费用应是团体共同集资，在徒步求雨的条件下，费用较低。

总体来看，求雨的经费来源主要有三类：一是由政府出人出资，这类求雨活动规模较大，费用相对要高，但与救灾的巨额花费而言，微不足道。二是由地方士绅负担，从地方志的义行和孝友记中，我们可以看到地方士绅积极参与地方救灾活动，出粮出资救济同村同乡父老，动辄银两成百上千，甚至逾万，若散碎银两用于求雨来解除地方危机，地方士绅应是乐意出资的。三是由普通民众自发进行，由其群体共同承担。

---

① 正德《武功县志》卷一《祠祀志》，明正德十四年（1519 年）刻本。
② 乾隆《临潼县志》卷九《志余》，清乾隆四十一年（1776 年）刻本。
③ 光绪《同州府续志》卷八《祠祀》，清光绪七年（1881 年）刻本。

这三种资金来源在一定程度上决定着求雨的规模，也与民众的期许相对应。无论资金从何而来，与救灾所费相比，这种花费较低的活动是能够得到认同的。求雨习俗在传统社会经久不衰，花费较低应是其存在的基础之一。

各级官员的执政理念，是地方官员和区域民众求雨活动的思想渊源；区域社会传统的求雨习俗，是民众行为的根据；花费较低，是求雨活动得以顺利实现的经济基础。正是这些社会基础的推动，求雨习俗在陕西长期存在且不断发展。

第二节　清代陕西雨神分布及特征

中国地域辽阔，崇拜对象类型众多，雨神崇拜亦是如此。在中国，最具权威的雨神非龙王莫属，陕西亦然。除此而外，与雨、水有关的自然物、人物等都会成为崇拜对象，这些龙王之外的信仰对象占着较大比重。陕西包含了自然地理中的三大类型，即高原、平原和山地，分别对应了陕北、关中和陕南三地。自然环境的不尽相同，使得雨神类型也迥然不同。而同处一个高层政区，这差异中又孕育着趋同性，这从清代雨神的前后变迁中可以窥见。

一、传统神明主导阶段

清代前期，陕西雨神信仰在明末的基础上，继续发展。陕西因其辖境自然环境的差异，区域之间的人文事象迥异，从总体上来看，仍有一定的共性，即这一时期的雨神以传统神明为主。

（一）关中地区

清代关中地区，在行政区上是指西安府、凤翔府、乾州、邠州（雍正三年升为直隶州）、同州府（雍正三年升为直隶州，十三年升为府）三府二州之地。

关中平原是中国的天府之一。秦汉时期，关中地区农业已位居全国前列。至唐代，更是以狭小的地域养育着国际大都市长安的众多人口。唐代以前关中地区的求雨活动较为少见。唐代前期每遇灾荒，皇帝偕皇室及臣子往东都就食，以解决一时的粮食短缺问题。至唐代中后期，皇室已无力来往于西京与东都以度荒，他们更多地采用求雨来消极抗旱。张一平认为，唐代的雩雨祭祀，比之远古其形式愈加完善复杂，且为皇室政治生活中一件不可缺少的大事。从某种方面来讲，实为调和唐王室与百姓矛盾冲突的缓冲剂[①]。关中地区的求雨活动也于此时兴起。直至清代，唐代求雨的痕迹依然明晰可见。唐代文化对关中乃至整个陕西地区的深刻影响，在清初陕西雨神信仰中可见一斑。

清初，关中地区的雨神，有着明显的地域传统神明的印痕。关中东部同州一带，清初雨神也较多地继承前代已有之神，如九龙神：

> 九龙庙，在州治东南十余里九龙泉。唐乾宁中连帅李公塘建有碑记，每岁二月二日有司以牲礼修祀，曰扶龙头。居民以五月十八日报赛。相传元亚哥守州，值久旱，祷于神，曰："得雨苏民，愿以女事"。言讫，雨大注，女暴亡，遂塑像后殿。明知州邓瑝辨其不经，略云：亚哥一念之诚割其至爱以待己身，有桑林余意，而女逝适，会乃厚受其诬，神若有知，其羞血食于此矣。[②]

同州九龙神求雨与庙所在的九龙泉有关，每年官方和民间分别祭拜，官方祭拜日期异于民间，体现了国家祀典与民间习俗的差异。朝邑县，"东岳行祠，在县西郭，宫殿嵯峨，楼台峻起，据华原之形胜，与莲岳雷首相应，一方称巨观焉。唐贞观元年重修，每旱祷无不应"[③]。蒲城县，"尧山灵应夫人祠，在尧山。唐咸通中有碑云：自古灵应一方，不知肇兴何代。行祠在东门内，宋崇宁三年封，敕曰：'雨旸之

---

① 张一平：《唐王室雩雨考述》，《山西师大学报》（哲学社会科学版）2000年第3期。
② 雍正《陕西通志》卷二十九《祠祀二》，清雍正十三年（1735年）刻本。
③ 雍正《陕西通志》卷二十九《祠祀二》，清雍正十三年（1735年）刻本。

祈，应答如响，有司以闻，在所旌异'"①。

同州唐代所建庙宇中，有两处龙王庙，为我们提供了龙王信仰的早期范例。尧山灵应夫人祠位于尧山，是蒲城一带的雨神代表。朝邑的东岳行祠，是早期山岳崇拜的代表，它的存在与其所在地理位置有关，与西岳华山遥相呼应，是其不断重修的缘由之一。

在关中中部，长安县的终南山祠：

> 唐文宗开成二年建。开成二年四月辛酉诏："终南山兴云必雨，若当晴霁，虽密云他至，竟不沾需。况兹山北面阙庭，日当恩顾，修其望祀，宠数宜及。令中书门下差官设奠，宣告恩礼，择立庙处所以闻"。八月乙未，长安县令杜憻奏，准诏置终南山祠宇，毕，己酉册南山为广惠公。②

在蓝田，有神名济众侯者，亦源自唐代。

> 在县东南十五里倒回谷，神名石门将军。唐京兆尹第五琦、杨知至此祈雨有应。至乾符中，岁旱，诏使致祷，应时沾霈，遂封济众侯，增葺庙宇，后榜曰助顺王。③

终南山祠和济众侯庙距都城长安甚近，在长安城即可遥望终南山，对于山上云、雾与雨水的关系，民众已掌握了一定的规律，故而"兴云必雨"的终南山成为民众信仰的载体，帝王为安抚受旱灾困扰的百姓，诏准置庙。济众侯庙的初建年代不可考，神名石门将军，庙建于倒回谷口，当与山或石有关，应为自然物崇拜。石门将军被封济众侯，其寓意甚为明确。

渭河北岸的三原，"显圣庙，在县治内，按碑记，显圣春秋伍员也。唐乾符三年，诏司农姬晋卿赍锦伞赛湫，重修，昭宗追封普济王，宋封灵济昭佑显圣王，明万历年封为灵湫大帝，重修。"④显圣庙重修

---

① 雍正《陕西通志》卷二十九《祠祀二》，清雍正十三年（1735年）刻本。
② 雍正《陕西通志》卷二十八《祠祀一》，清雍正十三年（1735年）刻本。
③ 雍正《陕西通志》卷二十八《祠祀一》，清雍正十三年（1735年）刻本。
④ 雍正《陕西通志》卷二十八《祠祀一》，清雍正十三年（1735年）刻本。

与蓝田济众侯庙时间差相同，或许为同一批被封。大旱之时，一场范围较大的降雨可能同时成为多位神明的灵异，能被记载与当地对此神的认可度有关。

关中西部是先秦文明的发祥地，此地佛道二教及民间信仰在唐宋时期取得长足发展，尤其是道教。因此，郿县的太白山从唐代得到赐封以来，祀典无缺。

> 太白山湫神庙，在县东南四十里太白山上。唐天宝八载，封山神为神应公。贞元十二年秋旱，诏饰祠庙，翌日大雨，黍稷用丰。柳宗元有碑记。宋至和三年，封神为济民侯，知府李昭遘重修有记。嘉祐七年复封为明应公，府签判苏轼有祭告文并迎送词五章。熙宁八年，进封福应王，金元俱仍王爵，明正统四年重建。本朝康熙四十六年，祷雨灵应，知府朱琦立代天泽物匾，以志神庥。[1]

偏居渭北的麟游县，雨神信仰也较为普遍，如：

> 齐王庙，在县北门外童山，祀唐崔子玉。子玉生多嘉政，民颂德不忘，建祠以祀。金承定[2]二年，邑令王璞以旱蝗祷雨立应，遂新其庙。元明以来，屡次加修，有碑记。……兴国寺，在县治北门外童山下，唐开元十年建，唐时古松尚存，有银杏树大四五围高与山齐。明正统间岁旱祷雨灵应，蜀进士李同文有记。[3]

陇州，"西镇吴山庙，在州南七十里吴岳山下，唐李晟镇凤翔时旱祷雨应，有侍御史内供奉于公异记，庙前有御香亭"[4]。邠州，"五龙神祠，在州治石龙涡，唐大历中建，久废。唯存延祐三年祷雨有感碑。明州守齐侯宁以应祷重建此祠。在州城北离泾水三里，其州东三里又有鸣玉池水神庙"[5]。

---

① 雍正《陕西通志》卷二十八《祠祀一》，清雍正十三年（1735年）刻本。
② 按，原文如此，金国无此年号，疑为人定或永安。
③ 雍正《陕西通志》卷二十八《祠祀一》，清雍正十三年（1735年）刻本。
④ 雍正《陕西通志》卷二十八《祠祀一》，清雍正十三年（1735年）刻本。
⑤ 雍正《陕西通志》卷二十九《祠祀二》，清雍正十三年（1735年）刻本。

关中西部唐代所建庙宇供奉神明多为名山之神，如太白山神、吴山神，人格神如齐王，其初建之时并非是为求雨，在此后的祭祀中被赋予相关的灵异，其灵异的扩展更有利于神明的留存。

清代关中地区的雨神，有着明显的唐代印记。境内有山或靠近山的县份，雨神多为山神，如蓝田、长安、鄠县、朝邑等。平原诸县则选择龙神，如同州、郃阳，这是对自然环境认知的结果。三原和麟游选择了人格神作为祭拜对象，是基于这些人物流传在当地的生前事迹，符合民众的价值取向。

关中地区雨神信仰浓烈的继承性于此可见，这也意味着唐代关中地区的农业危机已较为严重，其根本原因在于人口的剧增，造成粮食产出和需求之间矛盾的加剧。为缓和由旱及灾对社会秩序的威胁，求雨无疑是有效的。关中地区留存的产生于唐代的雨神中，太白山神影响深远。太白山神出现较早，求雨活动出现于唐代，这些现象的集中出现并非偶然，而是一个时代特殊社会现状的反映。它让我们意识到历史记忆的选择性，在传承中不被遗弃是缘于它依然适应社会需求。

（二）陕北地区

清代的陕北地区，在政区上是指延安府、榆林府（置于雍正二年）、鄜州（雍正三年升直隶州）、绥德州（雍正三年升为直隶州）二府二州之地，它们在地貌上均属于陕北黄土高原，境内的自然条件有一定的差异，雨神信仰也有异同。

陕北地区干旱的自然环境，决定了雨神信仰的普遍存在，陕北地区遍及各处的龙神庙和灵异事迹即是见证。

> 延安府，肤施县，五龙庙，在城东门外，汉宣帝时建；黑龙庙，在东关五龙山下，庙旁有泉，因泉求神，塑像专祠曰黑龙庙，取北方象水之义。雍正四年春夏连月不雨，知府吴瑞虔祷神应，乃捐修庙宇并为之记。……安定县，龙王庙，在县治东川三里，明时建，树林阴翳，岁旱祷雨于此，知县廖均增修；一在北门外名小龙王庙，相传大旱时，群儿垒神龛于河中大石上，祷雨有应。

其后山水暴涨，神龛岿然独存，土人奇之，故立庙。……保安县，龙王庙，在县南八蜡庙前。……延川县，龙王庙，在县东砚头源，一在县东北。

榆林府，榆林县，龙王庙，在寒泉上；一在城东，明嘉靖四十三年举人马齐修；其城北白龙王庙亦有泉，同知谭吉璁有记。……定边县，龙王庙，在县南门外，明万历丁酉年修；一在砖井堡。吴堡县，龙王庙，旧在城北高冈上，知县卢文鸿迁于西沟畔，岁春秋致祭，庙右有山神庙。鄜州，龙王庙，在州城北，明嘉靖七年副使汪珊知州杜惠建有碑记。……清涧县，龙王庙，在县东南七十步山川坛之北。葭州，黑龙庙，一在州北五里第一峰黑龙沟，一在外城西南。神木县，龙王庙，在县北老龙池，万历六年兵备道覃某建，从大河口引水凿池，栽花植柳，可供游观；一在龙眼山下。……府谷县，龙王庙，一在城东，康熙二十一年知县牛卿云重建，一在城西二里。①

除龙神之外，陕北地区还有其他雨神存在。宜川，有唐浑瑊祠。

唐浑瑊祠，在县城东南五里凤翅山谷。瑊唐封咸宁郡王，宋元丰中追封忠武王。宜邑唐时属丹州咸宁郡，即瑊封地也，建祠后屡著灵异。……庙中有惠泽泉，岁旱祷于此。本朝康熙四十四年，知县朱某因祷雨有应，重修正殿。②

对唐代所封郡王的祭拜，是民众对唐代奉赠行为的认可，是宜川进入统治者视野的见证，历经千年，这种文化认同依然存在。位于关中通往陕北交通线上的洛川县：

孚泽大王庙，在县北四十里菩提村，每旱辄祷于神，俗传，昔有芸田者，见一夫疾行求庇，自言天帝侍笔砚者，有罪惧脱，遂入饷瓶中，少顷呼之不应，破视之骸骨存焉，土人建庙藏骨。五代时

① 雍正《陕西通志》卷二十八《祠祀一》，清雍正十三年（1735 年）刻本；雍正《陕西通志》卷二十九《祠祀二》，清雍正十三年（1735 年）刻本。
② 雍正《陕西通志》卷二十八《祠祀一》，清雍正十三年（1735 年）刻本。

封为孚泽大王，今其骨尚存，呼为馌田庙。……杨班祠，在县东南六十里。班，后秦姚苌将军，居黄梁谷，其地有水极深，冬亦湛然。每岁旱，祈祷多应。①

延安府保安、延长两县，也有其他雨神存在。

保安，顺惠大王庙，在县治东北九十里，上有灵湫，祷雨获应。宋宣和二年建。祀宋将李显忠。其子二郎庙，在马头山之东，封号波海；其三子三郎庙，在县东山。明英宗梦一金甲人尝护卫……保安、安定、安塞，岁时致祭。……延长，显圣庙，在县东三十五里多杏村，祀伍子胥，天旱祷雨辄应。②

杨班、李显忠及伍子胥，他们朝代各异，却有一个相类的身份，即武将。历史时期陕北地区北部为农牧交错地带，战争频仍，魏晋时期、宋夏对峙时期，这里都曾沦为战场，尚武是其突出的地域特征。陕北地区雨神崇拜中武将的存在，与当地社会的民风和不太安定的社会秩序相关联。

龙神在清代陕西雨神信仰中，占百分之五十的比例，以陕北地区为主，有着特殊性。陕北地区的民间信仰较为普遍，但造神之风却不浓烈。它长期处于陕西的边缘地带，经济、文化发展都较为滞后，而干旱的气候使其农业发展困难重重，在无力造神而又需要拜神的情况下，祀典之雨神龙王无疑是最佳选择。在日积月累的风俗演化中，尚武之习也潜移默化地影响着当地的雨神信仰。

（三）陕南地区

陕南地区是指位于秦岭以南的陕西地区，在行政区划包括汉中府、兴安府（乾隆四十七年升为府）和商州（雍正三年升为直隶州）。元代以来，陕南地区与关中地区同属一高级政区，但自然地理状况与关中地区不同。在气候方面，陕南地区属亚热带温热湿润气候，降水量较多，

① 雍正《陕西通志》卷二十九《祠祀二》，清雍正十三年（1735 年）刻本。
② 雍正《陕西通志》卷二十八《祠祀一》，清雍正十三年（1735 年）刻本。

且境内有汉江、丹江及众多河流，属于足水区。在这种气候条件下，汉中盆地可出现轻度的春夏旱，安康盆地可出现伏旱，但从全区衡量，干旱的威胁轻微[①]。偶有旱灾，也可用较为便利的灌溉条件来弥补，故而雨神信仰有别于陕北地区和关中地区。

陕南地区的自然环境使得农业生产条件相对优越，求雨活动甚少流传，少有灵异事迹，雨神庙较为少见。从雍正《陕西通志》卷二十九《祠祀二》来看，汉水流域汉中府雨神主要有：

> 褒城县，灵泽庙，在县南五十里玉泉，北宋嘉定三年封神为孚济侯，赐庙额灵泽，其加封之牒尚存。……洋县，圣母庙，一在祈子山，一在两角山，祈嗣祷雨咸应，康熙五十一年大旱，知县邹溶祷于祈子山庙，即雨，有记；昭泽庙，在县北七十里八里洞前，历代祈雨感应碑识其事；灵润庙，在县东四十五里蒿平山腹，有灵湫，旱祷有应，宋庆元中赐额灵润。……宁羌州，龙王庙，在州东北百里道林子龙洞，明弘治间祈祷灵应，为之立庙；黑龙寺，在州东三十里，康熙丙午年修；回龙寺，在州东五十里，康熙四十年修；龙凤寺，在州东五十里，雍正五年修。……沔县，龙王庙，在县治西北卓笔山下，宋庆元四年建，距城二十里。[②]

从祠祀记载来看，汉中府的求雨灵异事件很少，即便在普遍封神的宋代，陕南地区被封赐者仅有褒城的灵泽庙和洋县的灵润庙。洋县的圣母庙，祈嗣之功先于祷雨之责。与龙王相关的庙宇仅存于宁羌州和沔县，均不在城里，在地方社会中所饰演的雨神角色也微乎其微。

陕南地区东部的兴安州和商州，雨神崇拜就更为寥落。

> 洵阳县，黄龙庙，在县东南三十里，俗称黄龙仙女庙，庙中有井，水极清，深不可测，常有黄蛇出水面，遇旱祷雨，取此水辄应；子房观，在县北一百二十里，洞壑幽邃，遇旱求湫辄应。……商州，龙王庙，在州治西，弘治、嘉靖间增修。……镇安县，太白庙，在

① 聂树人编著：《陕西自然地理》，西安：陕西人民出版社，1981年，第147页。
② 雍正《陕西通志》卷二十九《祠祀二》，清雍正十三年（1735年）刻本。

县西七十里。……山阳县,龙王庙,在县城东南。……商南县,龙
王庙,在县东岭。①

笔者不厌其烦的引用陕南地区府州中的祈雨灵应资料,是想对其祠
祀系统之外的祈雨状况有所了解。其祠祀系统中与求雨相关的庙宇较为
稀缺,是地方社会雨神信仰观念淡薄的表征,为地方官员政绩之一的求
雨在陕南地区不被重视。在当地官员意识中,雨神可能远不及水神、江
神重要,因为涝灾的危害远大于旱灾。陕南地区的求雨之地多为山、
洞、泉等,这些地方多没有庙宇,不能进入祠祀系统,也不能成为真正
意义上的雨神信仰。

二、太白山神主导阶段

陕西从康熙二年(1663年)开始与甘肃分治,陕北、关中和陕南三
个地理单元成为一个相对独立的政区。作为一个高层政区,至清代中
期,省籍认同较此前增加。从乾隆年间开始,陕西雨神信仰发生了较大
的变化,与清代前期有一定的差异。

(一)传统雨神影响明显减弱

如前所述,清代前期关中地区的众多雨神都产生或受封于唐代。在
清代社会发展变迁中,雨神的唐代意识被弱化。这种弱化是一个缓慢的
过程,将清代前期与清代中期的地方雨神相比较,这种趋势较为明晰。
雨神唐代意识的弱化,主要表现在两个方面:一是雨神仍存,语境转
换,如终南山神,"终南山神庙,在南门外,嘉庆八年建,敕封宁民显
佑终南山神"②;大荔的九龙神,"九龙庙,在城东十里九龙泉,祷雨
常应,道光中知府李恩继捐修,同治四年知府方鼎录捐修正殿,光绪七
年居民捐修后殿"③;蒲城,"尧山灵应夫人祠,在县尧山,雨旸之

① 雍正《陕西通志》卷二十九《祠祀二》,清雍正十三年(1735年)刻本。
② 民国《续修陕西通志稿》卷一百二十四《祠祀一》,民国二十三年(1934年)铅印本。
③ 民国《续修陕西通志稿》卷一百二十五《祠祀二》,民国二十三年(1934年)铅印本。

祈，应答如响，有司以闻，列入祀典"①。这些神明的记载不再显示其与唐代关系。清代中期的记载中，人们已经看不到这些神明的渊源，他们与唐代之间的关系被人为忘记。二是雨神消失，如朝邑的东岳行祠、长安昊天观、三原显圣庙、陇州吴山庙、邠州五龙神祠等承载的神明，清代前期尚存其渊源于唐代的痕迹，至此在文字记载中消失，记载的缺失是现实中神明或景观消失的佐证。

在陕北地区，清代前期雨神受宋代和陕北地区尚武之风影响较深，逮及清代中后期，这种印迹也消失殆尽。清代后期陕北地区雨神中的杨班、二郎、浑瑊等仍存，渊源亦不做交代。陕北地区更多的是以龙王为雨神，雨神信仰趋于单一化。

（二）区域神太白山神的确立

清代雨神信仰中，太白山神是贯穿全程的神明。清代前期，太白山神信仰以凤翔府为密集区，西安府部分县份，同州的大荔、朝邑，鄜州及其下辖各县均有太白庙。在陕南和陕北的绝大部分地区，太白山神信仰尚未大规模渗入其中。

乾隆年间，太白山神开始被地方官员重视。乾隆五年（1740年）总督尹继善、乾隆五十七年（1792年）巡抚秦承恩先后两次将太白山神列入陕西祀典，官民开始较为频繁地至太白山取湫求雨，并上奏朝廷为太白山神求得封号、匾额和御制谢诗等。这些行为的出现使得太白山神信仰以前所未有的速度在高层政区内传播。至清代中期，太白山神信仰遍及陕西所有的统县政区，这是其他地方神所不能比拟的。这是清代中期陕西雨神的第二个变化，这一变化也是本书要讨论的重点，详情后述。

三、整体衰落阶段

从道光朝开始，中国陷入了内忧外患的泥沼之中。同治初年，太平天国运动波及陕西，与此时爆发的回民起义、捻军势力交织，给陕西社

---

① 民国《续修陕西通志稿》卷一百二十五《祠祀二》，民国二十三年（1934年）铅印本。

会经济造成了极大的冲击。在这样的背景下，民间信仰也渐现颓势。

雨神的发展状况，可以通过求雨活动的频率来判断。同治年间，陕西陷入混战，求雨活动不见于记载。光绪初年，华北地区发生了长达数年的大旱，陕西也开始了长期的抗旱活动，东府大荔、朝邑等县地方官员参与求雨，陕西巡抚谭钟麟为西岳庙、太白庙求匾额，与这场给陕西带来巨大灾难的旱灾相比，求雨带来的效果可以忽略。光绪二十六年（1900年），陕西再次遭遇旱灾，巡抚岑春煊遣属求雨。宣统元年（1909年），郿县令沈锡荣求雨太白山。在半个多世纪的清代后期，陕西的求雨活动仅有少见的几次，与乾嘉年间兴盛期的求雨状况不能同日而语。

雨神庙的颓败也是雨神发展衰落的一个见证。同治年间的回民起义战争中，陕西的庙宇景观被毁者不在少数。"自回逆倡乱，凡庙宇暨一切祈祷之区胥成灰烬，至今颓垣败址，目不忍睹。幸县治各庙坊俱依旧，祀典无缺，惟西门外太白庙主受西方金气，邑令沈公改为火神庙，附记之。"[1]陕西信仰景观受到回民起义战争的重创，雨神庙也概莫能外。高陵，"龙王庙，在迎翠门外南面，回变毁"[2]。三原，"太白庙，二，一在南关，国朝顺治庚寅年重修；一在东关门外，明万历十八年建。回乱毁"[3]。大荔，"崔府君庙，在东北门外，祀唐崔子玉，同治元年毁于兵火"[4]。这些雨神庙在战火中被毁，未见重建，雨神随之衰落也是必然的。

清代后期，陕西雨神信仰的总体衰落，是通过上述途径表现的。它的衰落源于民众对环境的认识：求雨并不能真正解决旱灾。在长达数年的旱灾中，雨神不能应时显灵，失去了灵异的契机。长期没有灵异事迹出现，民众对雨神的信仰情感也会逐渐消失。这也使得雨神失去存在的社会土壤，渐趋衰败。

清代陕西雨神类型时代特征明晰，而在空间分布上，也有一定的印记可以追寻。关中地区的雨神，受唐代的影响较深。关中地区作为

---

① 光绪《临潼县续志》卷上《祠祀》，清光绪十六年（1890年）刻本。
② 光绪《高陵县续志》卷二《祠祀志》，清光绪十年（1884年）刻本。
③ 光绪《三原县新志》卷四《祠祀》，清光绪五年（1879年）刻本。
④ 光绪《大荔县续志》卷六《祠祀志》，清光绪五年（1879年）刻本。

农业的发源地，土地利用率高，对水资源的需求量大，而天然的水资源条件却不甚充足，这就促使民众对雨水的渴盼；而唐代是关中地区历史最辉煌的时期，唐文化对关中地区的雨神信仰烙上了深深的印记。在陕北地区，雨神是以武将为其特色的。陕北地区虽是少水区，但地广人稀，广种薄收的农业模式可以满足大部分人的生存需要。陕北地区的求雨与降水的偶合性很小，致使屡求不应，民众对雨神的依赖程度较弱。陕北地区雨神多为军事将领，与其长期存在的尚武之风相关。陕南地区雨神较少，是陕西雨神信仰的欠发达地区。陕南地区是足水区，早期人口相对稀少，旱灾的威胁小，雨神数量不多，除了龙王之外，地方神罕见。这与陕南地区涝灾重于旱灾的自然状况和人居生存压力小等因素相关。雨神与区域自然、人文环境的关系于此可知。

第三节　求雨活动行为人群体的变迁

信仰是由信仰者实施的一种行为，实施这种信仰行为的人我们称之为信仰主体。信仰主体的类型是由信仰客体的性质决定的。清代陕西雨神类型多样，求雨主体随时代变迁的特征尤为明显。

一、清代前期以民众参与为主

明末李自成起义席卷陕北和关中地区，民众流离失所，前朝富裕之家经历改朝换代之后，正处于财富积累期，世家大族尚未形成。在清代前期，陕西社会百废待兴，许多农事活动是民间自发进行的，求雨活动亦如此。

顺治年间，朝邑，"九郎庙，在北郭九郎山，即梁山东北峰，有奕应侯庙。……顺治间邑人祷之有验"[①]。麟游，"浮泽大帝庙，在县

---

① 康熙《朝邑县后志》卷二《建置·祠庙》，清康熙五十一年（1712 年）刻本。

北三里，有灵湫，旱蝗祭祷无不响应，邻近郡邑咸来祈焉，俗称四郎庙。顺治十年四月内大旱，率士民祈之，遂澍雨。十二年六月又旱，祈之又雨。十三年四月旱，祷之又雨。数年之内三祈三响应焉"①。华州，"太白堂，在关外。顺治十八年亢阳不雨，民祷太白山即应，因建祠奉祀"②。顺治年间的求雨活动多为民间自发行为，民众是求雨活动的主体。

逮及康熙年间，求雨活动的主体仍以民众为主体，地方官员偶尔参与其间。临潼，"时雨槐，在新丰东堡外。康熙二年旱，赵居步祷太白山取灵湫水，归，悬树上，忽雷作，大雨立沛，因谓之时雨槐"③。西安府，"元庆庵，在县治北。顺治初户部王来用建，康熙三年祷雨有应，巡抚贾汉复重建"④。民众在求雨的同时，也参与地方水利建设。在郿县，"梅遇，字品章，南城人。康熙三年任，兴斜谷潭谷水利，开渠种柳，岁旱，步祷太白山巅"⑤。梅遇在碑文中提到：

> 不佞（梅遇）以康熙三年承乏来郿，值明年乙巳春大旱，爰步祷太白，获澍雨尺余。既而思之，天泽莫如雨，地泽莫如河，故于六年丁未建议兴斜谷之役。斜谷既治，再择水势地势之便者，务多方引浚，以利民生。信地之富于河，可补天之穷于雨也。今年壬子贾生琬等复有潭谷河渠之请……民夫欢呼踊跃趋事，役起二月中旬，竣于三月中旬。……北流三十里，左右聚落莫不沾足焉。……盖全郿境内河有九泉，亦有九潭谷，河治而九河之利始全，九河既开而九泉之利益溥，泉与河交相利而郿无剩水矣。⑥

求雨可能会解决一时的社会矛盾，却不能从根本上改变区域的缺水状况。若能有效利用区域的水利资源，以人力来改变这种先天环境，更易为民众接受。

---

① 康熙《麟游县志》卷二《建置祠祀》，清康熙四十七年（1708年）吴世泽补刻本。
② 雍正《陕西通志》卷二十八《祠祀二》，清雍正十三年（1735年）刻本。
③ 乾隆《临潼县志》卷九《志余》，清乾隆四十一年（1776年）刻本。
④ 乾隆《西安府志》卷六十《古迹志下·祠宇》，清乾隆四十四年（1779年）刻本。
⑤ 宣统《郿县志》卷五《政录·官师表》，清宣统二年（1910年）铅印本。
⑥ 宣统《郿县志》卷二《地录下》，清宣统二年（1910年）铅印本。

鳌屋位于渭河以南秦岭北麓，"（康熙）十八年春旱，二麦几槁，知县章泰竭诚祈祷，澍雨应期至，麦大熟。至五月下旬又旱，章诚祷如前，于七夕前后得雨，民心以安"①。五月下旬祷雨至七月上旬得雨，这二者的周期长达月余，时人认为二者之间有关联，将其视为一种祥瑞。

在陕北地区的鄜州，"太白庙，在州南五里太白山上……国朝康熙十八，年知州宁可栋以祷雨灵应，捐金重建"②。康熙十八年（1678年）的旱灾波及渭河两岸，范围较广。宜川，"唐浑瑊祠，在县城外东南五里。……国朝康熙四十四年，知县朱珩，因祷雨有应，重修正殿"③。郿县，"太白山湫神庙，在县东南四十里太白山上。本朝康熙四十六年，祷雨灵应，知府朱琦立代天泽物匾，以志神庥"④。

陕南祈雨活动较为少见，洋县，"圣母庙，一在祈子山，一在两角山，祈嗣祷雨咸应。康熙五十一年大旱，知县邹溶祷于祈子山庙，即雨，有记"⑤。这是清代前期陕南地区仅见的求雨记录。

朝邑，"太白庙，康熙五十年秋旱，知县王兆鳌斋沐步祷迎水入城，越日大雨如注，有碑记"⑥。据求雨碑记所述，王兆鳌认为："凡以捍御灾祲商校晴雨皆牧民者之职耳。"在旱象呈现之后，他"忧心如焚，遍走群望，百求所以焚尪祝炀之术者备至，已而大雨沾足"。其后，旱象再次出现，他"急复斋宿设坛，而绅士辈为予言，邑南寺后社旧有太白祠者，为祀太白山神而建也。山隶凤翔府之郿县，去邑六百里而遥……遇旱辄祝，其应如响。今新水适至，公可迎而祷也。予夙景神威，素念灵异，闻言踊跃徒步躬请升入邑城，昕夕膜拜，不三日而甘澍滂沛，槁苗获苏，嘻，此固神之灵也，民之福也"⑦。地方官员的抗灾途径众多，求雨亦有多种方式。选择何种方式，须根据当地情况来看。民众在长期实践中对地域社会所处自然环境和人文习惯的理解，在一定

① 乾隆《重修鳌屋县志》卷十三《祥异》，清乾隆五十年（1785年）刻本。
② 道光《鄜州志》卷二《建置·祠庙》，清道光十三年（1833年）刻本。
③ 姬乃军，韩志侃校注：《〈延安府志〉校注》，西安：陕西旅游出版社，1999年，第270页。
④ 雍正《陕西通志》卷二十八《祠祀一》，清雍正十三年（1735年）刻本。
⑤ 雍正《陕西通志》卷二十九《祠祀二》，清雍正十三年（1735年）刻本。
⑥ 康熙《朝邑县后志》卷二《建置·祠庙》，清康熙五十一年（1712年）刻本。
⑦ 康熙《朝邑县后志》卷八《艺文》，清康熙五十一年（1712年）刻本。

程度影响着他们的求雨选择。对地方官而言，认可地方惯有的求雨方式，顺应民意，缓和因旱灾而出现的较为紧张的社会氛围，有利于减少区域社会秩序失控的可能性。

陕北地区的肤施，清代前期有求雨活动。"黑龙庙，在东关五龙山下。……雍正四年，春夏连月不雨，知府吴瑞虔祷神应，乃捐修庙宇并为之祀。"①春夏不雨在陕北地区很常见，这次求雨当为陕北地区经常性求雨中的一例，被记录是缘于有求即应，这在该区域较为罕见。

康熙初年，郿县梅遇开渠兴修水利，但好景不长。"梅公渠，一在县东关，一在县西关，康熙六年旱，知县梅遇诣斜谷分导二渠，灌田甚多。六十年旱，典史胡启文、知县赵睿复疏故道，民亦利焉，水微难遍，时多水讼。"②水利使水资源得以充分利用，但亦常受到水资源条件的限制。至雍正年间，"张素，字居易。……雍正六年到任。……雍正壬子秋，步祷太白山巅，雨立至，秋大稔，人谓积诚所感卓异，除扶风令"③。郿县有赖以灌溉的水利设施作为抗旱手段，干旱达到一定程度时，河水量减少，水利设施难有效果，求雨成为安抚民众的重要手段，而张素因求雨灵应而得以授官，为后任官员增加求雨的动力。

陕南地区东南部的洵阳，在明代已有求雨记载。"罗公遇旱步祷山洞，甘霖沛降，转歉为丰。"④至雍正年间，洵阳的求雨活动规模庞大。"于公维琇……雍正四年……遇旱祷雨，乡民田鼓盈城不下千余人，给以馈粥之资，其仁可知。"⑤众多乡民参与其中，旱灾已经严重影响到他们的生存，于维秀馈粥之资非常及时，暂时缓和了社会矛盾。

清代前期，顺治年间的求雨活动大多是由民众自发进行的，从康熙年间开始，地方官员在从事水利开发的同时，参与求雨活动，而地方士绅要求官员参与，求得一种认同。至雍正年间，地方官员参与求雨活动，民间的求雨活动亦应兴盛。

---

① 雍正《陕西通志》卷二十八《祠祀一》，清雍正十三年（1735年）刻本。
② 宣统《郿县志》卷二《地录下》，清宣统二年（1910年）铅印本。
③ 宣统《郿县志》卷五《政录·官师表》，清宣统二年（1910年）铅印本。
④ （清）佚名：《洵阳乡土志·政绩录》，清代末期抄本。
⑤ （清）佚名：《洵阳乡土志·政绩录》，清代末期抄本。

二、清代中期地方官员较多参与

官员在区域社会求雨活动居于主导地位主要是在清代中期。这一时期国力强盛，国家的救灾措施相对完善，赈济活动开展较为顺畅；同时国家行政效率较高，地方官员的执政能力大为提升，他们更多地顺从民意，参与民间活动。

乾隆皇帝在位期间，每逢干旱，多在京城附近求雨。"三年三月丁卯，上诣黑龙潭祈雨。……（七年三月）戊子，上诣黑龙潭祈雨。……（十四年五月）辛酉，上至黑龙潭祈雨。"①乾隆皇帝是清代帝王中参与祈雨活动最频繁的一位。帝王的勤政之举和较高的行政效率，使得臣僚们也励精图治，官员们"上行下效"的行为较多。这一时期，陕西地方官员的求雨行为，总体上较为兴盛。乾隆五年（1740 年），陕甘总督尹继善将太白山神列入陕西祀典，是陕西区域雨神进入省祀典的首例。

乾隆三十九年（1774 年），毕沅赴任陕西。到任之时，恰逢陕西大旱。

> 臣以菲材蒙恩擢抚陕右，夙夜兢兢，惟弗克仰副德意是惧。乃自冬徂春，五月不雨，周原向称陆海，水深土厚，枯燥渐形。又关中以麦为命，百姓容容，望泽孔亟。臣伏稔皇上至诚格天，有所祈请，呼吸立应，爰率文武僚属，步祷西郊。又古传太白龙湫感应神速，急遣官驰往取水，水未至城三十里，应时澍雨优渥沾足，连三日夜，遍数千里，坏稿复膏，麦枯尽起，万姓衢歌巷舞，皆云我皇上之福。臣以实入告，圣心悦豫，赐以诗章。②

此次求雨得到响应后，毕沅于乾隆四十二年（1777年）重修省城太白庙。"敕封昭灵普润四字，御书"金精灵泽"匾额，太白崇祠垂显佑，西安阖省被仁恩。"③至乾隆四十三年（1778 年），夏旱，是时毕

---

① 赵尔巽等：《清史稿》，北京：中华书局，1976 年，第 357、370、404 页。
② 乾隆《西安府志》卷首，清乾隆四十四年（1779 年）刻本。
③ 嘉庆《长安县志》卷十六《祠祀志》，清嘉庆二十年（1815 年）刻本。

中丞遣员赴太白山灵湫取水，甫到山而雷雨立沛，经时始霁。六月九日水至，是夜大获甘霖，连三昼夜，各属同时均沾，秋禾大稔。此次旱祷得雨，御制诗谢曰："麦前旸雨各称时，麦后廿余日待滋。为祷灵山立垂佑，遂施甘霖果昭奇。"①

毕沅作为陕西的最高长官，他有责任在灾害来临之时采取措施，以便减轻灾害的影响。他对陕西的农业时令非常熟悉，"五月望前各属得雨，旱谷已乘时播种，大田亦正待翻犁，而晴霁二十余日，地脉暵燥，待泽颇殷"②。两求两应，毕沅两次上书朝廷，朝廷分别为神灵加封、赐匾额、写御诗致谢。从中，清代中叶的高效率行政办事模式得以管窥。毕沅求雨的时节是春夏之际，且是在缺雨近月余的情况下，关中地区的降雨概率是较大的。至乾隆四十九年（1784 年），毕沅第三次求雨太白山。

> 今岁春雨稍希（稀），臣遵旨虔祷太白灵湫，仰荷神庥，甘霖叠沛，现已转歉为丰，自应虔伸报谢。臣于四月十二日自省起程，先赴盩厔查验木料，次日即赴太白山神祠，敬谨告祭，用酬嘉贶。乾隆四十九年四月二十一日奉硃批览。③

对于半干旱区的陕西而言，干旱的影响大于其他诸多灾难。毕沅卸任后，民众在太白庙侧修建毕公祠，歌颂毕沅求雨灵应的功绩。"毕公祠，在西关太白庙，祀巡抚毕公沅。乾隆中陕大旱，公虔祷太白，甘澍立沛，故祀公太白庙侧。"④光绪二十六年（1900 年）巡抚端方重修，西安知府童兆蓉撰碑记。

> 文曰：桐乡遗爱，蘋藻荐其馨乐社，垂声枌榆蒙其福，丞相功在蜀中锦里之闷宫，斯启太傅泽流，汉上襄阳之石碣犹存。昔中丞毕公尝祷雨太白，胅蠁肝蛮甫通，滂沱立应。官吏歌束暂之神明，士民欢昌黎之诚格，呼灵液为状元之雨。证业位于太白之宫，配享

① 嘉庆《长安县志》卷十八《祠祀志》，清嘉庆二十年（1815 年）刻本。
② 嘉庆《长安县志》卷十六《祠祀志》，清嘉庆二十年（1815 年）刻本。
③ 民国《续修陕西通志稿》卷二百《拾遗》，民国二十三年（1934 年）铅印本。
④ 民国《续修陕西通志稿》卷一百二十四《祠祀一》，民国二十三年（1934 年）铅印本。

山灵，义取于此。①

巡抚毕沅多次求雨，是乾隆年间区域社会规模最高的求雨活动，对此后陕西雨神信仰影响深远。毕沅的求雨活动及其上奏朝廷赐封之事，被此后关中地区求雨者屡屡提及。毕沅两次派人至太白山取湫都带来了滂沱大雨，这使他对太白山神崇拜不已，他重修府城及太白山下的太白庙。在其调任河南后，在河南省城开封建太白庙，"清乾隆五十三年，河南巡抚毕沅在胡同北口建'太白庙'，因名太白庙胡同；民国时去庙字，改为太白胡同，沿用至今"。毕沅的太白山神信仰随他的迁任而传至外省，可见信仰的传播有时是由地方官员进行的。

毕沅之后，关中地区官员的求雨活动依然兴盛。这一时期，太白山神似有求即应，在一定程度上激发了官民的求雨热情及对雨神的虔诚崇拜。我们知道雨水与祈求之间并不相关，偶然事件将求雨与灵应联系起来，形成一种假想的关系。官员为了能扬名于后世，也为控制社会秩序的需要，在旱灾并未真正出现时已开始求雨。西安府官员多遣下属至太白山取水，这中间需时一旬甚至更多时间。春夏多雨时节，降雨的可能性很大。在区域民众对求雨活动满怀期待时，官员求雨行为被赋予的为民请命的标志性意义就尤为突出，远远超越了求雨活动所希冀的带来雨水的本真目的。作为求雨倡导者和施行者的地方官员，祈雨活动灵应与否并不是最重要的，而在于这种活动本身既能提高威望又能体现政绩的弦外之意。

关中地区东部的大荔，历来多求雨事。"洛南渭北古沙苑也，地占九千余顷，而不可耕，往代但以养马，今代惟产果蓏，其可为田者皆在东西北三乡，然求如《禹贡》所云黄壤者，亦不可得。故大荔于同郡为最瘠。"②大荔的自然状况决定了旱灾对它的影响很大。乾隆三年（1738年）三月，知县张奎峰攀登华山莲峰祷雨，由他所作《登莲峰祷雨立应纪事》可知，此次求雨得到他所希冀的结果。此后，张奎祥再次越过渭河至华山求雨，"乾隆戊午夏偶旱，余攀险礼岳宫，雨立应。庚

---

① 民国《咸宁长安两县续志》卷七《祠祀考》，民国二十五年（1936年）铅印本。
② 道光《大荔县志》卷七《田赋志》，清道光三十年（1850年）刻本。

申复祷亦应，皆下山而随之以至。岳之灵显若此，由圣德所感秦民之福厚也，守土者其敢勿敬，因再纪之"①。地方民众亦求雨，"'乾隆'十三年岁旱，桥渡村人祷于三官庙侧神泉，泉水忽溢者三，即时大雨。其后屡祷屡应，有碑纪其事"②。大荔的求雨地点具有多元性。地方官员求雨目的在于取得区域社会对其作为的认可，他们选择了至华山求雨，表达他们的诚心和对国家祠祀系统的维护。区域民众选择三官庙作为求雨地点，距离甚近，几无花费。中国人历来认为，祭祀神灵的场所距离自己最近者，最为灵应。在区域内部，何人在何处以何种方式求雨并不是他们记忆选择的根据，求后是否有雨是他们选择的依据，求雨前迥异的天气等状况往往被忽略。

盩厔，"彭绍琚……隆九年升任，质性纯朴，不务名誉，时旱祈雨立沛，邑人诵之"③。盩厔的降水量在关中地区居于中等水平，境内河流密布，水资源条件相对优越，但因地势高差太大，水流湍急，水利难用。扶风，"漳水之中流有潭焉，曰石版潭……田氏先登曰：'乾隆二十年，唐明府宣文以旱祷于潭，即应。今戊寅秋，世牵亦祷焉，三日而雨降，今建龙祠于其上'"④。唐明府和世犇的祷雨均在石版潭。

商南，"南龙庄泉，城北三十里石岭上。……乾隆十三年戊辰春，旱魃为虐，先日斋戒，师父老子弟步祷取泉"⑤。商南位于陕西省东南角，此次求雨的主宰者语焉不详，从先日斋戒、次日群体步祷来看，是有组织的活动。

兴平，"县北皆在高原，水深不能汲灌，惟赖雨水"⑥。"乾隆四十一年大旱，胡令蛟龄仍祷高皇泉，雨亦沾足。"⑦乾隆四十二年（1777 年）知县顾声雷祈雨，"顾侯治兴平之四年，均徭平赋，赡孤恤嫠，朝靳鞭朴，夜无盗贼，百姓禔福，晏安清宁。会四月届五月不雨，

① 道光《大荔县志·足征录》卷三《诗征》，清道光三十年（1850 年）刻本。
② 道光《大荔县志·足征录》卷一《事征》，清道光三是年（1850 年）刻本。
③ 民国《盩厔县志》卷五《官师》，民国十四年（1925 年）西安艺林印书社铅印本。
④ 嘉庆《扶风县志》卷三《山水》，清嘉庆二十四年（1819 年）刻本。
⑤ 乾隆《商南县志》卷二《山川》，清乾隆四十八年（1783 年）补刻本。
⑥ （清）卢坤：《秦疆治略》，台北：成文出版社，1969 年。
⑦ 民国《重纂兴平县志》卷八《杂识》，民国十二年（1923 年）铅印本。

坟壤焦渴，秋谷不能下种。侯忧中如焚，先疏食者一月，四月三日祷于城西南汉高帝庙……侯受水震色，初启复行三十里，置水于西郭太白山神祠"①。顾声雷求雨灵应之后，当地百姓自发出钱为其刻碑，颂其功德。兴平靠近西安府，顾声雷的求雨信息会很快传递至府城，其他官员的效仿也很快展开。

乾隆末年，永寿知县蒋基云：

> 去年大田偶旱，幸我大中丞芝轩秦公亲诣名山为民请命，神麻侯应，立致滂沱。中丞乃命阖属之祈雨著有灵异，辑成专书者，具录以闻。……乾隆五十八年。②

秦承恩令各地辑录灵异，并将太白庙列入祀典。"乾隆五十七年，巡抚秦承恩奏入祀典"，该祀典为陕西祀典。蒋基蒋基在任期间，从其所撰的《取湫祈雨祝辞》《谢降雨祝辞》，知其在永寿求雨并获得灵应。其继任者重建灵觉山普渡寺，在建寺过程中天降澍雨，多次偶合使得神明愈发显得灵应。

至嘉庆年间，关中地区的求雨之风犹盛。泾阳，"马学赐，字葵园，直隶进士。嘉庆初知县事，清正廉明，有循吏风，遇旱步祷南山，道经三百余里，往即雨至，时人谓之马奢雨，言有祷必应也。"③泾阳求雨的南山，应指翠华山④。泾阳人认为翠花姑娘的娘家在泾阳，故而求雨于此更显灵应。这种试图以血缘关系与神仙接近，进而得到优待的观念在各地均有，比如永寿的阿姑庙即属此类。"安定寺，有阿姑庙，阿姑赵氏，醴泉石鼓里赵村民女……每年七月十五日会赵村人奉香火甚多，座前灵湫汨溺，天旱祈雨，礼邑人尤验。"⑤阿姑庙建在永寿，而阿姑为醴泉人，这种附会显然是某种偶合的结果。

陕南地区的求雨记录相对较少，至嘉庆年间，求雨记载始多。洵

---

① 民国《纂重兴平县志》卷七《艺文·金石》，清乾隆四十四年（1779年）刻本。
② 光绪《永寿县重修新志》卷九《艺文》，清光绪十四年（1888年）刻本。
③ 宣统《重修泾阳县志》卷十二《官师》，清宣统三年（1911年）天津华新印刷局铅印本。
④ 据萧正洪先生介绍，现在泾阳人仍认为翠花姑娘家在泾阳，故而求雨多至翠华山取湫。
⑤ 光绪《永寿县重修新志》卷二《古迹寺庙》，清光绪十四年（1888年）刻本。

阳，"严公如熤，溆浦异才。遇旱步祷，雨透衣裳。遇旱步祷山洞，归途冒雨，衣裳尽湿"①。严如熤，字炳文，号乐园，湖南溆浦县人。嘉庆五年出任洵阳令，治洵三年，甚重祀典。此后，他长期任职陕南，求雨活动遍及任职之地。留坝，"龙泉，厅东南三里许……同知严如熤祷雨于此，甘霖立沛，泉旁有龙王庙"②。南郑，"神山，县南八十余里……庚午夏月，县丞李茂梁祷雨……严太守两次诣海祷雨均即得甘霖"③。褒城，"碧玉泉，县南五十里……有庙曰灵泽。……太守严如熤常祈祷此泉，甘霖立需"④。汉中府，"太白庙，府治西北，府属。……嘉庆十七年知府严如熤率属建祀"⑤。涌泉洞，"天久不雨，民皆苦旱，乐园师步祷丰都之涌泉洞，甘霖大作，赋诗以志"⑥。他在任期间的多次求雨活动，是汉中府求雨活动的先声，陕南地区的求雨活动此时较盛。

嘉庆十七年（1812年），严如熤求雨之后，在陕南地区建立陕西雨神的标志即太白庙。

> 父老言汉川数百里，民鲜洊饥。盖赖堰渠汇灌溉之利。堰渠之大曰山河第二堰、第三堰，引水乌龙江曰百丈五门杨填高堰，新堰引水壻水河，其他古道、沮、滍、溢诸河均有渠利，而导源皆自太白山。是太白之粒我烝民，功德在汉南为巨。太白禀金天之精正位坤，维其灵气之磅礴支分陵峦峥，山南各邑者往往喷为神泉。遇雨泽愆期，文武士民虔诚祈祷，罔不应时澎涌，沛作甘霖。《传》曰：能御大灾、能捍大患则祀之。乾隆间，省城奉敕特祀，宫殿巍然，守土者春秋告虔。去岁，大中丞公以祷雨神应，重葺本山旧庙，躬亲报祀。汉南邀惠食德而神庙未建，祀典缺如，无以仰答神麻，是守土者之责也。如熤承命观察使者，择郡城西北地一区为神庙基，

① （清）佚名：《洵阳乡土志·政绩录》，清代末期抄本。
② 民国《汉南续修郡志》卷四《山川上》，民国十三年（1924年）刻本。
③ 民国《汉南续修郡志》卷四《山川上》，民国十二年（1924年）刻本。
④ 民国《汉南续修郡志》卷四《山川上》，民国十三年（1924年）刻本。
⑤ 民国《汉南续修郡志》卷十四《祀典·坛庙》，民国十三年（1924年）刻本。
⑥ 民国《汉南续修郡志》卷二十八《诗上》，民国十三年（1924年）刻本。

庀材鸠工，蠲吉兴修。维是汉南文武士民，人人感神之佑，小不神之灵，君蒿悽怆如将见之。兹值百堵方作，当有共襄盛事者则悃悦未可，使之莫达也，各随愿，书于右，以俟勒之贞珉。①

嘉庆十八年（1813年），陕南地区再旱，汉阴通守钱鹤年祷雨太白洞，"太白洞，在蒲溪铺南，距城五十里。"②此太白洞位于汉阴境内，与太白山在地理方位上相隔较远。在太白山神成为陕西雨神象征时，与它名字相类的太白洞也被赋以灵气，成为当地的求雨之处。"嘉庆十八年夏大旱，禾苗将枯，六月初九亥时，步祷南山之太白洞，求取灵湫"③。太白洞距城较远，钱鹤年至此取湫之后，"敬谨顶荷入城，即大沛甘霖，百谷复苏，万民忻感，沿途跪接，涕灵之状与闻佛号之声，实令人心动神驰也。十一日微雨绵密，十二日黎明科头衫履（因手足发肿不能着袍靴）赴坛叩祷，求再大沛泽，午刻大雨"④。官员步祷求雨的辛苦，民众是认可的，这是爱民的表现，这种举措是地域社会记忆重要的一部分，被载入方志，是后代官员的楷模，成为后世选择求雨地点的一种依据，是区域社会认可的一种过程。

在陕南地区，除了在太白山、太白庙、太白洞求雨之外，在留坝还有太白池，"太白池，在城西南三十里木通沟，有庙并上中下三泉……嘉庆癸酉知府严如熤因旱来此祈湫"⑤。严如熤在陕南地区的求雨地点多与太白有关。乾隆时期陕西官方对太白山神的认可，是传统社会后期太白山神信仰的高潮。至嘉庆朝，这种认同感传播至陕南地区，在严如熤不断地求雨实践中，太白山神在陕南地区也迅速占了主导地位。嘉庆年间陕南地区的求雨活动之兴盛，与严如熤长时间在陕南地区为官是分不开的。严如熤从嘉庆五年（1800年）出任洵阳令后，迟至嘉庆十八年（1813年）在任汉中知府，将求雨作为牧民之责。此后，陕南地区的求雨活动又转入常态，太白山神信仰又归于平静。

---

① 民国《汉南续修郡志》卷十四《祀典·坛庙》，民国十三年（1924年）刻本。
② 嘉庆《汉阴厅志》卷二《疆域志》，清嘉庆二十三年（1818年）刻本。
③ 嘉庆《汉阴厅志》卷九《艺文》，清嘉庆二十三年（1818年）刻本。
④ 嘉庆《汉阴厅志》卷九《艺文》，清嘉庆二十三年（1818年）刻本。
⑤ （清）王懋照修：《留坝乡土志·古迹》，清光绪三十三年（1907年）刻本。

清代中期，地方官员大多主动参与求雨活动，并以高层政区官员为主导。在他们倡导下，府县级官员纷纷参与其间，这种状况以乾隆朝为盛，嘉庆朝是为余声。这与当时社会经济发展形势关系密切。

三、清代后期以民为主的回归

清代后期是清朝的没落期，陕西境内也经历几次重大事件，社会情状发生了诸多变化。求雨活动的行为人也与清代中期出现了差异。

道光年间陕西的求雨活动甚少见到，在关中地区西部的凤翔府属之岐山，"太白庙，一在县北街，清朝道光八年知县徐通久创修"①。此间，求雨活动和建庙活动都甚少见于记载。咸丰年间，整个中国陷入内忧外患的双重打击，陕西社会一片沉寂，求雨事件罕见。

同治年间，陕西爆发回民起义，起义军在关中平原及西北地区转战多年，关中地区的民间信仰遭受冲击，雨神信仰也未能幸免。三原，"太白庙，一在东关门外，明万历十八年建，回乱毁"②。泾阳，"龙王庙……同治元年毁……今移祀马王庙巷"③。求雨处所被毁，而民众朝不保夕的生活境遇，也使求雨活动销声匿迹。

光绪初年，陕西经历了一场旷日持久的连年大旱。旱灾始自光绪二年（1876年）夏，及至光绪五年（1879年）才得以缓解。此次旱情严重，旱灾波及整个华北地区。陕西巡抚谭钟麟祷雨，"岁丁丑关中旱，自七月至明年之二月不雨……钟麟忝抚斯土，德薄召灾，夙夜心疚，闻境之西南有山曰太白……遣属往祷，神鉴其衷，旬日之间，滋液渗漉"④。大荔知县周铭旂作《大荔保赈碑记》曰："天子诏缓征输，而其时比岁不登，邑鲜盖藏，民情惶懼，无以自全，自夏徂秋，有岌岌不终日之势。"在此情形下，周铭旂利用常平仓、义仓之存粮进行赈济。而粮少众多的现实，守土者很快采取其他措施，其中包括求雨。"光绪

① 民国《岐山县志》卷三《祠祀》，民国二十四年（1935年）铅印本。
② 光绪《三原县新志》卷四《祠祀志》，清光绪五年（1879年）刻本。
③ 宣统《重修泾阳县志》卷五《秩祀志》，清宣统三年（1911年）天津华新印刷局铅印本。
④ 民国《岐山县志》卷九《艺文》，民国二十四年（1935年）铅印本。

三年春，知县周铭旐祷雨有应，拟于城内倡修新祠，旋因荒旱未果。"①
知府饶应祺亦祷雨，"光绪丁丑陕西岁大旱，同灾尤棘，十月应祺奉檄
权守斯土，率僚属一再步祷"②。大旱灾期间，祷雨活动相对较多。

光绪年间，兴平，"玉女泉，县东五里之高店寨宝泉寺内。……光
绪甲戌旱，邑令侯鸣珂祷此取水，甘雨即沛，为额旌之"③。与此前的
邑侯顾声雷求雨高皇泉相类似，此次取水玉皇泉，仍为寺院所在之地，
距县治却近许多，求雨仪式更为简化。麟游，"兴国寺，光绪四年，邑
人因祷雨有验建"④。汧阳，汧河穿越境内，有着优越的灌溉条件，具
有相对较强的抗旱能力。即使如此，大旱之时汧阳的求雨活动也开始出
现，"李福熙，福建侯官县举人。光绪三年八月署任接印后，正值久旱不
雨，人心惶惶，公念切民隐，于是祈祷雨泽，清查户口，速筹捐款之策，
劝谕城乡富户量力出粟，以赈饥民，按日计口授粮，邑人赖以保全"⑤。
李福熙众多抗旱措施中首选的是祈祷雨泽，而后才是其他真正意义上
的抗旱对策。

光绪二十六年（1900年），陕西大旱，八月两宫西狩。处于"逃
难"状态的朝廷，对陕西的旱荒亦无计可施，"（光绪）二十六年陕西
大饥，八月两宫西狩，九月谕陕府岑春煊派员赴太白山祈雨"⑥。这是
清代唯一一次由朝廷谕示陕西地方官员至太白山求雨及发帑修复太白山
祠，从此太白山求雨在小范围内展开，由西安至太白山的求雨活动似未
曾再现。清廷的这次求雨及修复庙宇活动，未能遏制关中地区求雨习俗
的衰落步伐。光绪帝和慈禧太后仓皇至西京，又逢此天灾，区域社会的
紧张状态可想而知。此时，中国的抗灾方式有了较大的变化，江南义赈
团体已开始跨区域救济。此次旱灾，在巡抚岑春煊的斡旋下，江南赈济
团体及物资在年底到达陕西，此后即积极展开救助，取得较好效果。桂
春的太白山求雨灵应，以及朝廷发帑三千金修太白山祠，这在江南义赈

① 光绪《大荔县续录》卷六《祠祀志》，清光绪五年（1879年）刻本。
② 光绪《大荔县续志·足征录》卷二《文征》，清光绪五年（1879年）刻本。
③ 民国《重纂兴平县志》卷 ·《地理》，民国十二年（1923年）铅印本。
④ 光绪《麟游县新志草》卷二《律晋志》，清光绪九年（1883年）刻本。
⑤ 光绪《增续汧阳县志》卷十三《官师补遗》，清光绪十三年（1887年）刻本。
⑥ 民国《续修陕西通志稿》卷一百二十七《荒政》，民国二十三年（1934年）铅印本。

势力介入陕西赈灾工作之后，就显得微不足道，不再成为区域社会民众关注的事项。此后，官方的求雨活动记载几无可闻者。

宣统元年（1909年），郿县县令沈锡荣至太白山祷雨，他先于麦前在县城东关太白庙祈雨，获得灵应；麦后又旱，至山巅取湫，再次遇雨。这是官方求雨活动的尾声，太白山神信仰又回归到本县县官操持的窠臼中。

清代后期，陕西的求雨活动少见。同治回民起义对关中雨神景观的破坏，一定程度上加速了雨神信仰的衰落。光绪初年的大旱，地方官员发起求雨活动。光绪二十六年（1900年）谕旨求雨，都未能从根本上阻挡求雨信仰的衰败，在这种情境下，求雨活动的参与人群必然是以民众为主体。

作为一种见证区域文化的手段，希冀以求雨者身份来透视区域社会风俗乃至信仰的主导者，这有一定的片面性。毋庸置疑，区域社会的发展应以整体民众的记载为例，但由于志书的体例缘故，我们大多时候是以其所载内容作为评判的依据。地域社会求雨的主体一定是长年累月生活于其间的民众，他们的行为被认为是干旱社会的常态，对社会的抗灾层面影响不大，是一种司空见惯的习俗，灵应至少，所记亦不多见。

有清一代，陕西祈雨活动的主体是以地方民众为主的，众多无官方参与求雨活动的庙宇存在是为明证；从参与区域求雨活动的官员层级看，清初以县级官员参与为主；清代中期以省级官员为主导，而至清代晚期则因旱灾严重，省级官员仍参与其中，但很难看见其信仰之情，官员是区域社会求雨活动的有力点缀。从表象上看，地域社会的求雨灵异事件都与地方官员的求雨行为联系在一起，他们的参与或多或少促进了灵异事迹的出现，这是区域民众一种自觉自愿的附会，是为他们自发进行的求雨活动寻求依据，使得信仰对象的区域地位巩固或传播更远。事实上，求雨活动的主体一直是生活于当地的民众，无论是哪一级的地方官员参与组织，民众一直是求雨活动的主体。

第四节　自然环境差异下的求雨仪式

信仰是民众在一定生活情状下，对急需解决问题的一种心理依赖，信众大多会以祭拜的方式来表达信仰情感。求雨是区域社会民众在出现旱灾时的一种应对方式。陕西的雨神信仰是官民在长期旱灾频发情况下形成的"灾民意识"，并在其影响下养成的思维习惯的体现。仪式是民众表达信仰情感的程序，它与区域社会密切相连，不同地区对求雨采用不同的方式。

求雨仪式具有多样性和灵活性，因地区不同而有明显的差异。从其祭拜时间来看，可分为岁时祭拜和旱时祭拜两种。岁时祭拜是指在固定的节气即节日，对区域内认可的雨神展开常规性的祭拜行为。这种祭拜多为遵从祀典，有相对规范的祭拜程序和祭品，地域差异较小。旱时祭拜是指在旱象呈现或旱灾来临时，采取临时性的祭拜活动，因旱灾出现时间的不确定性和选择雨神的不同，祭拜时间、祭拜程序和谢神活动都不尽相同。两者比较而言，旱时祭拜的虔诚度高于岁时祭拜，因而仪式较后者繁复。不同地区，求雨仪式有各自的特征，见证了区域社会相异的自然环境。

一、以旱时祭拜为主的关中地区

求雨之法，少见于经传，汉代董仲舒、宋代朱熹等对此曾有过总结，这些深奥之说在民间少有执行者，民间社会多采用有区域特色的求雨之法。清代关中地区的祈雨之地及祈雨之法，鲜有系统的总结，张鹏飞在《关中水利议》一文中，提及关中求雨。

> 至祈雨法最多，惟扰龙事宜行于久旱，说见《荒政辑要》。此法举人在四川亲见，三同寅行之均效，但必得真虎头骨，投有龙潭

中立应。其否者，不是骨假，必潭无龙。以举人所知，如韩城龙门、朝邑三河口、高陵泾河口、大荔九龙泉、太白山三池，此数处必有潜龙，购得真虎骨何妨试行之。至《春秋繁露》载求雨方，其理不爽，如诚心遵办，必有应者。凡此，皆因物土之宜类，及之以备采择，而莫如水利为尤要。[①]

张氏所言关中求雨之地，较为准确，其所言扰龙之法未见于其他文献。以虎骨扰龙之法，未见流行于关中地区。清代关中地区求雨以祈祷祭拜为主。

关中地区东部一带，清初华、同二州属西安府，雍正年间置同州府，关中东部的众多县份始属于同一统县政区。清代以前关中地区东部一带求雨活动层出不穷，《同州府志》记载了大量的求雨文献，如韩城知县王朝鉁《九龙山祈雨记》、左懋第《禹庙序》、前人《禹庙祷雨文》《祭城隍祷雨文》《再祭城隍祷雨文》《又祭城隍祷雨文》、岳松的《书单公祈雨诗后》等，众多的祈雨文献可以见证清代以前关中地区东部一带祈雨过程。

逮及清代，求雨一直是该地区一种消极的对抗旱灾措施。同州，"九龙庙，在州治东南十余里九龙泉，唐乾宁中连帅李公塘建，有碑记。每岁二月二日有司以牲礼修祀，曰扶龙头，居民以五月十八日报赛"[②]。九龙神在同州存在已久，祭拜仪式已程式化，有固定的祭拜日期和仪式。

康熙五十一年（1712年），朝邑知县王兆鳌祷雨，较为清晰地描述当时的求雨仪式。

> 予忧心如焚，遍走群望，百求所以焚尪祝炀之术者备至，已而大雨沾足……予因公赴省，越月始归……急复斋宿设坛，而绅士辈为予言，邑南寺后社旧有太白祠者，为祀太白山神而建也，山隶凤翔府之郿县，去邑六百里而遥，里人不惮跋涉，率五岁取神山灵湫之水贮之

---

① 民国《续修陕西通志稿》卷二百十四《交征十四》，民国二十三年（1934年）铅印本。
② 雍正《陕西通志》卷二十九《祠祀二》，清雍正十三年（1735年）刻本。

祠下，遇旱辄祝，其应如响，今新水适至，公可迎而祷也。予凤景神
威，素念灵异，闻言踊跃徒步恭请升入邑城，昕夕膜拜，不三日而甘
澍滂沛，槁苗获苏，嘻，此固神之灵也，民之福也。①

此时的求雨仪式包括斋戒、设坛，坛的位置应在城内，便于官员的
祭拜。当民众的祭拜行为需要得到官方认可时，地方士绅成为地方官员
和民众意愿的信息媒介，起到一种上传下达的作用。

大荔，明代已建太白庙，"太白庙，在长安屯，屯人欲诣太白山祷
雨，先卜于庙，卜吉乃行，辄有应验"②。大荔人在至太白山祷雨之
前，要先预测，这种预测应当包含民众长期以来对天气状况的认知，他
们对是否有雨会在主观上做出判断，但这种判断会以实践经验为基础。
而在本地的求雨，则与此不同，如：

应祺奉檄权守斯土，率僚属一再步祷，迄无验，询之父老，往
者府县祈雨龙泉有应，曾议建庙城内，未果，行与愿违，神降之罚，
理或然与。抑又闻之昔人忧旱，靡神不举，今者左大河右洛渭，皆
有神，能致雨而屯膏未施，其举之有未备乎，爰与大荔周大令铭旂
暨诸绅董商捐廉醵款，度地庀材于城东北隅，特建一庙，合九龙、
三河而并祀之，别筹资为岁修及春秋报享费。竭诚默祷，戊寅三月
大雨，七月又旱，工兴复大雨，岁以有收。③

韩城县，求雨之风亦甚为盛行，其仪式如下：

韩邑向有奕应侯庙，俗呼九郎神……同治八年夏，珂适摄篆于
兹，时苦旱兼苦皖军供亿，师旅饥馑，民命将不堪，随祷雨其庙，
不三日而雨降，初以为偶尔感应，尚不之奇。逮客秋再旱，禾将萎，
二麦播种且失期，人心汹惧。珂复于其庙设坛，虔祷，斋沐五日，
卒弗应。论者请缘故事，诣邑西南乡九郎山，躬祷之，甘霖当立致
也，因偕邑绅苏楚臣，明府亲谒其山，敬乞神湫，三日而返，至中

① 康熙《朝邑县后志》卷八《艺文》，清康熙五十一年（1712年）刻本。
② 光绪《大荔县续志》卷六《祠祀志》，清光绪五年（1879年）刻本。
③ 光绪《同州府续志》卷十四《文征续录上》，清光绪七年（1881年）刻本。

途犹晴空如洗……至坛则大雨如注，须臾喜慰三农，乃叹前之弗应者，非不灵于庙而灵于山，殆以珂未尝恭谒其山而瞻仰其庙也，灵矣乎！旋于城中及九郎山各庙，恭撰"祈甘响应，呼吸回天"匾额悬之，用答神庥。今年春夏之交，复旱如前，珂仍竭诚往祷，甫抵山麓……徒步陟山巅，入庙吁叩，衣履尽湿，俯瞰山下，麦陇烟雨迷离，比回至县，则四境已歌沾足，较前此犹显而且捷。噫，神之灵异不愈奇乎！撤坛日，邑之士民群诣庙，同申谢忱。珂窃思所以报神功，若仍制匾额颂祷，仅达司牧一念之微，而于一邑士民仰答之忱，终无由献。适是瞻神像丹青剥落，因命里长中薛生士显茂才，考神侯爵，肇封何时，并令酿里局公赏，先将神像重为修饰之，各里长俱欣然乐从，遂择吉饬匠工敬谨，将事旬余，庙貌炳焕，色相庄严，庶神功与士民仰答之忱于是有所附丽，而珂两诣其山，叠荷神贶，亦于是庆幸无量，爰允薛生之请，敬为之记。①

韩城的奕应侯庙求雨，一般仪式是在城中奕应侯庙设坛、祈祷、斋沐，朝夕祭拜，直至下雨止，下雨之后撤坛、谢神，至此完整的求雨仪式结束。在祈祷未果时，地方官员也采取民间建议，偕同地方士绅至山取湫，这种方式在此前的本地祈雨中可能存在，但显然不是必要条件之一，而在神不应时，求雨者为显现诚心，才采用徒步取湫这一步骤。他的诚心看似为神而生，实则为民众而作。

不独韩城如此，郃阳的求雨神谱中也以奕应侯为主要神灵。上山祈雨先要选"水僮"一名，对水僮的要求是"眉清目秀、聪明伶俐、属龙的青年人"，负责背水。出发前要在村中的庙里烧香、叩头，然后上山取湫，为显诚心，民众多步行，甚或有在山下脱鞋上山的，到山上庙里继续烧香、叩头、打卦，得吉即取湫，然后带回村中祭拜②。在澄城，"惟每遇天气亢旱，则祈雨祷神，举邑若狂"。其求雨的具体细节未曾显现，应当与东府其他县份相类似。

清代关中地区东部民间的求雨行为是地方官员求雨的翻版，或者地

① 光绪《同州府续志》卷十五《文征续录下》，清光绪七年（1881年）刻本。
② 史耀增：《关中东府民间祈雨风俗透视》，《古今农业》2004年第1期。

方官员的求雨仪式本就来自民间。总的来说，这一带的求雨是以在当地庙宇祭拜为主，在天极旱的情况下，民众也选择仪式复杂的求雨方式，如选"水僮"，至山中取湫等，在祈雨灵应之后，他们会谢神。谢神的方式包括上述引文中的建庙、修庙、塑像等，如邰阳，"邰阳虑无岁不忧旱，旱而祷，祷而幸与雨遇，则迎神演剧，奔走若狂，挥掷金钱不复惜，谓之谢雨，盖此俗不独邰阳为然，而邰阳尤甚"[①]。各地对求雨灵异事件的狂热态度，使得求雨信仰长盛不衰。

在关中地区中部，求雨活动由官方主持，地方官员是这些仪式的执行者。康熙年间，贾鉝求雨，"遂以六月朔日行，抵郿。偕郿会骆君再熏沐，先告于清湫庙，联骑以行。……三十里及山，舍骑而徒，三里至三官池，池清澈，凡祷雨必取水设坛中，山高不可到，多汲是池焉"[②]。贾鉝取湫祷雨的仪式是当时通用的，他作为取湫者首先要熏沐、在山下庙中祭拜、至山取湫、带湫回来之后，将水置于所筑之坛上，然后祭拜，这与东府地区并无二致。

乾隆三十九年（1774 年），毕沅抚陕，赴任之初即进行了求雨。

> 案是时毕中丞沅抚陕，率文武僚属步祷省城太白庙，遣同知汪皋鹤赴太白山灵湫取水，三月初四日水至省城，甘霖立沛，通省均沾，麦禾大稔，奏请特加封号，奉旨封昭灵普润太白山之神。[③]

与贾鉝至郿县清湫庙祭拜有别，毕沅先祭省城太白庙，而后遣人至太白山取湫。此次祈雨灵应之后，毕沅为太白山神奏请封号、匾额，同时朝廷还御制谢诗。这意味着地方求雨活动中国家力量的介入，它是通过对神灵的奉赠实现的。渭河北岸的泾阳、三原、高陵一带，是关中地区经济相对发达的地区。它们的祈雨仪式目前仍有留存：泾阳明清以来的"社火"，正是以社为组织形式的民间文化活动。泾阳正月要社火，是当地的传统习俗。在社会表演中穿插着求雨仪式。当地求雨仪式的头叫"马脚"。在泾干镇，1949 年前，有过两个出名的马脚，一个叫保

---

① （清）萧钟秀编：《邰阳县乡土志·政绩录》，民国四年（1915 年）铅印本。
② 太白县地方志编纂委员会编：《太白县志》，西安：三秦出版社，1995 年，第 580 页。
③ 民国《续修陕西省通志稿》卷一百九十九《祥异》，民国二十三年（1934 年）刻本。

柱，一个叫张麻子。求雨时，他们身穿蓝衣服，头扎白布包巾，上顶黄表绫角，脚穿麻鞋，口含 1.5 米的钢锥，手持七尺麻鞭，率队前行①。据老人回忆，这条求雨路线为：

> 城隍庙（或太壸寺）──花池渡柳家泉庙（柳毅庙）──翠华山娘娘庙──大曲村水落庵，窝水七天──县城西关（翠花娘娘的出身地，马脚保柱带数村男性村民在此迎候）──县城东门（与柴焦村来的另一个马脚张麻子带领的祈雨队伍相撞，在十字路口处，争送湫水瓶权，举行审判仪式，赌胜）──两队中胜者一方进城"夺水"（即安放湫水瓶）──入太壸寺。②

董晓萍所描述的求雨景象，在关中地区常见，与神攀亲更是常情。翠华山虽在渭河之南，距泾阳数百里之远，但南山之中的翠华山，山间水泉众多，是理想的取湫之地。神界是人界关系的一种再现，而所有的关系都会有远近，为了分享共同的水资源，地域的联合或壁立都可能出现。

兴平处于关中地区的交通要道上，其求雨仪式的融合性即是关中地区多元文化的体现。乾隆四十二年（1777 年），兴平县令顾声雷求雨，

> 四月三日，祷于城西南汉高帝庙。鸡鸣侯著草履，行三十里，拜庙陛，致为民阻饥之虑。庙左曰高皇池，祷雨者先取水于池，侯捧瓷罐及池，复载拜，时明星煜烂，池水暗黑，老龟二三声如鹡雀跳荡，水响凛然，如有神灵，不复人境。吏人秉火投池中，黄纸钱漂浮不濡，又投白纸钱，若有疾犁之下者，吏人父老咸喜谓神受纸钱，便取水也。侯受水震色，初启复行三十里，置水于西郭太白山神祠……是年大有秋，民不忘侯之功，愿刻金石，传垂颂声，出钱

---

① 石峰：《非宗族乡村──关中"水利社会"的人类学考察》，北京：中国社会科学出版社，2009 年，第 152 页。
② 董晓萍：《陕西泾阳社火与民间水管理关系的调查报告》，《北京师范大学学报》（人文社会科学版）2001 年第 6 期。

若干而事集。①

关中中东部地区的求雨仪式，求雨者起程至湫水所在地，祭拜雨神所在的庙宇，然后取水，取水时要看神的旨意，如郃阳看香，兴平则看池中纸钱的沉浮，这其中观察者的判断很重要。观察者判断的依据是地域社会约定俗成的习俗，有时也可能根据实际情况来决定。总之，祈雨者会对自己的行为作出判断和诠释。

关中地区西部的凤翔府，人文气息浓厚，传统习惯的影响凸显，这一地区太白山神的印痕更为明晰。这里以太白山为中心的祈雨仪式已经程式化，如郿县"太白庙，祭日同文昌祠"；凤翔府"春秋致祭"②；凤县"名山大川之神……今其神主附于太白庙……孟夏后诹吉致祭。"③这种相对经常的祭祀，源于官民双方对太白山神的普遍认可，且太白山神在当地神明中地位较高，程式化的常祀可视为太白山神信仰中心区的信仰方式。

在关中地区，不仅西府地区是以太白山神为求雨对象，其他地区至太白山求雨者亦不在少数。太白山山前、山中和山巅湫泉众多，取湫者多取湫于山口水池中。清初，贾鉝在《祷雨记》曰："及山三里至三官池，池清澈，凡祷雨必取水设坛中，山高不可到，多汲水是池。"贾鉝亲至山巅，定当在山巅太白池取水，但他没有记载详细的取水过程。乾隆三十九年（1774年），毕沅祈雨，他在春季派汪皋鹤至太白山取湫，"历代以来，久著神异，逢雨泽愆期，全秦黎庶赴山取水，有祷辄应。臣到陕西载设坛虔祷，屡昭灵贶。今节令已过清明，麦苗需雨，臣率文武僚属在省城太白庙步祷，遣同知汪皋鹤赴太白山灵湫取水，三月四日水到之时，甘霖立沛，通省均沾"④。至秋，汪皋鹤再次受派前往太白山堪估庙宇修复所需费用，他为我们详述此次在太白山的祭拜过程。"从远门遂诣山口神庙，遵照会典仪制展诵告文，宣扬懿号并安设栗主

---

① 民国《重纂兴平县志》卷七《艺文·金石》，民国十二年（1923年）铅印本。
② 乾隆《凤翔府志》卷三《祠祀》，清乾隆三十一年（1766年）刻本。
③ 光绪《凤县志》卷四《典祀》，光绪十八年（1892年）木刻本。
④ 宣统《郿县志》卷三《太白山灵感录》，清宣统二年（1910年）铅印本。

成礼。三里至三官池，池水清澈，寻常祷雨者皆汲于是"。至新开山神庙，"诣庙致祭，焚帛祝告如前仪"；大太白池，"池上有庙三楹……因路属崎岖不能赍具仪品，遂焚帛布告，先是皋鹤敬书神号，遴土造范镕铁敬铸神位三座，谨设供奉以展私忱"[1]。汪皋鹤进入郿县之后，敬拜的山神庙有两所：一为新开山庙，一为大太白池庙，山间众多的庙宇并不在官方祭拜之中。在新开山的祭拜程序较为简单，而至山巅时，程序则较新开山复杂。至太白山取湫习俗在乾隆朝之后相对少见，光绪年间，"近百年来，流风渐歇，每岁六月山开惟男妇进香者踵至，即有时祷雨祈水而来者，见亦罕矣"[2]。此后，至太白山求雨者较少，其求雨仪式也鲜有记载。

在宝鸡一带，其他求雨仪式也存在。

> 凡遇亢旱，城隍庙设坛，先期禁屠，治行牒文，僧道诵经，早晚各官行香，步行坛所，行三叩礼。三日后无雨，另设坛或武庙、龙王庙，行三叩礼直到坛。无雨，先期晓谕阖城士庶，次早同各官出西门，步至渭河南神农九眼泉所，三叩礼毕，进庙忝神，行三叩礼，礼毕，即淘泉，取水进东门，至坛内安水，行三叩礼，早晚各官行香拜水，得雨到坛酬神，用三牲献戏，行三叩礼，仍回水，委□衔官，渭河送水，一揖回。[3]

宝鸡的祈雨仪式显然与扶风一带的程式化祈雨仪式如出一辙。当旱情不太严重时，取湫一环节似乎可以没有。求雨神明也不固定，由求雨主持者决定其先后，参与人员众多，涉及官员、僧道等宗教人员和民众，规模庞大是其特点。在长武，其求雨之法，则也寻求官方的参与。

> 如遇干旱、祈雨，请知县发榜，围坛。神汉（马角）传谕法旨，乡民跪地哀嚎："圣母慈悲，凤驾莅临，拯救黎民，旱降甘霖"。从

---

① 宣统《郿县志》卷三《太白山灵感录》，清宣统二年（1910年）铅印本。
② （清）赵嘉肇：《关中丛书》第四集《太白纪游略》，西安：陕西通志馆，1934年。
③ 乾隆《宝鸡县志》卷一《地理·制·祈祷礼》，清乾隆五十年（1785年）刻本。

围坛直至降水后，方才"谢将"还愿。①

从其祷词来看，所拜之神应为阿姑圣母，而在仪式上则与关中中东部一带有相类似之处，都有神汉参与，筑坛置水。而这些行为则又出现在旱时的祭拜中。

永寿县令蒋基的看法，可以揭示北方求雨仪式的共同特点。

> 顾祈雨之法，随时递变，亦因地各殊。基（蒋基）生长南邦，有时亢阳为厉，尝见地方官吏择净地，虔设灵坛，召道家之号有神术者，令登坛蒸符，默遣天神降雨。若北方风俗则恒就其地之神秀所钟，求取灵湫，冀蒙时澍，二者法异而理同也。关中惟太白灵湫祈祷极验，而诸郡邑多灵异之处，志乘竞传。②

关中地区的求雨神明多有地域色彩，而求雨仪式则有其共同之处，都包含着取湫、祭拜等程序，这是由大体相类似的自然基础和文化传统所致。在缺山地区，民众会选择那些与本地有着关联的神明所在地取湫。设坛祈雨见于关中地区东部一带，在关中地区中西部则较为少见。

纵观清代关中地区的求雨仪式，主要表现为旱时祭拜。由于受传统文化影响较深，旱时祭拜仪式有着较为明显的祀典色彩。这种祭拜在形式上有差异，但更多的是同质文化对它的影响，即取湫、筑坛、祭拜、谢神仪式的增加或删减，其核心不曾改变。

二、以岁时祭拜为主的陕北地区

陕北黄土高原地区水资源本就缺乏，而田地又多位于丘陵沟壑之中，致使灌溉成为奢谈，对自然降雨的期盼就更为明显。陕北地区包含的地域范围较广，从南往北，地势增高，求雨习俗也不尽相同。

鄜州，位于陕北地区南缘，常遭遇干旱侵袭，求雨仪式则关中和陕北兼而有之。

① 长武县志编纂委员会编：《长武县志》，西安：陕西人民出版社，2000年，第591页。
② 光绪《永寿县重修新志》卷九《艺文》，清光绪十四年（1888年）刻本。

明年己卯天不雨，自春徂夏，暵虐日炽，公慨然为生民请命，乃斋沐撰文告本郡土主神，率所属为坛，朝暮沥诚以祈。又闻治南太白庙有泉颇灵异，即束衣结屦，陟山巅虔祷，每十步辄一稽首，惨悽憔悴道旁见者至为感激流涕，求神祷庙，积四十余日，不少懈卒致甘霖需应，四野渥沾，时五月二十日也，郡士民谓公精诚格于神明，今之所被天泽，皆公德也。爰谋树碑以志爱戴。①

鄜州求雨既包含着关中一带至山巅神庙祭拜的传统仪式——撰写祝文，同时又具有陕北的筑坛之法。鄜州求雨仪式中的十步一稽首之法，在他处不常见，这种以苦行感神的方式在陕西并不多见，这当与干旱的程度有关。

陕北地区求雨之神多为龙王，其求雨之法有岁时节日祭拜和旱时祭拜两种。岁时常祭者，如怀远，"二月朔日，谚云，庙门开，龙神起，乡民聚集龙神庙，刲羊戏乐以祭，用祈一年之时雨"②。延安府也有此俗，"二月朔日，俗名'开庙门，龙神起'，刲羊以祭"③。

当旱灾来临时，民众也会即兴求雨，设坛祭拜是其常用方式。

余，或祈雨、禳病于土地，及境内神祠，不必风伯、雨师、岐伯、药王为应祷。……大都以土地神祠之祷，或应，即警传；不应，坦如也。

即祈雨，亦筑坛，用巫作法事，代神语，得雨时日，又有神官，亦习媚神驱邪事，多信用之。凡祈福、禳灾，或先期许愿后还，或随许随还。④

酬神之举各地均有，作为求雨仪式的一部分，有着明显的地域差异，陕北地区的随许随还，其实是仪式的延续。

延安北部的榆林府，缺水状况更为严重，龙神亦是此地求雨的主要神

① 道光《鄜州志》卷五《艺文部》，清道光十三年（1833年）刻木。
② 道光《增修怀远县志》卷一《岁时》，清道光二十二年（1842年）刻本。
③ 姬乃军，韩志侃校注：《〈延安府志〉校注》，西安：陕西旅游出版社，1999年，第281页。
④ 姬乃军，韩志侃校注：《〈延安府志〉校注》，西安：陕西旅游出版社，1999年，第289页。

明，"黑龙穴，镇志在镇川堡十余里深山峭壁数寻内，有黑龙王穴，祷雨辄应，以瓶承其下，时有古钱及珍宝金银流入于瓶"①。民众多至有漱泉之地求雨，其祈雨仪式多不可考，"怀简叩龙祠，鸡鸣犹未旦。曲径流莹泉，古木暗高岸。神龙隐期间，风雨生虚幔"②。此处也有写祝文的习俗。

靖边位于榆林地区西南部，无定河上游，县西部属风沙滩地，祈雨是常有之事，"祷雨则抬神入潭，竟致毙命"③。靖边求雨活动的恶习，在当地长久存在，对雨水的渴盼远超过对生命的关怀。后来这种仪式有所改变。

> 县北滩频有海子，祷雨者以神舆入潭取水，辄溺毙人，此恶俗也，然牢不可破。己亥夏旱，六月初三日，知县丁锡奎协都司赵吉祥步祷海畔，绅民数十人仍舆神以往。海旁有庙，神寄宿之，人各宿民家。明日，盥沐、焚香、安神舆海畔，叩祷讫，选二人洁诚属水命者，各持长竿，竿头各倒缚一小瓶，瓶口用黄表封固，外裹红布。二人立水边，遥持竿头，瓶倒蘸水中，随悬出之，解瓶绽布，香插瓶口，微有湿痕，仍布裹之，捧归置庙，帅众叩祝。明晨以香试瓶，仍有微湿。午刻拈香，则瓶外浸有水痕。朵云忽起，甘澍立施，城周围得此偏泽，藉不成灾，神果有灵。祷雨者何必以身入险也，录谕邑民，可永作抬神入潭之禁。④

从新的取水方式看，旧有的方式可能是人抬神舆入水，致人丧命；用竿缚瓶取水，则避免人入水的现象，死人之事就可避免。

在时间上，陕北地区的求雨仪式可以分为两类，一是作为岁时节俗的祈雨，它是一种常态的仪式，在本地龙王庙献牲祭拜，并游戏作乐。二是旱灾来临之时的求雨，此时的求雨地点随仪式而有差别，延安府一带是筑坛祭拜求雨，而榆林一带则有取漱祭拜之俗，是否取漱一定与当

① 道光《榆林府志》卷四《舆地志》，清道光二十一年（1841年）刻本。
② 道光《榆林府志》卷五十《艺文志》，清道光二十一年（1841年）刻本。
③ 光绪《靖边志稿》卷一《舆地志·风俗》，清光绪二十五年（1899年）刻本。
④ 光绪《靖边志稿》卷四《田赋制》，清光绪二十五年（1899年）刻本。

地的水源有关，在能顺利找到灵湫的地区，取湫环节应当存在。

在今天的陕北地区，求雨活动已经较少出现，但从日本人在陕北地区做的田野调查可知，陕北人的祈雨调、祈雨仪式仍完整的保存，这与旱灾的不时光临相关。需要是仪式存在的基础，也延缓着仪式的生命。

三、多样性、灵活性并存的陕南地区

陕南地区包括了汉中府、兴安府（乾隆四十七年改兴安州为府）和商州三个行政区，陕南求雨活动与境内其他两个地区而言，次数少，规模小。从方志所载来看，祈雨地点不固定，求雨仪式记载亦少。在其内部三个自然环境相类似的地区，求雨仪式不尽相同。

南郑是汉中府附郭县，其祈雨仪式在陕南地区具有普遍性。

> 神山，县南八十余里……岁旱祷雨辄应，土人谓之小南海。庚午夏月，县丞李茂梁祷雨，燃炬行洞中二十余里至泉边，取水而出，其泉清冽异常。严太守两次诣海祷雨，均即得甘霖。祷时用长绳系锡壶掷海泉，初浮水面，焚香复祷，壶旋沉，少顷，壶从泉底涌出，有泥糊口，水已在中。以水之多寡验雨之大小，屡著灵应。[①]

南郑的神山有泉水，故其求雨的关键环节是从深潭中取水。有时求雨也不以取湫为必要条件，如常名扬在汉南的求雨，他选择在城内五云宫祷雨。

> 时辛未之秋七月既望，旱魃忽肆残虐，三旬不雨，以致汉之各州县泉源告竭，禾黍蔫枯，而南、褒城、洋且遍地蝻生，实逼处此以害我田苗……昼夕靡宁，爰进滕守而谋之事，至此急矣。非叩吁上帝之垂怜无他救法，遂择于廿之有五，率同城文武斋宿于五云宫，致恳乞诚，撰青词以上达，跽而焚，焚而复长，跽不起，祇见呼吸风云，挥斥雷电之状，不移时雨，明日大雨，又明日大雨如注，沾濡漫足，

---

① 民国《汉南续修郡志》卷四《山川上》，民国十三年（1924年）刻本。

而蝗则大半驱入坎中，余复有群鸦来集，啄之殆尽。一望郁郁葱葱，民始大慰。西城之愿，载道欢呼，往来不绝，噫嘻，异哉！①

汉中府求雨仪式的关键在于选择何处祷雨，若至山间，则取湫成其必要条件；若只在城内，则以祭拜为主，滕天绶的五云宫求雨即以祭拜为主，他还撰写"青词"，这有异于本地其他求雨活动。祷雨地点的选择是决定求雨仪式的关键，不同的祈祷地有其惯用的求雨仪式。

在兴安府汉阴县，求雨者选择距县城五十里之遥的太白洞，此处太白洞与太白山似无关联。

> 嘉庆十八年夏，大旱，禾苗将枯。六月初九亥时，步祷南山之太白洞，求取灵湫。忆去岁歉收，民情拮据，今春赈济，出借、施粥、平籴、散钱、散药，多方设法调剂，虽觉安贴尚未复元，不堪再旱，心绪如焚，虔诚斋戒步祷。初十日卯刻抵山脚下，拜祷至庙时已辰刻，又由庙伛偻至洞时己巳刻。敬观神洞，高四尺许，斜深九尺余，宽三五尺不等，顶上微露一线天光，大有武林飞来峰之势。洞外有白杨树一株，古干参天。又野葡萄一株，自洞顶而下复分干数十枝，自下平空直上盘旋于白杨树上，棚护洞门，形若华盖，真胜景也。盘曲入洞，细看并无泉池，四壁皆干，心甚焦急，虔诚立祷，觉壁间微润，稍迟则结露成珠矣，取茅作笕，涓滴入瓶，以香探试有六分许。敬谨顶荷入城，即大需甘霖，百谷复苏，万民忻感，沿途跪接，涕零之状与闻佛号之声，实令人心动神驰也。十一日微雨绵密，十二日黎明科头衫履（因手足发肿，不能着袍靴），赴坛叩祷求，再大沛雨泽，午刻大雨。②

钱鹤年在采取多种抗旱方式之后，旱情持续，心急如焚的他便采用祷雨方式，与其一起祷雨者张彩亦作祷雨文，此不赘。钱鹤年祷雨过程持续四日，取湫之地为太白洞，此洞干燥无水，要使洞壁出水需要时间，"取茅作笕"将洞壁之水滴入瓶内，带回的水应放置在城内的祈雨

---

① 民国《汉南续修郡志》卷二十六《艺文中》，民国十三年（1924年）刻本。
② 嘉庆《汉阴厅志》卷九《艺文》，清嘉庆二十三年（1818年）刻本。

坛中，民众跪接祈雨者，场面甚为壮观。

商州位于陕西的东南部边缘，境内水资源条件相对充足，求雨活动少见。其求雨仪式，"南龙庄泉，城北三十里石岭上，周数丈，天欲雨，泉必起雾，旱祷多应。乾隆十三年戊辰春旱魃为虐，先日斋戒，师父老子弟步祷取泉，适时甘霖立沛，四野沾足"[1]。商南，"雩祭，孟夏之月，苍龙宿见……或有亢旱，每七日先祭界内山川，次祭社稷，虔祷雨泽，不雨，仍行祈祷如初"[2]。

商州的求雨仪式仅此两见，且有遵礼制之仪，斋戒取水等仪式与其他两地相类似。民间求雨的实际状况当并不限于此，限于资料，不知细情。

在陕南地区最西端的略阳县，还存在另一种求雨方式，"武都王庙，庙旁有石符，旱祷于庙，印符取泉，雨随至"[3]。印符取泉之俗仅见于此，这可能与庙所在的特殊石块有关，这种附会应与这一带的道教信仰相关。符箓是道教祭拜中的必需品，在道教发源地以印符取泉祷雨，应是道教影响地域社会的一个特例。

陕南地区的两府一州，是陕西境内水资源条件最优越之地，干旱却并不罕见。从其求雨仪式来看，求雨地点的选择是决定求雨仪式的关键，而至何处求雨则是由求雨行为执行者选择的，这就由地方官员自身经历和民意的认可度来确定。一般而言，当官员选择以庙宇作为求雨地点时，他们多率领僚属斋沐、设坛、步祷祭拜。当选择当地神秀之地时，多以取水为重点环节，这种方式中取水仪式成为整个求雨仪式的关键。因而，求雨仪式与地域社会的传统习俗至为相关，但对一个干旱威胁相对较轻的区域而言，传统习俗的影响不及地方官员的个人习惯影响明显。

清代陕西求雨仪式在地域上有明显差异。在关中一带，以旱时祭拜为主，但这种祭拜仪式仍是对岁时祭拜程序的增加，筑坛、取湫、写祝文、朝夕祭拜，有着较为严格的程序，变异的情况甚为少见。在陕北地区，干旱是其常态，故而祭拜龙王是岁时习俗，成为生活的一部分。靖

---

① 乾隆《商南县志》卷二《山川》，清乾隆四十八年（1783 年）补刻本。
② 乾隆《商南县志》卷六《祀典》，清乾隆四十八年（1783 年）补刻本。
③ 道光《重修略阳县志》卷一《山川》，清道光二十八年（1848 年）刻本。

边求雨时出现的抬神入潭竟致毙命之事，当地人不以为非的态度，足见干旱对民生的严重威胁。在陕南地区，求雨仪式因求雨地点的不同而差异较大，没有相对一致的求雨仪式存在。旱灾对陕南地区的影响远不及秦岭以北地区，这使得陕南地区的求雨仪式具有多样性，且少受祀典祭拜习俗的影响，具有灵活性。

第五节　雨神景观及其分布

信仰景观是区域文化的外在标识，它是在多种因素影响下建造的，是民众表达其信仰情感的场所。信仰景观是信仰的物质化表现，是基于信仰而存在，同时又深受所处地域的自然基础和人文习惯的影响。陕西境内雨神众多，分布地域广泛，雨神信仰景观也颇为壮观。本节所论信仰景观是指狭义的景观，以庙宇为主要讨论对象。

庙宇是人们在自然基础上建造的，依赖自然基础而又对自然基础进行的改造。在何处建庙，是由建庙者自主选择的。建庙者的选择受他所处区域文化的影响，所处区域的审美意识是决定庙宇所在地的自然条件。除自然条件之外，庙宇的时空分布、内部布局等都是区域社会的一个映射，是区域社会发展过程的见证。

庙宇景观的建造，与求雨活动有着直接的关系。求雨与降雨的偶合，是建庙的最佳时机。许多太白庙都建于求雨活动之后，对于二者的关系，笔者在第四章第三节信仰与景观的关系中有阐述，此不赘述。

一、信仰景观选址的自然基础

陕西境内分布最广泛的雨神是龙神，龙神庙遍布全境。庙宇是人们祭拜神明的场所，人们在此叩拜祈祷，对神的敬仰之情都在此表达，在民众的意念里，神明就居住于此。庙宇是为安置神灵而建，基址的选择是地域民众审美观念的表达。区域的自然基础是民众选择庙址的首要条件，不同区域的雨神庙选址也不相同。

（一）陕北地区

陕北地区的主体是黄土高原，在行政区划上包括鄜州、延安府、榆林府、绥德州。该区域沟壑纵横，居民多窑居。

鄜州辖洛川、中部、宜君三县。鄜州，"太白庙，在州南五里太白山上"[1]。洛川，"太白庙，在园子河内有石井，其深莫测，及不溢池，旱不涸，涝不溢"[2]。中部，"龙神庙，三河口山寺岭，庙内有灵湫"[3]。宜君，"太白庙，庙前有湫，在一小盆内，岁涝则湿，旱则反涸，祈祷取水于此"[4]。鄜州属县位于黄土高原南缘，洛水从境内穿过，支流众多，境内有水泉之地当不罕见，无论是太白庙还是龙王庙，其所选庙址有湫是第一要件。庙宇所在之地距州县治所较近，地方官员和民众取水祷雨便利，可见钟灵秀美之地相对好找。

延安府下辖宜川、甘泉、保安、安定、肤施、延长、吴堡七个县。宜川，"唐浑瑊祠，在县城外东南五里凤翅山，庙中有圣蕙泉"。甘泉，"龙王庙，在南门外嵯峨山"。保安，"顺惠王庙，在县治东北九十里，上有灵湫"[5]。安定，"黑龙山，县西三十里，上有黑龙王庙，乡人祷雨恒于斯，翠柏千章，巍然深秀，周围百余里皆望见焉"[6]。安定，"龙王庙，东川三里，建自明代，树木阴翳，为祷雨之所，邑令廖均以庙貌卑陋，非重农祈谷意，因旧址建正殿三间"[7]。肤施，"黑龙庙，在东关五龙山下，庙旁有泉，因泉求神，塑像专祠，曰"黑龙庙"，取北方象水之义"[8]。延长，"显神庙，在县东三十五里"；吴

① 道光《鄜州志》卷二《建置·祠庙》，清道光十三年（1833 年）刻本。
② 民国《洛川县志》卷二十《宗教祠祀志》，民国三十三年（1944 年）泰华印刷厂铅印本。
③ 嘉庆《续修中部县志》卷二《祀典志》，清嘉庆十二年（1807 年）刻本。
④ 雍正《宜君县志·山川》，清雍正十年（1732 年）刻本。
⑤ 姬乃军，韩志侃校注：《〈延安府志〉校注》，西安：陕西旅游出版社，1999 年，第 267 页。
⑥ 雍正《安定县志》卷一《舆地志·山川》，清雍正八年（1730 年）钞本。
⑦ 道光《安定县志》卷三《秩祀志·坛壝》，清道光二十六（1846 年）钞本。
⑧ 姬乃军，韩志侃校注：《〈延安府志〉校注》，西安：陕西旅游出版社，1999 年，第 262 页。

堡，"龙王庙，旧在城北高冈上，知县卢文鸿迁于西沟畔，岁春秋致祭，庙右有山神庙。"①吴堡，"五龙圣母庙，在川口西梁山麓，山环水绕，景致最幽"②。

延安府属县庙宇选址多在山上，黄土高原丘陵纵横，山岭甚为常见。此地庙宇选址仍以有湫泉为理想之地；同时陕北地区植被稀少，在水分较好之地，高大树木偶有存在，这是神庙选址的又一理想条件，这些庙宇距行政治所的距离有所增加。

陕北地区北部的榆林府和绥德州，雨神主要为龙神，境内龙王庙遍布，但多仅存名而已，庙宇周围的环境少有记载。榆林县，"龙王庙，在寒泉上"③。府谷有龙王庙多座，"龙王庙，在县东与外"④。清涧，"龙王庙，在县东南七十步山川坛之北，各乡俱有不能悉载"⑤。葭州，"黑龙庙一在州北五里第一峰黑龙沟，一在外城西南"。神木，"龙王庙，在县北老龙池，万历六年兵备道覃某建，从大河口引水凿池，栽花植柳可供游观。一在龙眼山下"。怀远，"龙王庙，在西城外，乾隆九年重修，怀属五堡各有龙神庙，惟响水堡庙山水秀丽，古木森然，称名胜焉"⑥。

陕北地区北部的庙宇选址也力求向有湫泉之地靠拢，甚至人为引水造景。对优越自然环境的向往人皆有之，在没有这种地理基础时，民众退而求其次选择山地，崇山是中国人惯有的理念，山地亦是有灵异之处。

总体来看，陕北地区雨神庙的选址是以自然环境为根本，在此基础上选择有湫泉之地，当这一条件逐渐变得艰难时，退而求其次选择山间林木茂盛的灵秀之地，再次选择山地。这种随自然条件逐渐改变而产生的对最佳庙址观念的变迁，是与民众长期形成的对所居环境的认知相关。

---

① 雍正《陕西通志》卷二十九《祠祀二》，清雍正十三年（1735年）刻本。
② 民国《续修陕西省通志》卷一百二十六《祠祀三》，民国二十三年（1934年）铅印本。
③ 雍正《陕西通志》卷二十九《祠祀二》，清雍正十三年（1735年）刻本。
④ 严用琛修，高峋纂：《府谷县乡土志》卷三《祠庙》，民国十三年（1924年）稿本。
⑤ 顺治《清涧县志》卷二《祠祀志》，清顺治十八年（1661年）刻本。
⑥ 民国《续修陕西省通志》卷一百二十六《祀祀三》，民国二十三年（1934年）铅印本。

（二）关中地区

关中地区地跨渭河两岸，渭河南岸为秦岭北麓，河流分布相对密集，且多为山口地带，可耕作面积相对狭小，农业发展的地域空间有限，雨神崇拜相对薄弱。关中地区的农业耕作主要位于渭河北岸，渭河北岸雨神崇拜盛于渭河南岸。关中地区雨神庙宇众多，各县份自然环境差异不大，它们之间的共性较为明显。

首先，关中地区雨神庙选址的必备条件是有水。从东端的潼关开始，"龙王庙，在城南二十里禁坑祠下，有龙湫，旱祷辄应。明正德元年修"①。同州，"九龙庙，在州治东南十余里九龙泉"②。富平，"元君庙，在县北一里，有湫，旱祷辄应；圣母庙，在县西南八里梅家庄，有古柏，身周约七围，根下旧有灵泉，祷雨辄应"③。大荔，"夏禹王庙，在北胡村之上沙洼，明万历时创建，前有二泉相对，逢旱年祷雨辄应"④。朝邑，"九郎庙，在北郭九郎山，即梁山东北峰，有奕应侯庙，庙有圣水泉，泓然清冽，岁旱挹水则雨立降"⑤。临潼，"太白庙，一在新开山。庙后有泉，天旱取泉水祷雨屡应。骊山西南十五里，上有灵泉，祷雨辄应，岁旱邻邑民多来取水以祷者，因置太白庙于其上"⑥。

西安府，"灵泉观，在县治北，金建。崖下有泉，祷雨辄应；长安，二郎庙，在西关，弘治二年建，庙后有泉，旱祷辄应；高陵，后土宫，在县东关，成化十一年修，殿后有湫池，祷雨禳疾者咸取焉；瑞泉观，在县西南五里。天顺三年建，嘉靖十二年修。上有秦女峰，又上有朝元洞，泉流百丈，取水祷雨辄应"⑦。咸阳，"太白庙，在县西街内有圆亭，制极工巧缘，覆盖有清泉"⑧。兴平，"汉高帝庙，县西南三

① 嘉庆《续修潼关厅志》卷三《祠祀》，清嘉庆二十二年（1817年）刻本。
② 雍正《陕西通志》卷二十九《祠祀二》，清雍正十三年（1735年）刻本。
③ 光绪《富平县志》卷二《建置·祠祀》，清光绪十七年（1891年）刻本。
④ 民国《续修大荔县旧志存稿》卷六《祠祀志》，民国二十六年（1937年）铅印本。
⑤ 康熙《朝邑县后志》卷二《建置·祠庙》，清康熙五十一年（1712年）刻本。
⑥ 乾隆《临潼县志》卷三《祠祀》，清乾隆四十一年（1776年）刻本。
⑦ 乾隆《西安府志》卷六十二《古迹志下·祠宇》，清乾隆四十四年（1779年）刻本
⑧ 乾隆《咸阳县志》卷二《建置·祠庙》，清乾隆十六年（1751年）刻本。

十里"①。三原，"龙王庙，在县治东北三十五里神泉上。五龙庙，在县治东北二十五里五龙泉侧"②。

醴泉，"龙王庙，四，一在县北四十里良马屯，旧志云有龙潭，每遇岁旱虽邻邑乡民不远百里来祷必应。元君庙，四，一在县北一里，有漱水，旱祷辄应"③。三水，"扶苏庙，在石门山，万峰中两壁峙立，世传秦太子扶苏授国典三物，处死后成神，人立为庙，庙下有漱，天旱祷雨辄应"④。乾州，"龙王庙，在州西五十里龙塘口，旧有温泉。万历初涸，崇祯五年忽有水，浴疾辄效，往来祈灵甚众"⑤。淳化，"娘娘庙，在县西二十里泾水上……山麓有小漱"⑥。永寿，"阿姑庙，座前灵漱汩溜"⑦。

宝鸡，"九天圣母宫，在县西南二十里戟祉山，旧有漱洞"⑧。凤翔，"太白行宫，在城南灵麓村，宫后有池"⑨。汧阳，"启觉寺……寺有泉，从两树合抱中流出，旧称灵泉，遇旱祈祷颇验"⑩。扶风，"二龙庙，一在县东南二十里。一山耸秀，松柏森然，渭水绕其下，为青龙庙"。麟游，"浮福泽大帝庙，在县北三里，有灵漱，祭祷响应"⑪。

关中平原上从东到西的雨神庙，其侧必有水，这水可能是泉、漱甚或水潭，但却不能缺。雨神与水的关系在此彰显得淋漓尽致。水崇拜在关中地区并没有被民众以文字的形式来表达，但在雨神庙宇选址看似随意却一致的规律上，民众的爱水意识得以清晰展现。

其次，从庙宇的位置来看，所有的庙宇都是以州县治所为基准，庙宇的距离远近不一。相对而言，关中地区有漱泉的雨神庙宇距离行政中心较近。有在城内的，多为城周十里八里之内，二三十里者不多，三五十里之

① 乾隆《兴平县志》卷三《建设·坛庙》，清乾隆四十四年（1779年）刻本。
② 嘉靖《重修三原志》卷三《坛壝》，明嘉靖年间刻本。
③ 乾隆《醴泉县志》卷四《庙属》，清乾隆四十九年（1784年）刻本。
④ 康熙《三水县志》卷二《古迹》，清康熙十六年（1677年）刻本。
⑤ 雍正《陕西通志》卷二十九《祠祀二》，清雍正十三年（1735年）刻本。
⑥ 康熙《淳化县志》卷二《祠祀》，清康熙四十年（1701年）刻本。
⑦ 光绪《永寿县重修新志》卷二《古迹·寺庙》，清光绪十四年（1888年）刻本。
⑧ 民国《续修陕西省通志》卷一百二十五《祠祀二》，民国二十三年（1934年）铅印本。
⑨ 乾隆《凤翔县志》卷二《建置·祠祀》，清乾隆三十二年（1767年）刻本。
⑩ 道光《重修汧阳县志》卷三《各庙》，清道光二十一年（1841年）刻本。
⑪ 雍正《陕西通志》卷二十八《祠祀志》，清雍正十三年（1735年）刻本。

外者罕见。而在陕北、陕南者，百十里者多有之。关中雨神庙宇距离治所较近，湫泉之地较多是其一，其二则是地方官员大多参与其间也未可知。

（三）陕南地区

干旱对陕南地区的影响相对较小，求雨活动少见，与此相应，庙宇数量稀少。陕南地区的求雨之地多为山间石洞，这些山洞距州县治所遥远，影响着民众求雨的频率，实则还是需求相对要少的缘故。陕南地区水资源条件较好，湫泉并不罕见，其雨神庙的选址也有着自己的特征。

陕南地区西部的汉中府，褒城，"灵泽庙，在县南五十里玉泉之北，宋嘉定三年封神为孚济侯，庙额曰灵泽，加封之牒今尚存，地名三道村，有泉溉数千亩，泉北有龙神祠，旱祷常应。明代赐灵泽庙额"[①]。南郑县的太白庙，庙侧有泉，而此泉并非建庙时已有，而是在建庙过程中挖出来的，"汉中水利导源自太白山，岁旱祷雨辄应。乐园师（严如煜号）建祠城西北隅，掘土得泉，以诗纪之"[②]。这显然意味着湫泉的存在并非庙宇选址的必要条件。

陕南地区中部为兴安府，其雨神庙宇稍多，安康县，"龙王祠，在龙岗下，亦郝令修建，地有荷花绿柳，为邑之胜"[③]。洵阳县，"黄龙庙，在县东南三十里，俗称黄龙仙女庙，庙中有井水，极清，深不可测，常有黄蛇出水面，遇旱祷雨去此水辄应。子房观，在县北一百二十里，洞壑幽邃，遇旱求湫辄应"。洋县，"圣母庙，一在祈子山，一在两角山，祈嗣祷雨咸应，康熙五十一年大旱，知县邹溶祷于祈子山庙，即雨，有记；昭泽庙，在县北七十里八里洞前，历代祈雨感应碑识其事；灵润庙，在县东四十五里嵩平山腹，有灵湫，旱祷有应，宋庆元中赐额灵润"[④]。石泉，"龙王庙，邑东北六十里……地有龙潭，天旱祈祷最灵"[⑤]。汉阴，"菩萨殿，在龙冈之首，冈侧有泉，深不可测，旱祷辄

① 民国《续修陕西通志稿》卷一百二十五《祠祀二》，民国二十三年（1934年）铅印本。
② 民国《续修南郑县志》卷七《艺文》，民国十年（1921年）刻本。
③ 民国《续修陕西通志稿》卷一百二十六《祠祀三》，民国二十三年（1934年）铅印本。
④ 雍正《陕西通志》卷二十九《祠祀二》，清雍正十三年（1735年）刻本。
⑤ 乾隆《兴安府志》卷十七《祠祀志》，清乾隆五十三年（1788年）刻本。

应，民间称为菩萨泉"①。紫阳，"黑龙池庙，在县西南五十里，丰都山之麓，池水色碧，祷雨辄应"②。

从陕南地区所存雨神庙资料来看，这些庙宇多远离行政治所，建在山间或洞前者为多，湫泉也多存在。与此相应的是，山、洞也是庙宇的基址所在，可知这一带庙宇的选址是充分依赖自然条件，人造或希求位于交通便利之处的痕迹较少。这种庙宇选址与民众对神灵的需求相关，正因为信仰情感的缺乏，民众刻意选择的意味就逊于干旱地区。

雨神信仰景观是基于雨神信仰而存在的物质表达，它们用途相同，但区域差异明显，这与区域社会对雨神的需求和理解相关，民众对神明居所形成的想象与区域社会的自然环境是其形成的基础。

二、雨神景观的时空分布

陕西雨神崇拜由来已久。就清代所存雨神庙而言，建于清代者有之，但大多数是前代遗存。这些庙宇的建造和留存是地域社会发展中人地关系的一种写照。

（一）清代前期

清代基本上沿袭明末的祭祀政策，对民间信仰采取宽容的态度，故而清代前期陕西社会得以将前代的雨神庙较为完整地保存下来。表 1-2 通过对清代雍正年间陕西存在的雨神庙进行统计，来观察清代陕西雨神景观的时空分布。

表 1-2　雍正时期陕西雨神庙统计表

州县	庙宇	初建或重修时间	修建者或重修者
西安	龙王庙	明景泰元年（1450 年）建，雍正五年（1727 年）重修	
长安	五岳庙	明正统九年（1444 年）	都御史陈镒增修
	太白庙	明崇祯年间重修	抚军使者汪乔年重修

① 嘉庆《汉阴厅志》卷三《建置志》，清嘉庆二十三年（1818 年）刻本。
② 道光《紫阳县志》卷二《建置志·祠庙》，清光绪八年（1882 年）吴世泽补刻本。

续表

州县	庙宇	初建或重修时间	修建者或重修者
	二郎庙	明弘治二年（1489年）建庙	嘉靖年间乡民徐溢复新祠宇
	终南山祠	唐文宗开成二年（837年）建	
	昊天观	明嘉靖庚戌年重修	万历二十三年（1595年）民徐楫重修
	元庆庵	顺治初户部王来用建修	康熙三年（1664年）贾汉复重建
咸宁	普济祠	明万历年间累修	里人程学会等议建
	龙王庙		
	五龙庙	隋建，明洪武迄正德年间屡修	嘉靖三十年（1551年）里人贾仁等重修
	太乙元君行宫	明景泰增建道院，万历年间重修	成化年间道士和诚悦、耆老马道聚捐赀重修
咸阳	太白庙	嘉靖四十三年（1564年）建	
	龙王庙		
临潼	风王庙	嘉靖年间知县李裔芳增修正殿	
	龙王庙		
高陵	鹿台神庙	元同州学正萧逢春有记	
	龙王庙		
	后土宫	明成化十一年（1475年）重修殿宇	
蓝田	济众侯庙	唐乾符中增葺庙宇	
	龙王庙	嘉靖四十二年（1563年）建	
泾阳	仲子庙		
三原	显圣庙	唐乾符三年（876年）重修，明万历年间封为灵漱大帝，重修	
鏊厔	白龙庙	康熙二十一年（1682年）	知县章泰重修
渭南	龙王庙		
	太白庙	天启元年（1621年）建	
	瑞泉观	明天顺二年（1458年）建，嘉靖十二年（1533年）修	
富平	太白庙	明万历年间建	
醴泉	龙王庙		
	元君庙	康熙三十五年（1696年）重修	
	显圣庙	元至大年间重修	
同州	九龙庙	唐乾宁中建	连帅李公塘建
朝邑	东岳行祠	唐贞观元年（627年）重修，明隆庆年间修	
	太白祠	明崇祯七年（1634年）建	
郃阳	龙王庙	唐贞观三年（629年）建，元明屡加修葺	

续表

州县	庙宇	初建或重修时间	修建者或重修者
澄城	伏龙祠	有宋参军雷章神庙碑	
	龙王庙	正统中祷雨于此	
	普济寺	明万历辛卯年重修	
韩城	紫翠洞	明邑人张进昌因梦而建	
	龙王庙		
华州	太白堂	顺治十八年（1661年）建	
	龙王庙		
华阴	西岳庙	始自汉武帝	
	太白庙	康熙四十三年（1704年）修	
蒲城	尧山灵应夫人祠	唐咸通中立碑，明天启间入祀典	
潼关	龙王庙	明正德元年（1506年）修	
同官	高山女华神庙	康熙三十五年（1696年）重修	
凤翔	太白山神庙	宋代建立，元代重修	
岐山	太白庙		
扶风	太白庙		
	二龙庙		
郿县	太白山湫神庙	唐贞元十二年（796年）秋旱诏饰祠庙，宋至和三年（1056年）重修，明正统四年（1439年）重建	
	县治西十步太白庙	元至正二十三年（1363年）修，嘉靖十年（1531年）移建城南百步	
	清湫镇太白庙	元明俱重修	
	第五村太白庙	康熙十三年（1674年）重修	
	县东二十五里太白庙	明成化年间修	
宝鸡	龙王庙	康熙己亥年修	署令王泽隆修
麟游	福泽大帝庙		
	齐王庙	金代重修，元明以来屡次加修	邑令王璞新其庙
	兴国寺	唐开元十年（722年）建	
陇州	西镇吴山庙	唐李晟镇凤翔时旱祷雨应，有庙	
乾州	太白庙	天启三年（1623年）修	
	上官村太白庙	宣德八年（1433年）修	
	龙王庙	万历初已有	
	五龙庙		

州县	庙宇	初建或重修时间	修建者或重修者
武功	太白祠	汉永平八年（65年）建，明洪武丙辰重建，崇祯三年（1630年）修	都督耿忠；知县刘勃然修
邠州	五龙神祠	唐大历中建，明州守重建	齐侯宁
三水	石门神庙	祀秦扶苏太子	知县杨㵢言碑记
淳化	娘娘庙		
	龙王庙		
长武	英皇庙	元至正二年（1342年）	
肤施	五龙庙	汉宣帝时建	
	黑龙庙	雍正四年（1726年）重修	知县吴瑞
甘泉	龙王庙	明永乐年建	
安定	龙王庙	明时建	
保安	太白庙		
	龙王庙		
	顺惠大王庙	宋宣和二年（1120年）建	
宜川	唐浑瑊祠	康熙四十四年（1705年）重修	知县朱某
延川	龙王庙		
延长	显圣庙	金大德三年（1299年）加封，雍正三年（1725年）改封	
榆林	龙王庙	嘉靖四十三年（1564年）修	举人马齐修
定边	龙王庙	明万历丁酉年修	
鄜州	太白庙	明天启元年（1621年）建，本朝康熙十八年（1679年）重修	知州白铉，知州宁可栋
	龙王庙	明嘉靖七年（1528年）建	副使汪珊、知州杜惠建
洛川	孚泽大王庙	五代时封为孚泽大王，今骨尚存	
	黄龙庙	明万历四十年（1612年）建	
	杨班祠	杨班，后秦姚苌将军，居黄粱	
清涧	龙王庙		
吴堡	龙王庙		知县卢文鸿迁址
神木	龙王庙	万历六年（1578年）建	兵备道覃某
府谷	龙王庙	康熙二十一年（1682年）重建	知县牛乡云
褒城	灵泽庙	宋嘉定三年（1210年）封神，赐庙额	
洋县	圣母庙		康熙五十一年（1712年）知县邹溶祷于祈子山庙
	昭泽庙		
	灵润庙	宋庆元中赐额灵润	
宁羌	龙王庙	明弘治年间建	

续表

州县	庙宇	初建或重修时间	修建者或重修者
沔县	龙王庙	宋庆元四年（1198年）建	
洵阳	子房观		
	黄龙庙		
商州	龙王庙	弘治嘉靖年间增修，康熙四十七年（1708年）重修	
	黑龙庙	顺治六年（1649年）修	
镇安	太白庙	嘉靖《陕西通志》已有	
山阳	龙王庙		
商南	龙王庙		

资料来源：雍正《陕西通志》卷二十八、二十九《祠祀志》，清雍正十三年（1735年）刻本

从表1-2看，陕西最早的雨神庙，是陕北肤施汉宣帝时建的五龙庙；见于正德《武功县志》武功凤岗山巅的太白庙，建于汉永平八年（65年），这两者均为孤证，故而笔者无法确定其可靠性。吉成名认为，最早的龙王庙可能建于北宋初年[①]。故而肤施的五龙庙建造时间应远远晚于汉代。太白山一名出现于汉魏之际，汉永平八年（65年）太白山之名应出现不久或并未出现，即便有庙，也未必名太白庙。陕西的雨神庙始自汉唐之际，北魏郦道元所记太白山下太白庙可能是陕西较早出现的雨神庙。

雍正时期所存的地方雨神庙，较为完整的保存了清初以来雨神景观的整体状况。由表1-2可知，清初陕西所存的雨神庙，建于唐代者共11座，在有修建年代的77座庙宇中占14.29%，唐代雨神信仰的开创之功可见一斑。陕西唐代所建的雨神庙均位于关中地区，这与唐代定都长安有着必然的联系。关中地区当时是全国的文化中心，无疑是信仰最发达的地区，雨神信仰率先出现在这里，是与关中地区的文化氛围相对应的。建于或重修于明代者有44座，占有年代雨神庙的57.14%，是清代雨神庙的主体。清代前期新建或重修雨神庙共16座，以关中地区为主，陕北和陕南地区均少见。

陕南雨神庙稀少，原因前文已述，仅有的几所有时间记载的雨神

---

① 吉成名：《龙王庙由来考》，《文史杂志》2003年第6期。

庙，则以南宋为主。南宋时期，朝廷统治中心移至江南，关中地区已经远离该中心，社会发展不再受外界的驱动，处于缓慢状态，而雨神庙的建造也未出现变动，朝廷的奉赠仅出现于秦岭以南的汉中一带。

由表1-3可知，清代前期，陕西雨神景观以关中地区为最，陕北地区次之，陕南地区最少，雨神庙的数量和类型与雨神信仰发展相对应，我们就可发现，信仰和景观是密切对应的。

表 1-3　雍正时期陕西雨神庙类型统计表

地区	府、州	龙王庙	太白庙	祀典神庙	地方神庙	合计	百分比（%）
陕北地区	2府2州	14	2	0	5	21	20.2
关中地区	2府4州	23	17	3	27	70	67.3
陕南地区	1府2州	7	1	0	5	13	12.5
合计	5府8州	44	20	3	37	104	
百分比（%）		42.31	19.23	2.88	35.58		

（二）清代中后期

雍正年间修纂《陕西通志》之后，至民国才续修《陕西通志》，纂成民国《续修陕西通志稿》。若将清代中后期分开论述，清代中期统一尺度下的资料不够完整，故笔者将两个时间段归并在一起讨论。清代中后期，陕西社会经历了从繁荣向衰落的转变。从文献记载来看，众多庙宇在同治回民起义战争中被毁，雨神庙也概莫能外，具体情况见表1-4、表1-5。

表 1-4　清代中后期陕西雨神庙统计表

州县	庙宇	修建时间	最后重修时间
西安府	龙王庙	乾隆二十七年（1762年）重修	乾隆五十八年（1793年）重修
	太白庙	乾隆四十二年（1777年）巡抚毕沅重修	光绪二十六年（1900年）重修
	终南山神庙	嘉庆八年（1803年）建	
三原	龙神庙		
蓝田	龙神庙	道光十六年（1836年）建	
渭南	龙神庙	嘉庆十年（1805年）扩建	
醴泉	龙神庙	有四处	
富平	龙神祠	嘉庆十四年（1809年）建	光绪中重修
	龙神庙	同治四年（1865年）重修	

续表

州县	庙宇	修建时间	最后重修时间
孝义	太白庙	嘉庆庚辰年署同知李晶修	同治四年（1865年）重修
	龙王庙	同治九年（1870年）被水冲	
大荔	龙神庙	光绪四年（1878年）创修	
	九龙庙	道光中捐修	光绪七年（1881年）居民捐修后殿
朝邑	东岳祠	康熙四十九年（1710年）知县王兆鳌捐资重修	
	九郎庙		
	太白庙	明崇祯建	
蒲城	尧山灵应夫人祠		
潼关	龙王庙	乾隆十五年（1750年）重葺	
	龙王庙		
白水	雷祥庙		
岐山	禹王庙	道光八年（1828年）知县徐通久建	光绪六年（1880年）知县胡昇猷修
扶风	太白庙	乾隆三十五年（1770年）知县邱佐建	
宝鸡	九天圣母宫	乾隆五十年（1785年）夏知县邓梦琴倡捐建庙	
陇州	龙眼寺		
郿县	太白山湫神庙	乾隆三十九年（1774年）重修	
麟游	齐王庙	自明迄今代有修葺	
武功	龙神祠	同治十二年（1873年）建	光绪十四年（1888年）重修
三水	龙王庙	道光中知县唐淑世移修	
长武	娥皇庙		
	太白庙	同治六年（1867年）颁金天炳烈圃	
乾州	太白庙		
南郑	城隍庙	乾隆二年（1737年）附祀于法华寺，乾隆四十四年（1780年）邑人建寝殿，乾隆五十八年（1793年）建两庑	
	龙神祠	光绪初年建	
	太白庙	嘉庆十七年（1812年）知府严如熤建	
定远厅	龙神祠		
佛坪	龙神庙	道光二十九年（1849年）修	
沔县	龙王庙		
洋县	泉神祠	光绪二十九年（1903年）	知县德锐撤佛像改修为神祠

续表

州县	庙宇	修建时间	最后重修时间
安康	龙王庙	乾隆三十九年（1774 年）修	
	龙王庙	乾隆四十七年（1782 年）知县秦重仁修	四十九年知县李思渊修
褒城	灵泽庙	明代赐灵泽庙额	
洵阳	子房观		
	龙王庙	咸丰六年（1856 年）杨令承恩建	
平利	龙王庙	乾隆四十七年（1782 年）知县秦重仁修	四十九年知县李思渊修
商南	太白庙	嘉庆三年（1798 年）建	
府谷	龙王庙	乾隆四十年（1775 年）改建	
怀远	龙王庙	乾隆九年（1744 年）重修	
神木	龙王庙	明兵备覃应元建	
吴堡	五龙圣母庙	明时有道人居于此	
鄜州	太白庙	乾隆中知县李如沅五诚额均葺	
	龙王庙	嘉庆十一年（1806 年）知州皂住张立勋先后修	
	水母祠	道光七年（1827 年）知州张利溥募建祠庙	
	三郎庙祀杨班		
洛川	孚泽太王庙		
	杨班祠		
宜川	浑忠武王瑊祠		
靖边	龙王庙	光绪二十四年（1898 年）知县丁锡奎移文昌于南门	
甘泉	龙王庙	乾隆四十三年增修	
安塞	龙神庙	同治六年（1867年）、光绪十八年（1892 年）补修	
安定	龙王庙	知县廖均增修	
保安	太白庙		

　　资料来源：民国《续修陕西通志稿》卷一百二十四至一百二十六《祠祀》，民国二十三年（1934 年）铅印本

表 1-5　清代中后期陕西雨神庙类型统计表

地区	府、州	龙王庙	太白庙	祀典神庙	地方神庙	合计	百分比（%）
陕北地区	2 府 2 州	8	2	0	6	16	26.67
关中地区	2 府 4 州	14	7	0	9	30	50
陕南地区	2 府 1 州	8	2	0	4	14	23.33
合计	6 府 8 州	30	11	0	19	60	
百分比（%）		50	18.33	0	31.67		

清代中后期陕西雨神庙宇的特征主要有：首先，雨神庙的数量减少。在清代中期向清代后期的过渡中，陕西社会经历了重大的变动，区域信仰景观的总体数量减少。据雍正《陕西通志》卷二十八《祠祀志·寺观附》统计，西安府城有坛庙 16 所；长安县有坛庙 13 处、古坛庙 50 处、佛寺 43 处、道观 12 处、古寺观 41 处；咸宁县坛庙 12 处、古坛庙 22 处、佛寺 43 处、道观 15 处、古寺观 60 处，共计 327 处。据民国《续修陕西通志稿》卷一百二十四《祠祀》统计，至清末，西安府（含长安、咸宁）各类坛庙寺观总计 38 处。从西安府城的坛庙寺观前后数量来看，在两部志书之间的二百年里，西安府城各类庙宇的急剧减少趋势是显而易见的[①]。在庙宇数量总体锐减的形势下，雨神庙由清初的 104 处降至清末的 61 座，有明显的减少趋势。雨神庙数量的急剧减少，与区域信仰景观总体趋势相符，两者的同趋势发展，隐含着一个内在的因素，那就是民间信仰的发展与区域社会发展在总体上是一致的。干旱是陕西社会一直面临的威胁，无论清中后期陕西社会发生多少变动，其农业社会的性质却未曾改变。社会政治形势是影响信仰及其景观存废的决定性因素。雨神的个体或许会随着时间的流逝而变迁，但它作为一种区域社会发展的见证者，受区域社会形势影响较大。

　　其次，雨神庙的区域分布趋于均衡。清代前期，陕西雨神庙的分布以关中地区密度最大，陕北地区次之，陕南地区最少。逮至清末，在雨神庙数量减少的情况下，雨神庙的区域分布也有所变化。由表 1-3、表 1-5 对比可知，雨神庙数量变化最大的是关中地区，由清代前期的 70 座降至 30 座，陕北地区由清代前期的 21 座减至 16 座，陕南则增加 1 座；从数量上看，关中减少幅度最大，陕北则略有减少，而陕南地区的雨神庙宇数量较清代前期变化不大，且在区域总体中的百分比有所增加。清代中后期，陕西雨神庙有 60 座，其中龙王庙有 30 座，太白庙 11 座，龙王庙在区域雨神信仰景观中过半，而太白庙近 20%，两者的比例并无太大变化，总体数量减少。关中地区雨神庙的锐减，与同治回民起义战争之

---

① 僧海霞：《晚清陕甘回民起义与关中地区汉人信仰的变迁》，《北方民族大学学报》（哲学社会科学版）2009 年第 4 期。

后关中地区信仰景观总体变化是一致的。陕北、陕南地区在清代前期与清代中后期雨神景观变化较小。这样，关中地区雨神景观的高密度分布局面不复存在，雨神庙的减少，在一定程度上可以视为信仰程度的减弱。这与整个民间信仰发展的状况是相适应的。由此可知，雨神信仰景观既受区域社会形势发展的深刻影响，又有着较强的传承能力。

清代中后期以来陕西主导雨神的变化，是社会发展的一种映射。太白山神在清代中期的崛起，有着深厚的地缘基础，是区域社会发展的必然结果。雨神庙在这一时期发生的变迁，是雨神信仰变化的必然。

小　　结

作为一个干旱半干旱地区，陕西的雨神信仰在中国是非常普遍的。从根本上说，求雨并不能彻底解除旱灾的威胁。清代陕西的雨神信仰是在继承前代的基础上继续发展的，它既是一种传统的发扬，也随着区域社会的发展而发生变迁。

陕西的雨神信仰是与当地旱灾频仍的社会状况相适应的。干旱是求雨出现的地理基础。是否选择求雨由地域社会的传统，官员的为官经历、执政理念、求雨所支付的花费等因素决定，这是陕西雨神信仰产生的社会基础。清代前期陕西雨神除国家祀典规定的龙神外，产生于唐宋时期的地方神是这一区域主要的雨神，这种影响以关中平原为最；陕北地区则因尚武之习使然，雨神崇拜中武将痕迹较明显；陕南地区与关中地区仅一岭之隔，无论是祀典龙神还是地方雨神，都较少见，仅有的求雨之地多为天然的险峻潭泉之处，远离政治中心，是雨神信仰不发达区。

陕西高层政区内自然环境差异较为明显，求雨主体却有相对的一致性。无论是雨神信仰发达的关中地区，而或雨神类型虽单调却也兴盛的陕北地区，甚或雨神崇拜可有可无的陕南地区，它们求雨活动的组织者都以地方官员为主。地方民众是求雨活动的主体，他们的行为大多不被记载，但遍及乡村的各种雨神庙则是他们不被史书记载行为的表达。

仪式是行为主体为达到目的而采取措施的表达过程，这个过程有一定的地域基础。关中地区是传统文化氛围较为浓厚的地区，求雨仪式相对程式化，且以旱时祭拜为主。陕北的祭拜场所不固定，除雨神庙之外的其他神庙也可以是祭拜地点，有筑坛习俗、取湫习俗则因地而异，可有可无；主持求雨活动的或道或巫，大规模的求雨活动较少见到。陕北地区以岁时祭拜为主。陕南雨神信仰观念淡薄，求雨活动甚少，取湫是陕南地区求雨中的必要环节，取湫地是人迹罕至的神秘之地，参与求雨的官员频次远不及陕北和关中地区。在祭拜仪式上，陕南地区的求雨仪式具有多样性和灵活性，因事而异是其主要特征。

陕西雨神信仰景观以雨神庙为主体，雨神庙的选址是对自然条件的优选，即选择区域内钟灵秀美之地，雨神庙与其他庙的根本区别在于以有湫泉之地为上选，这一点在陕西各地都得到认可。同时，基于信众群体的不同，距行政治所的远近也不尽相同。关中和陕北地区的求雨活动频繁，故而州县治所都有规模较大的雨神庙，而村落有自己的小庙作为民众的祭拜场所，陕南地区则否。有清一代，陕西雨神庙在数量上变化不大，以清代中期为盛，形制和规模未有明显的变化，同治年间陕西回民起义对雨神庙有一定的影响。在空间分布上，关中地区雨神庙宇最为密集，陕北地区次之，陕南地区最少。信仰景观因信仰而存在的特征非常明显。

无论从雨神的影响，或是从景观的数量，至清代中后期，太白山神在陕西都拥有了独一无二的地位，至此太白山神成为陕西雨神象征。在太白山神历经千年发展之后，进入陕西祀典，在本省区域内迅速发展，是区域社会发展进程的见证。对这面镜子的观察，或许能为我们找到一把诠释区域社会发展的钥匙。

第二章　太白山神信仰的起源、发展与传播

雍正《陕西通志》祠祀部分中，与求雨有关庙宇共计99处，太白庙19处，占该志记载的雨神的19.2%；民国《续修陕西通志稿》共计祈雨庙宇54处，太白庙共有10座，占总数的18.5%。从这两组数据中，我们可看到太白庙在陕西雨神总体中约占1/5，是龙王以外比重最大的神明，是分布最广的区域神。

在雨神崇拜区域差异明显的整体背景下，太白山神信仰就成为陕西三大自然区中共通的一种神明，它是继国家祀典雨神——龙王之外信众最多、传播地域最广、景观建造最频繁的雨神，它的发展历程是陕西地域社会发展的见证，也是区域认同形成的一种表现。太白山神信仰在陕西境内的扩展过程，是陕西民众在与自然环境斗争的过程中，对周围环境和人的心理认知的一个表达。

太白山神信仰是陕西地区特有的民间信仰，它与特定自然环境下的民众需求联系在一起。正是基于此，太白山神信仰的传播有着特定的时间和空间。太白山神信仰从起源至广泛发展，都未曾脱离陕西。它的形成、发展都有着特定的区域背景。

第一节　太白山神信仰起源

在中国，太白山有多处，如东北、江浙、宁夏固原均有太白山。本书所论太白山，是指陕西太白山。在陕西，太白山也有多处，即郿县太白山、鄜州城南五里太白山、保安县太白山。在陕南有太白洞、太白池等相类的名称存在。本书所述太白山神信仰的太白山是指陕西郿县太白山。

一、太白山名考

见于史册的郿县太白山，最早出现于《史记》卷二八《封禅书第六》，《正义》引《三秦记》云："太白山西有陈仓山，山有石鸡。"《史记》成书于西汉，而《史记正义》出自于唐代张守节，至于他所引用的《三秦记》，李广龙认为："关于此书的撰者，皆曰辛氏，未详时代和具体名氏。本书所述史迹，不及魏晋，故本书当为汉人所作无疑。"[1]可知太白山名应出现于汉代。东汉时，武功已有太白庙，"唐高祖庙，在凤岗之巅，前则太白行祠也，太白盖封内故山，汉永平八年建祠于此……"[2]。由此看来，太白山之名当出现于两汉时。"惇物、太一、太白，三代之山名也。惇物系夏商之山名，太一系周、汉之山名，太白系魏、晋之山名。"[3]此说值得商榷，刘绍周《终南太白说》曰：

> 终南横亘关中南面，起秦陇、彻蓝田，凡雍岐郿鄠长安万年，远且八百里，而延袤峙踞其南者皆此一山也，故韩愈《南山诗》曰："西南雄太白，突起莫间簇，藩都配德运，分宅占丁戊，逍遥越坤

---

① 李广龙：《〈三秦记〉辑本考述》，《兰台世界》2009 年第 20 期。
② 正德《武功县志》卷一《祠祀志》，明正德十四年（1519 年）刻本。
③ 杨玉坤：《太白山名考》，《西北大学学报》（哲学社会科学版）1981 年第 2 期。

位，诋讦陷乾宝。"如《关中记》谓："终南山之总名，太乙山之别号"，此其例也。《水经注》武功终南引杜预为据而曰："此山亦名中南，亦名太白，其曰终南固无间乎武功与万年。至云太白，则旧隶武功，为冬夏积雪望之皓然，故名。《雍录》谓古图志无言太白即太乙者，惟长安志万年炭谷有太乙祠，始可命为太乙，而非武功之太白，则古文以终南为太乙者，殆误认武功太白，而莫或正之耳。其山高大出物产。《夏书》曰：终南惇物。秦诗曰：中南何有？有条有梅，惇厚也。厚物者即东方朔所谓玉石金银铜铁豫章檀柘，百王可以取给，万民可仰足者也。是自尧禹周汉，皆谓终南饶物产，不当别有一山自名厚物。班志引古文而以太乙为终南，垂山为厚物也，误矣！盖以太乙太白为终南则可，而分太乙太白终南为三则不可，故李吉甫在元和间核关中终南所历而著诸郡县，自郿鄠武功至长安万年皆著终南，且曰在其县某方几里，则太白专属县境，太乙专属万年，而南山在关中者统名曰终南云。①

终南惇物，并非是两座山，我认为将其释为终南物产丰饶，更合情理。太白山亦非太乙山的转化，太乙山当指万年县的炭谷，在炭谷建太乙元君祠之后，开始改名太乙谷也未可知，如清代已将太一祠所在地称为太乙谷，"太乙元君行宫，在东关鲍坡坊，旧有庙在太乙谷，士民以其去城甚远，不便祈祝，故建行宫"②。太乙非山，而是炭谷的改称。太白山和太乙谷均是秦岭的一部分，两者并非一山的前后两种称谓，而是相距甚远的两座山。如此看来，太白山从其出现即名为此。秦汉时期，太白山属武功，逮及隋唐，太白山所在设置郿县，此后太白山属郿县。

杨玉坤认为，魏晋时期改山名为太白山，原因在于：

（一）周发源于渭河流域。从渭河南望太白山，冬夏积雪，色皎如银，起名"太白"合之；（二）从商、周以来，统治者越来越信仰上帝，崇拜苍天，这种唯心主义的自然观在儒家思想、道家思

---

① 雍正《陕西通志》卷九十四《艺文十·论》，清雍正十三年（1735年）刻本。
② 雍正《陕西通志》卷二十八《祠祀一》，清雍正十三年（1735年）刻本。

想和阴阳家思想中，均有突出表现。①

周发源于渭河流域，距太白山命名的两汉时期，两者相差千年有余，而据作者所说，"太一系周、汉之名"，有前后矛盾之嫌，而儒、道、阴阳各家思想之影响也非决定山名的主要因素。若将此解释为太白山命名原因之一，似有一定道理。杨文中所引的命名原因，"太白者，西方神之名也，佐帝少昊执矩。而治秋令为金卦为兑金壮水生，故多冰雪澍雨，兑说也，故多灵感湫池之水，诚求之，愈百疾"。《录异记》："金星之精，坠于终南圭峰之西，因号为太白山。其精化为白石，状如美玉，时有紫气覆之'"②。太白山位于都城长安的西部，而太白神又恰为西方之神名，将其命名为山，是符合情理的。

魏晋时期，"太白山，南连武功山，于诸山最为秀杰，冬夏积雪，望之皓然"③。长期以来，人们认为太白山山顶为白色积雪，其实山顶白色并非全是积雪所致。唐玄宗时，"初，太清宫成，命工人于太白山采白石，为玄元圣容，又采白石为玄宗圣容，侍立于玄元之右"④。至唐代，人们已经部分地知道山顶的白色为白石所致。太白山极高寒，气候多变，至山者少，人们对它的认知一直有限。

清代亲至山巅的贾鉁、汪皋鹤、赵嘉肇等人的记文中，并无山巅白色积雪的记载，可知积雪之说并非完全如此。从认识论的角度看，太白山得名原因以其山顶"冬夏积雪，望之皓然"。然而"望之皓然"是真，而"冬夏积雪"则还有其他原因。民国时，至太白山山巅考察者渐多，民众观察到太白山顶的白色并非全为其冬夏积雪之故。邵力子在《登太白山的感想》中说：

> 白超然君是治地质学的……据他研究的结果，大致可分两点：
> 一，全山的地质构造：从营头口进山，所见的全是花岗石……至杨爷关，则大理石露出，此大理石层……色纯白……到山顶的岩石，

---

① 杨玉坤：《太白山名考》，《西北大学学报》（哲学社会科学版）1981年第2期。
② 太白县地方志编纂委员会编：《太白县志》，西安：三秦出版社，1995年，第587页。
③ （北魏）郦道元著，陈桥驿校证：《水经注校证》，北京：中华书局，2007年，第439页。
④ （后晋）刘昫等：《旧唐书》，北京：中华书局，1975年，第927页。

石英成分特备增多，山顶的太白洞，全为石英岩脉所构成，因水流常时浸润，岩表溶化一薄层。历来传说的"千年不消之雪"，其实即此一片纯白的石岩常年映入人的眼帘而已。[①]

这一实地考察为我们解开了太白山"望之皓然"的另一面貌。我觉得将太白山解释为山顶的白色或西方神名，都稍显单薄，若合二为一，太白山既是民众对山体外在表征的认知，又受到传统文化的影响，可能从情理上更易理解。

二、太白山神信仰的形成

太白山神是中国早期山神崇拜遗存之一。在陕西，名山有西岳华山、西镇吴山、道教名山终南山，太白山因其山巅终年积雪且为秦岭最高峰而受到关注。西岳华山是国家级名山，西岳庙遍及全国，它不是区域信仰；吴山虽为五镇之一，因偏处陕西西北角，纵然为国家祀典所重，其位置偏僻且神明很少在本地形成灵异，故而除偶有统治者遣员祭祀外，长期默默无闻。终南山是唐代文人雅士诗作吟咏的清幽之地，但随着长安的落寞，终南山也归于静寂。太白山本无可与关中其他名山相比的优势，却因自然特征被民众认知而赋予其神秘色彩，从唐代以来成为关中地区乃至陕西的求雨圣地，这种认知无疑是我们了解信仰来源的基础。

（一）太白山神与道教

太白山神早期的发展，与道教有密切的关系。道教是土生土长的中国宗教，其渊源甚早，归隐是其一大特色。至魏晋时期，时局艰难，太白山成为关中地区的归隐之地。苏则，"后与冯翊吉茂等隐于郡南太白山中，以书籍自娱"[②]。河间王颙，"颙乘单马，逃于太白山"[③]。任继愈就认为，乱世归隐，是中国历史上的常例。中国多山，动乱时代，唯

---

① 太白县地方志编纂委员会编：《太白县志》，西安：三秦出版社，1995年，第596—597页。

② （晋）陈寿：《三国志》，北京：中华书局，1982年，第491页。

③ （唐）房玄龄等：《晋书》，北京：中华书局，1974年，第1621页。

山中无纷争。人迹罕见，是最安全的地方。这些有名望之人的归隐，无疑使太白山的影响地域扩大。

北魏时，"山下有太白祠，民所祀也"。此祠或建于北魏之前或北魏时。同时，山上建有谷春祠，"春，栎阳人，成帝时病死而尸不寒，后忽出栎南门及光门上，而入太白山。民为立祠于山岭，春秋来祠，中止宿焉"。这一荒诞之说，显然与当时的道教神仙之说相关。此时，太白山已与民间的神仙方术发生关系，"刘曜之世，是山（太白山——笔者注）崩，长安人刘终于崩所得白玉，放一尺，有文字曰：'皇亡皇亡败赵昌，井水竭，构五梁，咢酉小衰困嚣丧。呜呼！呜呼！赤牛奋靷其尽乎！'时群官毕贺。中书监刘均进曰：此国灭之象，其可贺乎？'终如言矣"①。太白山因地缘关系，在道教兴起之初就与之联系在一起。

至隋代，太白山进入国家祀典，"方泽则以黄琮束帛，夏至之日，禘昆仑皇祇于其上，以武明皇后配。其神州之神、社稷、岱岳、沂镇……武功山、太白山……并从祀"②。确立了它的地位。此时，隐居太白山者仍再再有之，医药学家兼道士的孙思邈曾隐居太白山，"周宣帝时，思邈以王室多故，乃隐居太白山"③。杜如晦之叔杜淹，"淹聪辩多才艺，弱冠有美名，与同郡韦福嗣为莫逆之交，相与谋曰：'上好用嘉遁，苏威以幽人见征，擢居美职。'遂共入太白山，扬言隐逸，实欲邀求时誉"④。上有所好，下有投之者，隐逸者看似无欲，实则非也。

及至唐代，隐逸者更多，"卢照邻，字昇之，幽州范阳人也……后拜新都尉，因染风疾去官，处太白山中，以服饵为事"⑤。田游岩，"初补太学生，后罢归，游于太白山，每遇林泉会意，辄留连不能去"⑥。韩思复，"初，郑仁杰、李无为者，隐居太白山，思复少从二人

---

① （北魏）郦道元著，陈桥驿校证：《水经注校证》，北京：中华书局，2007年，第440页。
② （唐）魏徵：《隋书》，北京：中华书局，1973年，第114—115页。
③ （后晋）刘昫等：《旧唐书》，北京：中华书局，1975年，第5094页。
④ （后晋）刘昫等：《旧唐书》，北京：中华书局，1975年，第2470页。
⑤ （后晋）刘昫等：《旧唐书》，北京：中华书局，1975年，第5000页。
⑥ （后晋）刘昫等：《旧唐书》，北京：中华书局，1975年，第5117页。

游，尝曰：'子识清貌古，恨仕不及宰相也'"①。这些隐居太白山者，缘由虽不仅相同，目的却有相通之处，邀求时誉是其根源。

盛唐之时，太白山不但是文人隐士隐居之地，也成为道士希求得到帝王垂青的工具。唐玄宗时：

> 先是，太白山人李浑称于金星洞仙人见，语老人云，有玉版石记符"圣上长生久视"。令御史王𫓧入山洞，求而得之。……太白山封神应公，金星洞改嘉祥洞，所管华阳县改为真符县。……九载十月，先是，御史大夫王𫓧奏称太白山人王玄翼见玄元皇帝于宝山洞中。乃遣王𫓧、张均、王倕、韦济、王翼、王岳灵于洞中得玉石函《上清护国经》、宝券、纪录等，献之。②

御史大夫和道士们的联合，无疑都是为投唐玄宗所好，讨帝王欢心，继而索取自己的利益。他们的行为却无意识地为太白山蒙上了自然之外的神秘面纱，获得帝王奉赠，成为神仙所居之地。

唐代统治者对道教的重视，使得统治阶级中有各种目的的人纷纷归隐，他们选择风景优美的归隐之地；太白山距都城较近，使归隐者可以因归隐而扩大自己的名声，而太白山也开始成为有神仙之地。

道教发展至唐代，理论上更趋成熟，此时形成了洞天福地说。唐司马承祯《天地宫府图》的"三十六小洞天"，五代道士杜光庭《洞天福地岳渎名山记》，均将太白山列入其中，"十一，太白山洞，周回五百里，名曰玄德洞天，在京北府长安县连终南山，仙人张季连治之"。洞天福地学说对信徒而言，意义重大，但对太白山神信仰及其周边民众的影响，笔者尚未找到相关证据。

五代时，太白山为道士所居之地，"太白山道士解元龟自西川至，对于便殿，称年一百一岁"③。同时，出现以事太白山神而言吉凶者，"晹又喜鬼神巫祝之说，有瞽者张濛，自言事太白山神，神，魏崔浩

① （宋）欧阳修，宋祁：《新唐书》，北京：中华书局，1975年，第4273页。
② （后晋）刘昫等：《旧唐书》，北京：中华书局，1975年，第4270页。
③ （宋）薛居正等：《旧五代史》，北京：中华书局，1976年，第537页。

也，其言吉凶无不中，曧素信之"①。太白山神为崔浩者，仅此一见，附会之意甚明，此附会又与当地没有关系，故而也未得到本地人的信奉。

及至宋代，太白山与道教的关系已不再被附会或夸大，这可能与道教发展相关，也与政治中心的南移有联系。统治者的缺位，必然使道教教徒的附会失去认可的对象；同时，太白山神新的功能逐渐被认可，大众的信仰取代道教教徒为一己之福的努力。太白山神更多地与求雨相关。

元代，太白山与道教的点滴关系，是民众至太白山取泉治病。杨皞，"后牛氏失明，皞登太白山取神泉洗之，复如故"②。赵荣，"复负母登太白山，祷于神，得圣水饮之，乃痊"③。这两则记载，使我们看到唐代所载"疠疾祟降则祷之"并非虚语，在当时，人们认为太白山漱水的治病之灵是存在的。

明清时期，太白山神的主要职能是求雨，与道教联系较少。清代前期，贾銊上山，"常观道士一二人，亦有深山麋犊之意，非红尘之客也"④。此时亦有道士在太白山修道。清代中期汪皋鹤上山时，"至大太白池，出金色小泡，羽士云此名星光，神喜则有之"⑤。清代后期赵嘉肇登山时，"至此二十里始入太白山门户，有纪道人修板庙三椽，草殿六间。……大太白池齐道士闻余至山，来此拱侯使导。……询诸道人笑而不答。……二太白池，池约十余亩，庙在池南，杨道人以营员弃官，隐此。……玉皇池……道人李姓，款客必恭。……陟八仙台，涂道人建庙于上，奉诵皇经。……初四日，偕受之下山，齐道士送之。……新开山……道人李姓，由保安宫来居于此"⑥。在赵氏记载中，道士是光绪年间太白山的主要居住者，他们的生活费用当来自于进山上香者的供奉。

民国年间，于右任登山，他说："全山未知多少寺，十寺道士仅三

① （宋）欧阳修：《新五代史》，北京：中华书局，1974年，第291页。
② （明）宋濂等：《元史》，北京：中华书局，1976年，第4454页。
③ （明）宋濂等：《元史》，北京：中华书局，1976年，第4456页。
④ 太白县地方志编纂委员会编：《太白县志》，西安：三秦出版社，1995年，第581页。
⑤ 宣统《郿县志》卷三《太白山灵感录》，清宣统二年（1910年）铅印本。
⑥ （清）赵嘉肇：《关中丛书》第四集《太白纪游略》，西安：陕西通志馆，1934年。

四。山外凶荒山里饥，农村破后难留置。无寺不破破难修，哀哀道士尚祈字。"①道士的生存已成问题，山中的道教景观已无可观者，太白山的衰落亦如此。

太白山神与道教的关系不仅表现在太白山为道教三十六洞天之一、道教徒对信仰发展的影响方面，太白庙中所祭之神亦为道教神明，从元代元俊的修庙记载中我们看到，"先立通明殿以奉玉皇，左右崇四圣"。至近代，太白庙所祭之神仍以道教神谱为主。太白山从本质而言，是一座道教名山。

太白山在其命名之说中，曾有人认为其为金星太白者。也就是说，从其名字来源开始，太白山已于道教相关联。在太白山神信仰发展的初期，道教发挥了主要作用，甚至可以认为正是唐代道教教徒的符箓说，促使太白山出现在统治者的视野之中，造就了太白山神信仰的发展。至宋代，国家因求雨灵应而对其赐封之后，太白山神信仰与道教的关系逐渐弱化，促使太白山神从道教的三十六洞天之一的道教圣地转化为雨神居所。雨神与地域社会的关系更为密切，因而太白山神信仰得以在地方官员的推动下向更广阔的地域扩展。至清代，太白山神成为陕西祀典之神，至山求雨者渐多，而民间结社拜山者更多，道士又开始在山上出现，并以香火钱广建山中庙宇，对太白山神信仰和太白山的开发继续发挥力量。直至传统社会末期，太白山总体衰落，道教教徒才纷纷下山求生，太白山在缺少教徒管理的境况下，山中建筑也日渐衰颓，昔日胜景一去不返。

（二）太白山与求雨

太白山求雨，其确切起始年代现已不可考。目前见到的至太白山祷雨活动，最早出现于唐德宗贞元年间。

> 雍州西南界于梁，其山曰太白，其地恒寒，冰雪之积未尝已也。其人以为神，故岁水旱则祷之，寒暑乖候则祷之，疠疾祟降则祷之，

---

① 太白县地方志编纂委员会编：《太白县志》，西安：三秦出版社，1995年，第585页。

咸若有答焉者。贞元十二年孟秋旱甚，皇帝遇灾悼惧，分命祷祀，至于兹山，又诏京兆尹，宜饰祠庙，遂下令于旬邑。邑令裴均，临事有恪，革去狭陋，恢闳栋宇，阶室之广，三倍其初。翌日大雨，黍稷用丰。野夫懽谣，钦圣信神。愿垂颂声，刻在金石。①

太白山求雨之事，当早于贞元年间。从柳氏碑文可知，此时太白山神的功能不唯求雨一例，民众生活所需都可以求于山神。贞元年间的太白山求雨，是其后太白山求雨信仰的开端。鳌屹太白庙前的这方碑刻，既记载神之灵于雨，也铭刻人之勤于政。太白山求雨信仰出现之初，与官员政绩联系在一起，这也是后世官员求雨目的之一。

宋初，龙王信仰已出现，帝王曾下令各地建龙王庙，求雨之风在各地都甚为盛行。宋至和二年（1055 年），李昭遘祷雨太白山有验，上奏朝廷云：

中书门下谍凤翔府工部郎中值龙图阁知凤翔府李昭遘奏闻……臣自到任以来，寻访前后之异，其事既出传闻，不敢写录。今止具今季春夏以来两次得雨，亲验事实，所陈二事非臣独视，道路之人不可诬也。伏见朝廷恤民之意甚厚，崇祀之志甚恭，前件太白山本前世钦奉之地，灵贶昭晰，今古所信，灵湫在上，显应如此。其太白湫水，欲望圣慈，特加封爵。……守臣有言，蒙福甚远，宜降十行之诏，用疏五等之封，以答神庥，以从人欲，宜特封济民侯。仍令本府差官祭告，牒至准敕。故牒至和二年七月十三日……右碑在清湫庙。

李昭遘于至和二年（1055 年）两次祈雨太白山并两获灵应，故奏封太白山为济民侯。这一赐封开启了宋代赐封太白山神的先河。其赐封依据是四渎视诸侯之说，并将太白山的前期情况具录于此。他所奏封的是太白山湫，并找出与其对应的被敕封之处即河南王屋县析城山圣水泉，故而封侯。由此可见宋代敕封程序：官员的祈祷—灵应事迹出现—地方

---

① 乾隆《凤翔府志》卷十《艺文》，清乾隆三十一年（1766 年）刻本。

官员据实奏闻—朝廷派员核实—朝廷敕封。太白山湫受封过程是严格按照当时通行的封神程序进行的。

数年之后，苏轼于嘉祐六年（1061年）十二月到任凤翔府签判。据其于嘉祐七年（1062年）所说："府界自去岁九月不雨"推断，他到任凤翔时旱象已经呈现。嘉祐七年（1062年）二月末，"旱，赴郿祷于太白山，作祝文"①。其祝文曰：

> 维西方挺特英伟之气，结而为此山。惟山之阴咸润泽之气，又聚而为湫潭。瓶罂罐勺，可以雨天下，而况于一方乎。乃者自冬徂春，雨雪不至。西民之所恃以为生者，麦禾而已。今旬不雨，即为凶岁，民食不继，盗贼且起。岂惟守土之臣所任以为忧，亦非神之所当安坐而熟视也。圣天子在上，凡所以怀柔之礼，莫不备至。下至于愚夫小民，奔走畏事者，亦岂有他哉！凡皆以为今日也。神其盍亦鉴之。上以无负圣天子之意，下以无失愚夫小民之望。尚飨。②

此后不久，"（三月）乙卯，雨，甲子（十六日），雨，民以为未足。宋选复遣专使祷雨于太白山。……十九日，宋选亲祷雨于真兴寺阁，大雨降，有诗。"③二月末至三月中旬止，凤翔府官员求雨三次，这是在冬旱持续至春旱时地方官员的反应。旱灾刚出现，国家的赈济为时还早，地方官员只能三番五次地求雨。三月中旬雨降，祈雨与降雨之间时差月余。我们可以认为二者没有关联，但在一场持续半年之久的干旱中，这一个月相对短暂，在他们的感知中，求与降之间是有对应关系的。中间的时差可以理解为诚心不足、规模不大等导致了神明灵应的暂缓发生。

从唐宋时期太白山求雨文献记载来看，这一时期求雨主要是官方行为，带有较为浓厚的政治色彩。

元代求雨活动仅见于大德年间，郿县县尉陈仲宣求雨太白山，并在清湫镇建庙。

---

① 孔凡礼：《苏轼年谱》，北京：中华书局，1998年，第103页。
② （宋）苏轼撰，孔凡礼点校：《苏轼文集》卷六十二《礼文》，北京：中华书局，1986年，第1913—1914页。
③ 孔凡礼：《苏轼年谱》，北京：中华书局，1998年，第104—105页。

大德丙午，陈侯仲宜来尉是县，晋谒毕礼，顾而叹曰：惟神疏封王爵，策名巨镇，泽物捍灾，功烈昭晰，祠乃卑痹，破露若此，将何以答神之休，宁神之栖，而耸遐迩之听也哉！事每患不立志，苟志立而因人之欲，岂拾沉尔。既而秋七月，旱祷而雨。越明年，夏旱，祷又雨，其后沴气间作，祷而辄雨，仲宜口告于众曰：神贶不可以不酬，庙貌不可以不修，神固靡责急而弗举，无乃为邑人之羞乎。于是县治帅府官吏望族，秦守王振，提点希静，□师康德仁，耆老田平、于庭秀、李显、张琳、卢□明、陈德、陈政、张甫、李琛、赵文秀、侯皋、李伯祥、江泽、周成等闻仲宜之言，莫不交欣踊跃，溥□协志鸠赀相役，始于至大己酉之冬，终于皇庆癸丑之十月。[①]

陈仲宜建庙与求雨有应相关。碑石的另一面是《助缘功德主铭》，为我们展现了当时的信徒状况，也是我们第一次见证当时雨神信仰的盛况。铭文罗列约七百位助缘者的籍贯、身份和姓名。第一层是助缘的各级官吏，共43人。官吏之后，是来自郿县本土的助缘者，约五百人。此后，列着来自其他县份的助缘者姓名，包罗了岐山、鳌屋、武功、乾州、扶风、兴平、泾阳、同州冯翊等百余人，末尾罗列参与此次修庙的各类工匠。近七百人参与一所庙宇建造，庞大的信众群体，是信仰兴盛的外在表现，信众的籍贯也是信仰分布的空间。

随着太白山神灵应事迹的传播和民众流动性的增加，太白山神庙出现于渭河北岸。至正年间，扶风始建太白庙。扶风位于渭北原上，与太白山隔河相望。

太白庙……一在县南虎王村，元至正二十七年里民元俊创修，圆洞大师灵台王道明撰铭并叙……自唐天宝贞元间，尝因灵感崇建庙宇，纪于柳子厚之碑。历宋及今，祀典无替，以其有功于国，有利于民，是以延及旁郡，为置行祠者有之。今凤翔府扶风县饰原乡祠宇，乃信士元俊所创也。俊本终南栎莴村之裔，岁壬子来是乡，居民鲜少，里巷萧条，岁逢旱涝，迎湫致祷，屡获灵应，然无有为

---

① 宣统《郿县志》卷九《金石遗文录五下》，清宣统二年（1910年）铅印本。

永远焚献之所者。……延祐三年五月五日，子德云建孙或上石，今名交龙寺。①

至元代，信仰者已开始为太白山神修建行宫，太白山神超越本县，跨越渭河传至关中平原。传入者元俊原居于终南镇，迁入地区的旱涝之灾及祈祷活动引发了他对原居地信仰的记忆。在对现居地的环境认知之后，他认为有修建太白庙的需求且有相同的地理基础，"一日，俊游是，睹有二池可为神湫，乃发心化乡民，吕氏施其地作祠址"。元俊建庙的目的甚为明确，即为干旱求雨活动建造祭拜场所。

元代太白山神信仰已开始脱离官方主导的形式，地方士绅、乡村精英成为信仰发展的引导者，庙宇也多由民众集资而建，太白山神从官方主导向民间自发信仰转移，这与元代的信仰政策相关，也与太白山神信仰基础越发深厚相联系。

明初社会秩序尚在恢复，在祭祀政策和信仰对象上仍沿袭元代做法。洪武年间耿忠率兵屯田关中地区，于洪武九年（1376年）至太白山求雨，并作太白祠记：

> 洪武九年春，予钦承上命，领兵来戍陕右，操练屯田以为边备，东自临潼、栎阳、高陵、泾阳、三原、醴泉、兴平、乾州、武功，西抵凤翔、岐山、扶风，南至郿县、盩厔等处，悉致屯所。农作即兴，厄于亢阳，种未得下，远近咸以为忧。询诸故老，皆曰西南太白乃本邑之名山，上有湫池，岁旱则奉迎是水，每祷辄应。粤以四月中旬择日斋戒，躬致祝辞，遣僧觉用等赍香帛祝文诣山顶投辞请水。既至，率官僚吏卒暨郡民数百千人备鼓吹郊迎，展祭于武功太白之神祠。是夕，大雨霡霂，三日乃止，远近罔不周沃。及六月又旱，祷请如前，复获沾足。秋八月禾将垂实，旱甚，复请祷之，大雨随至，变枯槁为欣荣，易呻吟为歌啸，感神之赐甚渥也。越明年丁巳夏四月、六月俱旱，复奉迎请祷如前岁之仪，而亦两蒙灵赐雨皆尺余。关辅之中，军民鼓舞。二岁之间凡五祷于神，其伸报答。……

---

① 嘉庆《扶风县志》卷六《祠祀》，清嘉庆二十四年（1819年）刻本。

今以神前后灵感显应之迹……直书刻石置于庙壁，庶使后之观者亦知所崇敬云。[①]

耿忠军屯范围较广。在此情况下，天旱对军队的威胁可以想见。明初刚经历了元末农民起义的影响，民间鲜有盖藏。在干旱影响到耕作时，耿忠即遍寻故老，寻求解决之策，耿忠在洪武九年（1376 年）、洪武十年（1377 年），至太白山求雨共有五次，分别是在四月、六月、八月，与关中地区农业需水时间正好吻合，在一定程度上缓解了干旱带来的威胁，同时深化了太白山神信仰。

耿忠对太白山神的信仰，是对区域社会元代已有太白山神信仰的延续。对于一个外来官员而言，尊重地方社会的信仰传统往往比执行国家祀典更有效。耿忠选择太白山神作为求雨对象，按照地方惯有的习俗求雨，是对区域社会信仰习惯的认同，拉近了他与区域民众的关系，故而会有许多民众参与其中。从耿忠的祠记中我们看到，耿忠认为人神关系中人是主体，人是这种关系的执行者，人敬神是源于人对神有所要求，而神的灵应与否则决定了神的待遇。人可以选择是否信神，而神只有在灵应之后才有可能继续发展。人在此神不应时可以选择它神，而神不显示灵应则会使其失去被祭拜的机会，甚至被遗忘。神显灵可以得到庙享，人敬神则获得保佑，而人最终的目的是依此使国家得到安定，神是为国家服务的工具。从这种意义上讲，人神关系是以人的需求为基准，神灵想继续存在，就得对国家的稳定贡献力量。

万历年间，榆林府出现至太白山求雨的活动，"明万历初，镇城旱甚，巡抚某闻太白山神甚灵，派人持锦伞银瓶以往取水，归遂成霖，始为之作庙"[②]。榆林与太白山相隔千余里，太白山神信仰传播中官员的媒介作用是非常重要的。

崇祯年间，学宪汪乔年作《祷雨太白文》曰："某备员秦中，此当考试，见历凤翔，伏恩圣地，乃境内之山川，方今三秦之民饿殍盈壑，流离满途。伏乞俯怜危急，亟赐甘霖，使千里秦川俄睹盈畴，绿涨百

---

① 正德《武功县志》卷一《祠祀志》，明正德十四年（1519 年）刻本。
② 道光《榆林府志》卷四十四《艺文志》，清道光二十一年（1841 年）刻本。

二，关陇立看，四垒青回。"①在面对神灵时，地方官员是诚惶诚恐的，一面诚心求雨，一面静心思过，以求改己之过兼改他人之过。同时，求雨者开始明确向神明许诺灵应之后给神的报答，如重修庙宇、谨记神明功劳，传播神的灵异事迹，以求广而大之。在关中地区东部朝邑县，"明崇祯七年夏，大旱，邑侯张讳三策，河南淅川人，命里人李柏等登太白山探神湫，恳靡遗归而雨遂沛然，官民奇异神功，肇造太白行祠"②。此后，关中地区东部一带至太白山的求雨活动一直存在，其来源仍在于地方官员的倡导。

明代抚军耿忠和学宪汪乔年都曾参与求雨，这意味着更高级别的地方官员参与其中，但二者均非地方最高统治者，并未从根本上改善太白山神的地位，未能使其进入祀典。民间的求雨活动在太白山神出现之初即已存在，并逐渐向更广阔的地域扩展，从郿县附近的村庄传及关中平原东端的朝邑、大荔，虽相隔数百里，至太白山取湫的仪式却是其相通之处。

太白山神从其出现之初即与求雨活动相关联，也正因为区域社会对雨水的渴盼，太白山神才能在区域社会中历经千年而始终存在。官方的求雨活动扩大了太白山神的信仰区域，而民间的求雨活动则加深了信仰的程度，两者在两方面同时加速太白山神的发展，并最终使太白山神成为区域社会的雨神。

第二节　太白山神信仰的发展

太白山神信仰从其出现开始，存在了千余年。它的发展是一个绵延不断的过程。在清代以前，太白山神信仰处于自发状态，官民双方因需要而对其求雨祭拜，使其不断传承。

---

① 乾隆《凤翔县志》卷七《艺文》，清乾隆三十二年（1767 年）刻本。
② 康熙《朝邑县后志》卷八《艺文》，清康熙五十一年（1712 年）刻本。

一、清代以前太白山神信仰的发展

清代以前太白山神信仰已在陕西省内蔚然成风，其发展速度及分布状况，是受诸多因素的影响，而它在明末的分布状况是研究清代太白山信仰发展的基础。

（一）汉魏至元太白山神信仰的传播

太白山神信仰作为一种雨神信仰，在关中平原存在信仰的自然基础。从有确切记载来看，信仰出现于汉魏时期。汉永平八年（65 年），武功西凤岗之巅建太白庙，此时太白山在行政上隶属武功。北魏时，太白山下建太白祠，是民众祭拜的场所。至唐代，始有求雨活动的记载。贞元十二年（796 年），唐德宗下令至名山大川求雨，此次求雨活动是由朝廷发令、地方官员执行，它是一种官方行为，这次求雨的结果是在盩厔重修了原有的太白庙，并刻碑竖在庙前，碑阳刻柳宗元祷雨文，碑阴刻盩厔县令裴均的为官政绩。

及至宋代，李昭遘求雨，"山（太白山）巅有湫，每遇岁旱，府界及他境必取水祷雨，无不及验"。此时的太白山神信仰似已越出府界，但具体信仰区域还不能确知。至苏轼为官凤翔府时，也从民间得知信仰信息，"府界自去岁九月不雨，但冬及春，农民拱手以待，饥馑粒食将绝，盗贼且兴。臣采之道途，得于父老，咸谓此山旧有湫水，试加祷请，必获响应。寻令择日斋戒，差官莅此取，臣与百姓数千人待于郊外"[1]。有宋一代，太白山求雨活动多由凤翔府官员进行。依李昭遘所言，时有府境外之人来取水，因没见到详细记载，故不能确知。此时的信仰范围，应当是郿县和渭河北岸的凤翔府。

元代大德年间，陈仲宜为郿县县尉，在任期间曾求雨有应，故在清湫镇修庙。至正年间，扶风饰原乡虎王村人元俊在本村建太白庙，扶风本已有太白山神信仰，在元俊修庙之风的带动下，必然会加深信仰的程

---

① 乾隆《凤翔县志》卷七《艺文》，清乾隆三十二年（1767 年）刻本。

度和信仰的范围。

从元代留存的碑刻看，太白山神信仰范围仍以郿县为中心，以凤翔府为主向东扩展，参与信仰的人群扩及岐山、扶风、乾州、武功、鳌屋、兴平、泾阳、咸宁、同州冯翊县，太白山神信仰向东扩展的趋势较为明显。从参与郿县修庙的人数来看，太白山信仰传播具有渐进性，近郿县者必然是信仰繁盛的区域。元代的泾阳、咸宁、同州等地信仰者只是个别人，他们的身份是小吏，主要因在郿县为宦或暂居，他们回乡之后可能会将太白山神信仰传入原籍，他们是地方神明重要的传播者。元代的太白山神信仰，其波及范围主要在兴平以西渭河北岸交通线上的县份，信仰群体不大。

（二）明朝太白山神信仰的发展

洪武元年（1368年）十月丙子，朱元璋命令中书省下文，要求各地地方官，"访求应祀神明：名山、大川、圣帝、明王、忠臣、烈士"，把其具体的事实罗列出来并上报中央，经过吏部审查合格，方许列入祀典，由有关官员定期举行祭祀活动。洪武三年（1370年）六月，朱元璋颁布了充满原理主义色彩的"神号改正诏"和"禁淫祠制"。从此以后，除孔子外，唐宋以降被授予的祠庙及其神灵的所有庙额、封号均被废除，并规定庶民只能祭祀祖先、土谷之神及灶神[1]。地方民众对神明的崇拜，理论上不会受国家祭祀政策的严重影响，但地方神明在得不到官员认可和参与的情况下，发展一定有限。明初的祭祀政策，对陕西民间信仰的影响是必然的。

明初太白山神信仰在耿忠求雨活动之后，没有再得到官方的支持。这时信仰的发展多依靠民间力量缓慢进行。位居黄土高原南缘的麟游，与郿县隔渭河相望，从明初起，太白庙屡屡出现，"紫荆山，有太白神祠，明洪武间建，下有灵湫，祷雨极验。狼嘴山，有太白庙，明嘉靖间建，祠外湫池三，遇旱祷之辄应"[2]。麟游的这两座庙均位于山间，信

① 朱海滨：《祭祀政策与民间信仰变迁——近世浙江民间信仰研究》，上海：复旦大学出版社，2008年，第6页。
② 光绪《麟游县新志草》卷一《地舆志》，清光绪九年（1883年）刻本。

众数量比较少，对太白山神信仰在地域扩展上的影响较小，但与前代相比，太白山神信仰向北拓展。

由于明代前期的文献缺载，使我们对太白山神信仰在这一时期的发展很难做出判断。武功康吕赐的《远门太白庙记》为我们提供了当时民间太白山神信仰的状况。

> 六月四方会朝者大集，人格为社，络绎奉香火，终月乃已。而吾武功，距山百里，邑人结社颇多，因会众建庙山麓，先期诣庙祭告，然后登山，庙成将立碑为表，来请记。①

武功民众结社入山祭拜，不是罕见的行为，在关中其他县份也应存在。我们有理由相信，此时民间对太白山神信仰受到国家祭祀政策影响，没有建庙或有而不被记载，民众的祭拜活动却并未停止。嘉靖时期，在国家祭祀政策有所松动的情况下，太白山神信仰在关中地区迅速扩展。

国家祭祀政策开始变动，太白山神信仰继续发展。乾州，"太白庙，在州治西街，天启三年修，一在上官村，距城四十里，宣德八年建"②。乾州在元代已有民众参与修建太白庙活动，且与太白山相距较近，易于接受这种习俗。咸阳，"太白庙，在县南二十里，明嘉靖四十三年建"。三原，"太白庙，一在南关，国朝顺治庚寅年重修；一在东关门外，明万历十八年建"。三原南关太白庙的初建年代无从考证，清初即重修，当建于明代中晚期。

关中地区东部的富平，"太白庙，在金瓮山巅，林木特茂，亦祀不当其山。明万历间流曲人祷雨于山而应，又于镇建庙"③。在太白山神传入之初，应当存在一种半信半疑的过程，富平的太白庙兴建过程见证了这一点。明崇祯年间，朝邑知县张三策派里人李柏至太白山取漱祷雨，灵应之后在寺后社建庙。长安在明末建庙，崇祯间学宪汪乔年至太白山求雨，灵应之后重修庙宇。太白庙多是在求雨有灵之后才建造的，

---

① 宣统《郿县志》卷三《太白山灵感录》，清宣统二年（1910年）铅印本。
② 光绪《乾州志稿》卷七《祠祀志》，清光绪十年（1884年）刻本。
③ 光绪《富平县志稿》卷二《建置·祠祀》，清光绪十七年（1891年）刻本。

求雨活动虽未广泛见于这一时期的文献中，由众多的庙宇遗存可知当时求雨活动的概况。

从时间上看，关中中东部地区的太白庙，最早是宣德八年（1433年）建于乾州上官村者。此后直至嘉靖四十三年（1564年）咸阳建庙，其间相差一个多世纪。万历年间是太白山神信仰的发展较为迅速的时期，三原、富平、大荔的庙均建于此时，渭南、朝邑则建于明末的天启和崇祯年间。

陕北榆林府，万历年间出现至太白山求雨之事，"明万历初，镇城旱甚，巡抚某闻太白山神甚灵，派人持锦伞银瓶以往，取水归，遂成霖，始为之作庙"①。陕北地区的干旱是一直存在的，这一求雨活动显然与地方官员的倡导有关。而在此之前，鄜州一带已有建太白庙活动的存在，"太白庙，在州南五里太白山上，明天启元年知州郑铉建，兵燹后废"②。从鄜州和榆林的太白山神信仰传播途径来看，地方官员无疑是信仰传入的媒介，他们的介入无疑促使了太白山神信仰的发展。

明代中后期，民众是信仰的主体，他们在乡间建庙，结社至太白山祭拜或求雨。他们也寻求官员的支持，更多是自发行为。在远离太白山的地区，地方官员开始介入太白山神信仰中，他们的参与促进了信仰的发展。明末太白山神信仰形成了以关中地区西部为中心，从东向北传播，向东传至朝邑、大荔。陕北地区在官方力量的推动下，鄜州和榆林两地也出现太白山神信仰。

至明末，陕西太白山神信仰已在较大地域范围内出现。这一时期太白山神尚未得到充分发展，其信众具有自发性；没有形成共同遵循的祭拜仪式，各地随心所欲地进行求雨活动；神明的影响力也较为有限，多数庙宇建在乡村，是民众的祭拜场所；少数行政治所建庙，但不见于地方祀典，亦多为民间行为。此时，它没有成为区域社会雨神的象征，其信众以民众为主，上层社会接受的很有限，从本质来讲，它仍是一个地方神明。

---

① 道光《榆林府志》卷四十四《艺文志》，清道光二十一年（1841年）刻本。
② 道光《鄜州志》卷二《建置·祠祀》，清道光十三年（1833年）刻本。

二、清代太白山神信仰的发展

清代是太白山神信仰发展的鼎盛时期，它超越了已有的信仰区域，得到国家的奉赠和省级祀典的认可，从地方神向区域神的转变完成。清代太白山神信仰的发展，在时间序列和地域范围上都不尽相同。

（一）清代前中期：以关中地区东部和陕北地区南部为中心

信仰的发展与国家祭祀政策的关系极为密切。对于民间信仰而言，若非政治性很强的神明，其受朝代更迭的影响较小。太白山神信仰是以求雨灵应为主要事迹，信奉者以求雨为主要目的，故而明清鼎革，对其影响甚微。清代前中期太白山神信仰的发展区域以关中地区东部和陕北地区南部为重点。

清代前期，太白山神信仰在明末的基础上继续发展。关中地区，三原，"太白庙，一在南关，国朝顺治庚寅重修"[1]。华州，"太白堂，在关外，顺治十八年亢阳不雨，民祷太白山即应，因建祠奉祀"[2]。华阴县，"太白庙，在县西三十里太和堡，堡为邑巨砦。康熙四十三年修"[3]。华州和华阴均位于关中地区东部，两地的太白山神信仰晚于同州的朝邑、大荔等县。在关中地区东部，太白庙的修建有一个特点，即民众求雨活动在先，有应之后建庙。信仰与景观的先后关系于此可见，有信仰之地不一定有庙宇，而有庙宇之地则一定有信仰。在这个意义上，信仰的范围可能大于景观的范围。

陕北地区黄河岸边的清涧县，"太白行祠，在县二里石基寺后"[4]。保安，"在县西南太白山上，祷雨有应"。根据两志的纂修年代，可知这两座庙当建于明末清初。鄜州，"太白庙，在州南五里太白山上，国

---

① 光绪《三原县新志》卷四《祠祀》，清光绪六年（1880 年）刻本。
② 雍正《陕西通志》卷二十九《祠祀二》，清雍正十三年（1735 年）刻本。
③ 雍正《陕西通志》卷二十九《祠祀二》，清雍正十三年（1735 年）刻本。
④ 顺治《清涧县志》卷三《祠祀》，清顺治十八年（1661 年）刻本。

朝康熙十八年重建"①。宜君，"太白山，在县西北八十里砂掌沟山上，有太白庙，庙前有漱，在一小盆内，岁涝则湿，旱则反淌，祈祷取水于此，无不灵验。"②这座位于宜君太白山上的太白庙，不知是山因庙命名还是庙因山命名，但与太白山神能够保佑多降雨有必然的联系。

中部，"太白庙，在县北河寨漱，乾隆九年邑侯董可成、宜君知县刘士夫奉督宪建。……太白庙，兼盛村，乾隆四十二年杨世聪募化建。太白庙，双柳树镇东街石门洞上，嘉庆五年合镇建"③。邑侯董可成等奉命所建河寨漱太白庙，当距县城不远。中部和宜君二县共同修建的庙宇，所奉上级至少是二者最低级别的共同上级即鄜州。"鄜州，属延安府。雍正三年九月升为直隶州，析延安府属之洛川、中部、宜君三县来属"④。太白庙兴修为乾隆九年（1744 年），此时二县均为鄜州辖县。我们必须一点：当太白庙的兴建是依靠行政命令时，信仰在该地域确立后，会有一个下行的过程，中部三座太白庙修建情况见证了这一点。

麟游明代所建太白庙，均位于山上有漱泉之所。及至清代，"九龙山……山凹有庙祀关圣牟尼太白圣母，圣母尤著灵异，乡人崇之，庙始自乾隆四十九年"⑤。麟游太白庙的不断增加，信仰者数量也应呈上升趋势。长武，"太白庙，在南关，被焚"⑥。该志纪事止于康熙十五年（1676 年），可知长武太白庙被焚当在明末清初的动荡时期，明末清初长武已有至太白山求雨的习惯。永寿县位于黄土高原沟壑区的南缘，水资源以地表水为主，故而农业用水以雨水为主，祈雨习俗甚为盛行，"太白庙，俱在县南二十里蒿店，又见县南九十里店头镇"⑦。

从清代前中期太白山神发展情况来看，太白山神信仰的发展主要是关中地区东部地区和陕北地区。关中地区东部在明末已有信仰的基础，清代前期是在原有基础上继续向东传播。对陕北地区而言，则是由原来

① 道光《鄜州志》卷二《建置·祠祀》，清道光十三年（1833 年）刻本。
② 雍正《宜君县志·山川》，清雍正十年（1732 年）刻本。
③ 嘉庆《续修中部县志》卷二《祀典志》，清嘉庆十二年（1807 年）刻本。
④ 《清实录·世宗实录》卷三十六，北京：中华书局，1985 年。
⑤ 光绪《麟游县新志草》卷一《地舆志》，清光绪九年（1883 年）刻本。
⑥ 康熙《长武县志·建置志·坛庙》，清康熙十六年（1677 年）刻本。
⑦ 光绪《永寿县重修新志》卷二《古迹·寺庙》，清光绪十四年（1888 年）刻本。

的沿交通线分布向更广阔的地域发展。

（二）清代中期：在关中地区的深入发展

关中一直是太白山神信仰的中心地区。在信仰沿渭河两岸从西至东的传播中，越来越受到官方的关注。太白山神在明末成为地方雨神的代表之一，而太白庙作为其物化外延，也随着信仰的扩展而在新的区域出现。及至清代，地方官员开始较多地介入到太白山神求雨活动中，使得地方神的地位增高，地域影响力也逐渐扩大。

从顺治年间开始，地方官员、民众参与太白山求雨的活动在各地相继被记载。官方参与是太白山神信仰进入祀典的前提。官员的参与使得太白山神的影响扩大。郿县，"太白山湫神庙，在县东南四十里太白山上。本朝康熙四十六年祷雨灵应，知府朱琦立代天泽物匾，以志神庥"[①]。朝邑，"康熙五十年秋旱，知县王兆鳌斋沐步祷迎水入城，越日大雨如注"[②]。诸如此类，在关中地区较为普遍，正是基于官员的参与，越来越多的民众开始自发建造太白庙。

庙宇的广泛建立是信仰地域扩展和信仰程度增加的依据之一。至清代中期，作为太白信仰核心区的关中平原，以县为单位的信仰区域增加，而一县之内的庙宇数量也在增加，这是太白山神信仰在关中地区发展的物质表达，详见表2-1。

表 2-1　清代中期关中地区太白庙分布表

县份	庙宇位置	初建时间	存在时间	废弃时间	资料来源
潼关	北街		嘉庆	民国无	嘉庆《续修潼关厅志》
华阴	太和堡	康熙四十三年（1704年）	乾隆		乾隆《华阴县志》
大荔	长安屯	明万历年间		民国无	光绪《大荔县续志》
朝邑	寺后村	崇祯十六年（1643年）	乾隆	民国无	康熙《朝邑县后志》
韩城	东郭门外		嘉庆		嘉庆《韩城县续志》
华州	在关外	顺治十八年（1661年）			雍正《陕西通志》

---

① 雍正《陕西通志》卷二十八《祠祀一》，清雍正十三年（1735年）刻本。
② 康熙《朝邑县后志》卷二《建置·祠庙》，清康熙五十一年（1712年）刻本。

续表

县份	庙宇位置	初建时间	存在时间	废弃时间	资料来源
渭南	县西北二十里	天启元年（1621年）		雍正存	雍正《陕西通志》
临潼	西关		乾隆	民国存	乾隆《临潼县志》
	新开山		乾隆	民国存	乾隆《临潼县志》
长安	西郭门外	明崇祯前		民国存	民国《咸宁长安两县续志》
	太乙元君行宫左侧	嘉靖年间建			乾隆《西安府志》
	庆珍村				民国《咸宁长安两县续志》
	周家村				
	张杜村				
	静宁堡				
	泉北村				
	屈家斜		嘉庆十年（1805年）重修		
咸宁	仁义村				民国《咸宁长安两县续志》
	三北村				
	侯官村				
	县北三过村				
	龙王庙堡				嘉庆《咸宁县志》
	呼于东堡				
	东十里铺				
	田家湾				
	西韦村				
	八仙庵旁		嘉庆十二年（1807年）		
咸阳	县西街		乾隆	民国存	乾隆《咸阳县志》
	县南二十里	嘉靖四十三年（1564年）	雍正存		雍正《陕西通志》
鄠县	占官营				民国《重修鄠县志》
	青杨寨				
	东青羊务				
	西占官营				
蓝田	县北四十里阿氏庄				雍正《蓝田县志》
	县北三十里寇家山				民国《续修蓝田县志》
	县南八里蒋家寨				

续表

县份	庙宇位置	初建时间	存在时间	废弃时间	资料来源
兴平	县西门外		乾隆四十二年（1777年）修	民国存	乾隆《兴平县志》
盩厔	纸氏		乾隆	民国无	乾隆《重修盩厔县志》
	县西一里	唐德宗时建		明存	嘉靖《陕西通志》
武功	凤岗之巅	汉永平八年（65年）建	雍正		雍正《陕西通志》
乾州	州南上官村	明宣德八年（1433年）			光绪《乾州志稿》
	西街	明天启三年（1623年）		1939年	
	石牛山				
宝鸡	东二十五里		乾隆	民国存	乾隆《宝鸡县志》
	城外西北隅			民国	民国《宝鸡县志》
	朱家湾			民国	民国《宝鸡县志》
	东二十里				乾隆《凤翔府志》
凤翔	城东门外		乾隆		乾隆《凤翔县志》
	东十三里		乾隆		乾隆《凤翔府志》
郿县	县南百余步		嘉靖移此		乾隆《凤翔府志》
	东关外				乾隆《凤翔府志》
	县治西十步	至元二十三年（1363年）修	嘉靖移4城南		雍正《陕西通志》
	县西南第五村	康熙十三年（1674年）重修			雍正《陕西通志》
	县东二十五里	明成化修			雍正《陕西通志》
	县东南四十里	唐建	正统四年（1439年）重建		嘉靖《陕西通志》
	清湫镇新开山	乾隆四十三年（1778年）重修			宣统《郿县志》
岐山	益唐镇西门外				民国《岐山县志》
	高店镇北街				民国《岐山县志》
	县东十三里		雍正		雍正《陕西通志》
扶风	五峰山		嘉庆		嘉庆《扶风县志》
	县东街北	乾隆三十五年（1770年）			
	县南虎王村				
	县东马服村	明天启年间重修			
	县东光道村	崇祯八年（1635年）碑			
	作义村				

续表

县份	庙宇位置	初建时间	存在时间	废弃时间	资料来源
	窟坨村				
	齐胜前村				
	聚粮王家村				
	吴郡堡				
	县南三里在城里				雍正《陕西通志》
	县三里南村				乾隆《凤翔府志》
麟游	县西三十里	清康熙年间			康熙《麟游县志》
	紫荆山	明洪武年间			光绪《麟游县新志草》
	九曲山	明万历年间			
	狼嘴山	明嘉靖年间			
	九龙山	乾隆四十九年（1784 年）			
	西十三里				乾隆《凤翔府志》
永寿	篙店				光绪《永寿县重修新志》
	店头镇				
泾阳	西关南角门外		宣统		宣统《重修泾阳县志》
三原	南关	清顺治年间修			光绪《三原县新志》
	东关门外	万历十八年（1590 年）		回乱毁	
富平	流曲镇	明万历年间			乾隆《富平县志》
	金瓮山巅	明万历以前			光绪《富平县志稿》
长武	南关	康熙年间		宣统存	康熙《长武县志》

表 2-1 共列清代中期关中地区 28 个县份 85 座太白庙，这些庙宇部分建于明代及其以前，大部分建于乾嘉时期。清代中期是太白山神信仰在关中地区的大发展时期，太白山神信仰对区域社会产生影响也集中在此时。太白山神信仰在关中地区深入民间，是在确立其神明祀典地位之后，也意味着神明发展最大的驱动力是政治力量。太白山神进入陕西祀典，地方社会可以名正言顺地祭拜神明，建造庙宇。

（三）嘉庆年间：以陕南地区为主

陕南地区从元代以来已成为陕西省的一部分，它与一岭之隔的关中平原和陕北黄土高原在地形、地势和气候等自然地理方面均有较大差异，陕南地区地域文化更多地受到楚文化和蜀文化的影响，与关中地区的秦文化不甚相类似。清代前中期，陕南地区在朝廷政策的影响下，掀起了移民垦殖的热潮，大量的南方移民进入汉水、丹江流域，给陕南地区的社会风俗乃至文化带来了一定的冲击。在经历了数百年的政区统属关系之后，陕南地区也逐渐吸收了关中地区的文化因素，太白山神信仰作为关中文化的因素之一，开始出现在陕南地区。

陕南地区最早的太白山神信仰出现在镇安，"太白庙，在县西七十里"①。嘉靖《陕西通志》记载此事，说明镇安太白庙至迟建于此时。至清代中期，陕南的太白山神信仰逐渐兴起。凤县，"太白庙，在城内洪利寺遗址前，北向后建万寿宫，今废。节义祠，东月城内，雍正七年建，今废。刘猛将军庙，附太白庙内"②。民国《汉南续修郡志》也载此庙，而该志依据的是嘉庆年间修纂的严如熤旧本，可知凤县太白庙当建于嘉庆朝之前。

陕南地区东南端的商南，太白山神信仰也于嘉庆年间传入此地，"太白庙，在忠义祠南，嘉庆三年建"③。商南太白庙建在忠义祠南，当位于县城内或附近，与祀典神庙建在一起，应为官方所建。商南是陕西的东南边界，其自古就是陕西的一部分，省籍意识在此地应该是较为明显的，太白庙在这一时期的修建也当是省籍意识的一种表现。雒南位于商洛地区东北部，东临河南省卢氏、灵宝县，是陕西的东南门户，"太白庙，陈家川"④，此庙乾隆时期已有。雒南的太白庙记载简略，载于乾隆时期的方志，有两点可以看到：（1）庙宇建于乾隆之前或乾隆朝。在乾隆朝，陕西各地对太白庙均是认可的，方志虽出自不同的作者之手，这一时期陕西境内对太白山神的崇奉是共同的，无论其建立者是官方还是民间，最终都得到官方的认可。（2）庙宇非建于政府所在地。雒南的太白山神信仰，应是民间的信仰行为。在远离信仰源区的地

---

① （明）赵廷瑞修，（明）马理、吕柟纂，董健桥校注：《陕西通志》，西安：三秦出版社，2006年，第608页。
② 光绪《凤县志》卷四《典祀》，光绪十八年（1892年）刻本。
③ 民国《续修陕西通志稿》卷一百二十六《祠祀三》，民国二十三年（1934年）铅印本。
④ 乾隆《雒南县志》卷十二《外志·杂祀》，清乾隆十一年（1746年）刻本。

方，信众的数量可能较少。

在陕南地区的汉江流域，求雨习俗也长期存在，求雨场所多为湫泉之地，传统雨神较少。太白山神信仰在明嘉靖年间已传入镇安，此后没有继续传播的痕迹。至清代中期，太白山神信仰再次出现在陕南一带。陕南地区的太白庙修建年代较晚，多为嘉庆年间，可知太白山神信仰多于此期传入。陕南地区太白山神信仰主要是官方行为影响的结果，汉中府南郑县太白庙建于嘉庆十七年（1812 年）。

> 太白庙，府治西北，府属以北厅县堰渠资乌龙江、壻水河、故道河、湢水，其源皆出太白山，利赖甚溥。天旱祈祷屡需甘澍，嘉庆十七年知府严如熤率属建祀。[①]

严如熤在陕南地区为官时间较长，求雨事迹也遍及他为官之地。作为陕南地区的最高地方官，他对陕西腹心之地西安发生之事必然有所耳闻，且积极响应和模仿。同时，从记载中我们发现，严如熤所建太白庙是缘于太白山神能祷求灵雨，更重要的是陕南地区众多河流发源于太白山，它们是汉中府以北水利灌溉的重要水源。

汉中府在嘉庆时接受了太白山神信仰，其周边地区也逐渐出现太白山神信仰。留坝厅，"太白庙，在西三十五里木通沟"[②]。佛坪，"太白祠，在东关"[③]，佛坪太白祠建于东关，应位于县城。

嘉庆年间，兴安府属县也有建庙者，汉阴，"太白庙，在东南五十里。""嘉庆十八年夏大旱，禾苗将枯，六月初九日亥时，步祷南山之太白洞，求取灵湫"[④]。而张彩祈雨记载，"太白洞距城东五十里"，可知汉阴太白庙建在他们求雨灵应之石洞附近。砖坪厅，"光绪时，川匪屯平利之洛河太白庙，往来煽诱啸集千余"[⑤]。砖坪厅设于道光三年（1823 年），析安康、紫阳、平利三县地置，可见原属于平利的太白庙

---

① 民国《汉南续修郡志》卷二十六《艺文中》，民国十三年（1924 年）刻本。

② 道光《留坝厅志》卷七《祠祀志》，清道光二十二年（1842 年）刻本。

③ 光绪《佛坪厅志》卷一《地理》，清光绪九年（1883 年）刻本。

④ 嘉庆《汉阴厅志》卷九《艺文》，清嘉庆二十三年（1818 年）刻本。

⑤ 光绪《砖坪厅志·兵事录》，清光绪三十一年（1905 年）抄本。

在分给砖坪之后仍存，政区的变化并未影响到太白庙的存在，应该认为太白山神在这一地域被普遍认可。

嘉庆十七年（1812年），汉中知府严如熤在旱灾来临时，劝募承建太白庙，这是太白山神信仰在陕南地区广泛传播的起点，相继信仰的地区为数不少。对于信众的数量，我们不能单纯以庙宇数量来衡量。陕南地区的商州、兴安府和汉中府虽多有太白庙，但庙址在该区域中所处的具体地理位置也是值得关注的。陕南地区太白庙位于行政机构所在地者仅有商南和汉中府，其他州县太白庙多位于远离州、县城的乡村区域。这样区位的庙宇决定信仰群体规模应当较小，可能是一个乡甚或一个村，对当地整个社会阶层即官民双方的影响都很小。太白山神信仰被区域社会官民双方认可不能仅以是否有庙为基准，它所在的位置亦是该种信仰在区域社会被认可的反映。太白山神信仰始终未得到陕南地区官民的普遍认可，它在陕南地区的出现是地方官员推动的结果，而其短暂存在，则是民众对陕南地区气候条件和主要自然灾害认知的结果。

陕南地区各地的太白山神信仰多为民间行为，官府建庙者较少，这与区域社会对雨水的需求程度相关。正是基于此，汉中各地虽有知府严如熤的大力提倡，汉阴县通判钱鹤年等人的积极响应，此后却并未因地方官员的热衷而使民众崇奉之情加深，庙宇也未能蔚为大观。陕南地区太白庙存在时间短暂，至光绪年间基本归于消失。信众数量的有限，是陕南地区太白山神信仰不能长存的原因之一。

第三节　清代太白山神信仰的空间特征

太白山神信仰在传播过程中，受政治力量的影响较大。在陕西省界域内，太白山神信仰分布以关中地区为中心，遍布陕西全境。至清代中期，关中地区几乎所有州县都有太白山神信仰，同时出现了两大密集区。对于太白山神信仰程度的判断，我们是以太白庙的数量来判定。

一、信仰圈结构

太白山神信仰是以太白山求雨灵异为基本特征的一种信仰模式。在陕西，太白山神信仰的分布，是与地区的自然基础和农业发展状况紧密联系的。在信仰发展过程中，信仰的空间分布逐渐显现出一种趋势，即有了信仰的密疏之分，我将其称为信仰核心区和信仰边缘区，两者构成信仰圈。

我国台湾学者林美容提出信仰圈的概念，信仰圈是在祭祀圈的基础上发展而来的，后者是"地方"性的，前者是"区域"性的。她还告诉我们："信仰圈为某一区域范围内，以某一神明及其分身之信仰为中心的信徒之志愿性的宗教组织。任何一个地域性的民间信仰之宗教组织符合此定义，即以一神为中心，成员资格为志愿性，且成员分布范围超过该神的地方辖区，则谓其为信仰圈。"[1]林博士指出，信仰圈除了是以一神为中心、成员资格是志愿的、以及是区域性的之外，还有就是其活动是非节日性的[2]。

太白山神信仰是一种区域性信仰，它是一种松散的信仰习惯，没有固定的组织，信众也具有随意性。它是一种基于太白山神求雨功能而存在的信仰模式，有其固定的祭拜场所即太白庙，可能是太白山下的太白庙，也可能是位于各地的太白庙；祭拜仪式即求雨仪式也相对固定，即至太白山或本地泉池之地取湫，带回本地太白庙祭拜。从信仰圈来看，清代的陕西可以视为一个太白山神信仰圈。太白山神信仰圈范围较广，由于距神明发源地距离远近不一，且各地对神明的需求度亦不同，可分为太白山神信仰核心区和边缘区。

---

① 林美容：《彰化妈祖信仰圈》，《"中央研究院"民族学研究所集刊》1990年第68期，第68页。

② 林美容：《由祭祀圈到信仰圈：台湾民间社会的地域构成与发展》，张炎宪：《中国海洋发展史论文集》第三辑，台北："中央研究院"民族学研究所，1988年。

（一）信仰核心区

太白山神信仰核心区是指区内信徒数量众多，祭拜程序较为规范，庙宇景观选址、建筑均与太白山的庙宇类似或相仿，信仰对地域民众的生产、生活都产生一定的影响，在地域范围上是指关中平原和陕北黄土高原南部的鄜州地区。

在太白山信仰核心区，信仰景观分布相对密集。信仰发源地凤翔府是信仰的高密度区，郿县有庙宇 30 多座，渭河北岸的宝鸡 4 座、凤翔 2 座、岐山 5 座、扶风 11 座、麟游 6 座，其余各县均在 4 座以上。与其近邻的乾州庙宇 3 座、武功有庙 1 座、永寿有庙 3 座。关中地区中部的西安府，附郭长安、咸宁二县 18 座，咸阳 2 座、鄠县 4 座，蓝田 3 座，盩厔 2 座，兴平 1 座，泾阳 1 座，三原 2 座，临潼 2 座，渭南 1 座，盩厔 2 座，富平 2 座。关中地区东部同州府，大荔 1 座、朝邑 1 座、韩城 1 座、华阴 1 座、潼关 1 座、华州 1 座。黄土高原南缘的长武有太白庙 1 座，鄜州是太白山信仰的又一小密集区，鄜州 1 座、洛川 2 座、中部 3 座、宜君 1 座。

在太白山信仰核心区，信仰程度的差异是十分明显的。从西往东，各州县的庙宇次数层次分明。在凤翔府，各县庙宇多在 4 座以上。在关中地区中部的乾州和西安府，各县的庙宇在 2—4 座，鄜州情况与西安府相类似，庙宇数量在 2 座左右。关中地区东部同州府各县和长武则均为 1 座。

核心区的庙宇分布数量是可以表征信仰的程度。从表象上看，信仰区与信仰发源地的空间距离是影响信仰发展的决定因素，距离越近，则信众数量和景观数量越多，反之，则少。我们若进一步观察，会发现政区也是决定信仰发展的因素之一。在信仰核心区，统县政区有凤翔府、西安府、同州府、乾州、邠州、鄜州六个，府州治所所在地与所辖县的信仰状况基本趋同。这种政治因素，与行政力量的强势与否关系重大。在清代中后期，行政力量支持的缺失，是关中地区太白山神信仰渐趋消亡的因素之一。

（二）信仰边缘区

太白山神信仰边缘区是指该区域有太白山神信仰习俗出现，这种习俗是不固定的，它可能是某一次或某些人的个体小范围的信仰习俗。在空间上，信仰边缘区距离信仰发源地较远或者有天然的屏障阻隔，但基于一定的因素又存在太白山神信仰，我们把这样的区域称为信仰边缘区。

太白山神信仰边缘区，在地理空间上是指陕南地区的汉丹流域和陕北黄土高原地区。陕南地区是指汉中府、兴安府、商州和在行政区划上属西安府而位于秦岭以南的孝义、佛坪二厅。陕南地区太白山神信仰出现在明代中期，嘉靖朝镇安已建有太白庙，但其具体求雨活动未见记载。至清代，陕南共有太白庙12座，凤县1座、南郑1座、留坝1座、佛坪1座、砖坪1座、汉阴1座、宁陕1座、孝义1座、紫阳1座、镇安1座、雒南1座、商南1座。陕南的2府1州均有太白庙分布。

陕南地区的太白山神信仰除镇安出现于明嘉靖之际外，余皆出现于清代中期。雒南太白山信仰出现于乾隆时期，商南出现于嘉庆初年，这两者可能与当时的祭祀政策或许相关。汉水流域的太白山神信仰多出现于嘉庆时期，在我看来，陕南地区太白山神信仰的传入，首先与地方官员的关系重大。严如熤于嘉庆五年（1800年）任职洵阳，此后十几年间一直在陕南地区任地方官。在洵阳时，严如熤已在当地展开求雨活动。嘉庆十七年（1812年），陕南大旱，时严如熤为汉中知府，他在汉中多处求雨，并借巡抚毕沅求雨太白山灵应之名，在汉中府募资建太白庙。嘉庆十八年（1813年），陕南地区再次遭遇旱灾，汉阴通判钱鹤年至厅东五十里太白洞求雨，灵应，太白洞左近建太白庙。

陕南地区太白庙的具体建造时间多不可考，但从陕南地区的水资源条件来看，太白山神信仰的求雨主旨跟陕南地区社会需求并非十分吻合，但在地方官员的倡导和空间距离较近的两重因素影响下，太白山神信仰还是得到一定程度的发展。但正是基于官员的倡导，故而陕南地区太白山神信仰在清代中期一段时间内显得颇为盛行，但好景不长，至清代后期，信仰踪迹已经难觅。于此可见，行政力量作为太白山神信仰的驱动力，是重要因素，却不能恒久地支撑信仰的发展。

太白山神信仰的基本功能是求雨，故而它的信众是因干旱需要雨水的人们。陕北地区的干旱气候，在理论上讲，是适宜太白山神信仰存在的。明万历年间，陕北榆林府即出现了第一例至太白山求雨的活动，因求雨有应，建庙于榆林府城外，开始了陕北地区太白山神信仰的发展历程。太白山神信仰本该在此基础上继续发展，却再无下文。显然，这与陕北地区与太白山遥远的空间距离阻隔有关。太白山神新的灵异事迹无法传到陕北地区，这就使得太白山神信仰在陕北地区成为无源之水。

至清代，陕北地区的太白山信仰依然寥落。除鄜州外，庙宇仅有三座，即清涧 1 座、保安 1 座、榆林府 1 座。清代陕北地区没有至太白山求雨的活动，也少见地方官员介入的求雨活动。陕北地区虽旱，但旱与灾的关系正如第一章所言，旱并不一定意味着灾。故而太白山神信仰在陕北地区并未得以广泛传播，这与陕北地区的社会生产、生活状况有联系，也与地方民众的信仰习惯相关。

二、两大中心区的形成和分布

通常而言，信仰圈分为核心区和边缘区。对太白山神信仰而言，关中地区是太白山神信仰的核心区，陕南、陕北地区是信仰边缘区。在关中地区内部，太白山神信仰也不是均衡存在。关中平原沿渭河分布，东西长而南北狭，而太白山位于关中地区西部，故而信仰区不能呈圆形分布。在信仰发源地和政治文化中心的相互较量中，太白山神信仰的核心区也出现了自己的特点，在太白山神信仰核心区，出现了两个信仰中心区，一是信仰发源地郿县所在凤翔府。二是省城所在的西安府。

（一）凤翔府

郿县是太白山神信仰的发源地，汉魏时期太白山下就建有太白庙。从唐代开始，太白山神得益于各方人士的大力宣扬，灵迹不断，太白庙作为信仰太白山神的一种物质表达出现于各地。唐宋时期对太白山神的祭拜多是官方行为，民间自发至太白山求雨者应当也有，但因当时文献的缺乏，多不见于记载。元代开始，郿县周边县份的民众开始自发至太白山求雨，在当地建太白庙。殆及明代中后期，太白山神开始被更多的人接受，信仰区域开始跨越关中地区西部的界限，沿渭河向关中平原的东端播迁，并于万历年间在榆林某巡抚的支持下，传入陕北地区边缘地带。至明末，关中平原上的众多县份已有太白山神信仰。至清代中期，太白山神成为陕西最具影响力的雨神之一，太白庙作为太白山神信仰的标志，遍及陕西各地。

　　太白山神发源于太白山，郿县及其周边地区可视为太白山神的信仰源区。郿县在明代已有多座太白庙，"太白山湫神庙，在县东南四十里。正统四年重建。又有太白庙在县西十步"①。建于元大德年间的清湫镇太白庙，也一直存在。据乾隆《凤翔府志》载，"一在县东二十五里，明成化年修。……太白庙，一在县南百余步，一在县东关外，一在太白山"②。至清代中期，新建者有："太白山神祠，在清湫镇新开山者，乾隆四十三年知县李带双重修并详灵感录。在远门者，有三清宫、紫阳宫、清阳宫、通天宫、秦晋宫、福应宫、新盛宫、北圣宫、万寿宫，俱各县人建。"③远门指远门镇，是从东部进入太白山的必经之道，如赵嘉肇"于六月二十六日由槐芽镇至远门口，宿保安宫。远门旧有十三宫，今圮其三，保安宫由官建，余皆民商私祠也。"④远门各县人所建之宫，从性质上看是太白山神庙的一种变称。诸多县份民众在此所建之宫，是他们至太白山求雨时最近的祭拜地点，又是暂时的栖身之地，这些宫应当出现于清代中期。各县经常大规模至太白山求雨，才有了这些宫的兴建。清代中期远门存在大量由各县人兴建的太白庙，是太白山神信仰兴盛的见证。乾隆年间，汪皋鹤登山，山上有庙宇十一座；光绪年间，赵嘉肇上山时，山上有庙十五座，郿县共有庙宇近三十座。

　　在渭河北岸，太白山神信仰也达到巅峰阶段。渭北从宝鸡开始，这

① （明）赵廷瑞修，（明）马理、吕柟纂，董健桥校注：《陕西通志》，西安：三秦出版社，2006年，第622页。
② 乾隆《凤翔府志》卷三《祠祀》，清乾隆三十一年（1766年）刻本。
③ 宣统《郿县志》卷四《政录》，清宣统二年（1910年）铅印本。
④ （清）赵嘉肇：《关中丛书》第四集《太白纪游略》，西安：陕西通志馆，1934年。

一时期太白庙数量均有大幅度增加。宝鸡，"太白庙，治东二十五里，祷雨有应，邑人刘俊创修"①。此后，"太白庙，三。一在县城西北隅。一在县东二十五里，祷雨有应，邑人刘俊建。一在县东南一百里朱家湾，祷雨辄应"②。宝鸡新增的两座庙一在县城，当是在乾隆朝太白山神列入陕西祀典的情况下兴建的。近邻的凤翔府是郿县的上级行政机构，宋代苏轼任凤翔府签判时，曾亲至太白山祈雨，并将自己建的亭子命名为喜雨亭，"太白山神庙，在府东。宋建，元重修"③。至乾隆年间，新增者有"太白行宫，城西南灵麓村"④；"太白庙，县东十三里"⑤。凤翔县往东即岐山，岐山为周王室发祥之地，境内太白庙建造年代较晚，"太白庙，一在县北街，清朝道光八年知县徐通久创修。一在北太白山，光绪六年知县胡升猷重修。一在益店镇西门外，一在高店镇北街"⑥。岐山县求雨记载较少，可能与其境内"两山夹一川，两水分三原"的地形有关，境内有八渭河、石头河、麦荔河等八条河流，灌溉条件相对优越。随着太白山神信仰的不断渗透，岐山在清代后期修建四座太白庙，使太白庙在渭河北岸的分布呈现相对均匀之势。

扶风，早在元代就有邑人元俊于饴原乡虎王村建庙，该庙至清嘉庆年间仍存。此外，"太白庙，县三里南村"⑦。"太白庙，在县东街北，乾隆三十五年知县邱佐建。一在县南虎王村。一在县东二十里马服村（明天启间重修），一在县东夹道村（有明崇祯八年邑人王公选碑），一在作仪村，又窑坨村、齐胜前村、五郡堡聚粮、王家村俱有庙。"⑧"飞凤山之西曰五峰山，为太白庙，邑人遇旱祷雨。"⑨嘉庆年间扶风县有太白庙约12座，县城及其附近都有庙宇，更多庙宇位于乡间。

① 乾隆《宝鸡县志》卷三《建置·祠祀》，清乾隆五十年（1785年）刻本。
② 民国《宝鸡县志》卷七《祠祀》，民国十一年（1922年）铅印本。
③ （明）赵廷瑞修，（明）马理、吕柟纂，董健桥校注：《陕西通志》，西安：三秦出版社，2006年，第622页。
④ 乾隆《凤翔县志》卷二《建置·祠祀》，清乾隆三十二年（1767年）刻本。
⑤ 乾隆《凤翔府志》卷三《祠祀》，清乾隆三十一年（1766年）刻本。
⑥ 民国《岐山县志》卷三《祠祀》，民国二十四年（1935年）铅印本。
⑦ 乾隆《凤翔府志》卷三《祠祀》，清乾隆三十一年（1766年）刻本。
⑧ 嘉庆《扶风县志》卷六《祠祀》，清嘉庆二十四年（1819年）刻本。
⑨ 嘉庆《扶风县志》卷三《山水》，清嘉庆二十四年（1819年）刻本。

从扶风向东的乾州、武功、盩厔一带，虽在历史时期早期已建有太白庙，如武功在汉永平八年（65年）已建有太白庙，盩厔则在唐代就有县令裴均太白山祷雨的记载，乾州有民众在元代参与鄠县太白庙的兴修活动。但逮及清代，这一地区的太白庙在数量上增加的甚少，成了太白山神信仰两大密集区之间的过渡地带。

（二）西安府

崇祯年间，西安府已建有太白庙，"长安，太白庙，在县西郭门外，明崇祯间汪中丞乔年修，本朝总督白如梅重修。……太乙元君行宫……庙左太白行殿，嘉靖年建，万历年修"①。及至乾隆年间，巡抚毕沅在任期间，两次大规模求雨，并恰遇甘霖，毕沅上书朝廷陈述灵应，得到皇帝的赐封、颁匾额，并御制谢诗，使得一时之间太白山神声名大振，毕沅祈雨灵应之事在陕西方志中被广为流传。此后，西安府一带的太白庙剧增。长安县，除西关太白庙外，"仅存名的太白庙，庆珍村、周家庄、张杜村、静宁堡、泉北村"②。咸宁，"太白庙，其未载者，龙王庙堡、呼于东堡、东十里铺、田家湾、西韦村。八仙庵在长乐坊……嘉庆十二年道士刘合仑复加修葺，增建吕祖太白诸殿……"③。"太白庙，在屈家斜，嘉庆十年重修。无事迹者，太白庙，仁义村，三北村，侯官村"。这样看来，西安府的附郭二县就有太白庙达18座之多。

西安府城周边各县，清代中后期太白庙增多。咸阳，"太白庙，在县南二十里，明嘉靖四十三年建"④。乾隆年间，又有新庙出现，"太白庙，在县西街，内有园亭，制极工巧缘，覆有清泉，甃成圆形，阔丈余，深入之，亢旱祈祷甚灵，邻县特诣请祈"⑤。咸阳西街太白庙俨然成为一处胜迹，且为他县求雨之地，这是太白山神信仰扩散之后形成新的小区域信仰中心。位于渭河南岸的鄠县，属暖温带半湿润大陆性气

① 乾隆《西安府志》卷六十二《古迹志下·祠宇》，清乾隆四十四年（1779年）刻本。
② 民国《咸宁长安两县续志》卷十《祠祀志》，民国二十五年（1936年）铅印本。
③ 嘉庆《咸宁县志》卷十二《祠祀志》，清嘉庆二十四年（1819年）刻本。
④ 雍正《陕西通志》卷二十八《祠祀一》，清雍正十三年（1735年）刻本。
⑤ 乾隆《咸阳县志》卷二《建置·祠庙》，清乾隆十六年（1751年）刻本。

候，境内河流密布，泉泽众多，乾隆时期未见有太白庙记载，此后，"有太白庙的村，青杨寨、东青羊务，西占官营"①；在泉泽中，"梳头泉，在炼丹村，西北流径占官营之太白庙"②。这可以印证乡村所在太白庙并非虚妄之说。此外，"太白石，在县北三过村，东有石突出地面约五尺许，相传掘之不能得，祷雨辄应，石前有太白庙"③。庙与石的先后关系不能确知，我推测应当是先有庙，后将石头命名为太白石，给一块石头命名的现象应当是比较少见的，只有当人为建筑出现之后，它周边的自然物才具有命名的可能或需要，这是因建筑者想给他的建筑物赋加一种正当性和灵异性。若真如此，太白山神信仰在流传过程中对区域乡村社会一定产生了未被文献记载的影响。

在蓝田，有一处有关太白的传说，"阿福原，在县北四十里。世传太白之祖居也，今有太白庙及泉，土人每岁致赛祷焉"④。蓝田的阿福是与元代太白山三池分别被称为大阿福、二阿福、三阿福对应的，阿福为太白之祖的传说应产生于元末明初之际。逮至清代，蓝田，"太白祠，有三。一在县北四十里阿氏庄，一在县北三十里寇家寨，一在县南八里蒋家寨"⑤。此时阿福原改称阿氏庄，而太白山上三湫池已改称大爷海、二爷海和三爷海，不再以阿福相称。蓝田民众的适时更改，可知信仰者的附会之说是随着信仰本体而变迁的。

临潼在清初已有至太白山祷雨者，"时雨槐，在新丰东堡外。康熙二年旱，赵居步祷太白山取灵湫水，归，悬树上，忽雷雨作，大雨立沛，因谓之时雨槐"⑥。乾隆年间，"太白庙，在西关。一在新开山"⑦。"新开山，骊山西南十五里，上有灵泉，祷雨辄应，岁旱邻邑民多来取水以祷者，因置太白庙于其上"⑧。新开山太白庙是太白山神成为关中地区雨

① 民国《重修鄠县志·乡村》，民国二十二年（1933 年）西安西山书局铅印本。
② 民国《重修鄠县志·山川》，民国二十二年（1933 年）西安西山书局铅印本。
③ 民国《重修鄠县志·古迹》，民国二十二年（1933 年）西安西山书局铅印本。
④ 雍正《蓝田县志》卷一《古迹》，清雍正八年（1730 年）增刻顺治本。
⑤ 民国《续修蓝田县志》卷十二《祠祀》，民国三十年（1941 年）铅印本。
⑥ 乾隆《临潼县志》卷九《志余》，清乾隆四十一年（1776 年）刻本。
⑦ 乾隆《临潼县志》卷三《祠祀》，清乾隆四十一年（1776 年）刻本。
⑧ 乾隆《临潼县志》卷一《山川》，清乾隆四十一年（1776 年）刻本。

神象征之后的一种体现，在这一象征被广泛认同之后，所建与求雨有关的庙宇以太白庙命名就顺理成章。

在清代中期的关中中部地区，除了府城和县城象征性的太白庙之外，太白庙更多地出现于乡村。在得到官方认同的情况下，太白山神取得更大的发展，逐渐成为乡村社会对抗旱灾的主要神灵。

（三）两者的差异及原因

凤翔府和西安府两个太白山神信仰中心区的形成，并不完全同步，情形也不尽相同。

郿县一带作为太白山神信仰的源头，它在信仰发展的早期阶段，已经确立太白山神地方神的地位，民间社会也早早参与太白山求雨和建庙活动，它的密集才造成了太白山神信仰的东传和西进。在郿县，太白庙多达几十座，不仅是当地民众深信太白山神的一种表现，同时更多是其他县份在郿县建立的类似于行宫的一种庙宇，它既是各县人至太白山祭拜神灵的场所，又是他们进山来往的住宿场所。这种状况的出现，可以使我们认为及至清代中期，至太白山祭拜求雨已成为关中民众生活中的一种习惯。在郿县及其周边广泛流传神明显灵的基础上，神明力量所兼顾到的地区似乎有所扩大，众多的人不远百里甚或千里来太白山取湫求雨，在他们往返的路途中，他们的行为又会影响到未曾信仰太白山神的人群，使得本来是点状扩散的太白山神信仰逐渐普遍化。

凤翔府太白山神信仰中心区的出现是基于一种地缘关系，西安府则是另一种情况。明初，抚军耿忠屯田关中时发生旱灾，求雨太白山。他遣属取湫之后的祭拜地点在武功凤岗山巅的太白庙，这或许与其驻地有关。至明末崇祯年间学宪汪乔年求雨太白山，在西安府西关太白庙祭拜，并因此重修太白庙。至清代前期，西安府城至太白山求雨者增多，使太白山神为西安及其周边百姓所接受。乾隆初年，总督尹继善将太白山神列入本省祀典。此后，更多的官员的参与其间，尤其是巡抚毕沅多次大规模求雨和求得赐封，使得太白山神官方正统神明的形象得以扩散。至乾隆五十七年（1792年），巡抚秦承恩再次将太白山神列入陕西祀典，巩固了太白山神区域神的地位。在此情况下，作为陕西最高行政机构所在地的关中中部地区，开始更广泛的采取到太白山或当地太白庙求雨的方式来对抗旱灾，乡村社会普遍修建太白庙也就符合情理。张晓虹就认为，由于商品经济发展的不平衡性，陕西各地社会风气的转变表现出较强的时空差异。而西安府的生活习尚总是率先发生变化①。正是基于这样的地域习俗，西安府周边成为太白山神信仰的另一中心区，是符合地方社会发展实际情况的。

太白山神信仰的空间分布，从时间上看，不同的时期有不同的重点传播区域。至清代中期，形成了一个信仰圈，这个圈与政区基本重合，但疏密有致。关中地区是核心区，在核心区又形成了两个中心区，两者形成时期不同，驱动因素也不尽然。这是信仰源区和区域文化中心区的分布不同，从而出现竞争，在相互牵制下，最终并存。

第四节　上下之间：太白山神信仰传播趋势

太白山神信仰的传播是一个动态的过程。我们把它分到具体的时段，是想更清晰地分析它的发展脉络。事实上，时人并不一定在意它是官方的还是民间的，他们在需要时将神明请出，一旦风调雨顺，它又与大多数民众并不相关。作为一种信仰，它的发展是有一定的印痕可以追寻的。

上是指官员及其所在的集团，下指的是民众或民间，两者在太白山神信仰的发展中并不是对立的，而是经常交织在一起，相互影响。太白山神信仰在千余年的发展中，经历了上下之间的不断转换，这与时代的发展密切相关。

---

① 张晓虹等：《明清时期陕西商品经济的发展和社会风尚的嬗递》，《中国社会经济史研究》1999 年第 3 期。

一、清代以前太白山神发展趋势

清代以前太白山神的发展历程，是清代太白山神信仰发展的基础。作为产生于特定地域基础上的神明，它的发展趋势是由信众的认知和区域社会的发展状况决定。

（一）汉魏至元：由下至上

太白山神信仰产生于汉魏之际。从民众祭拜太白山神开始，最初的太白山神信仰活动应从太白山下及其附近修建太白庙开始，在时间上应是汉魏时期。

太白山神信仰出现之初，是一种民间的信仰行为，如我们所知的汉永平八年（65年）武功县凤岗之巅修建的太白庙，它与传统官方祭祀的神庙多在政府机构所在地不同，没有官方的祭祀活动出现。及至北魏郦道元作《水经注》时，太白庙出现于太白山下，太白山此时具有"南山瀑布，非朝即暮"之说，民众开始注意到太白山上的云雾与周围地区降雨的关系。

太白山神与求雨有了关联之后，最初将其作为求雨地点的应是民众。早期的求雨状况已无从知晓，唐代柳宗元的求雨文中，"雍州西南界于梁，其山曰太白，其地恒寒，冰雪之积未尝已也，其人以为神，故水旱则祷之，寒暑乖候则祷之"，可知在此之前民间已有至太白山求雨之事。及至贞元年间，"孟秋旱甚，皇帝遇灾悼惧，分命祷祀至于兹山。又诏京兆尹宜饰祠庙……翌日大雨。黍稷用丰，野夫欢谣"[①]。这是有记录的太白山求雨之开端。至宋代，李昭遘、宋选、苏轼、范纯仁均以凤翔府地方官员的身份参与求雨活动；同时，他们也积极上奏，为太白山神求得奉赠，抬高山神地位。

> 宋至和三年，封神为济民侯，知府李昭遘重修有记。嘉祐七年

---

① 乾隆《重修凤翔府志》卷十《艺文》，清乾隆三十一年（1766年）刻本。

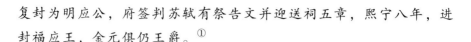

复封为明应公，府签判苏轼有祭告文并迎送祠五章，熙宁八年，进封福应王，金元俱仍王爵。①

至元代，太白山神被析封。

至元析封为三王，曰普润王、曰惠民王、曰灵应王，此大太白、二太白、三太白所由昉也，以有三池，故封三王。然考之古籍，无可依据。②

大德年间，鄠县县尉陈仲宜因求雨有应，倡修清湫镇太白庙。与此事相同时，扶风饰原乡民元俊在居住地建庙，他主要依靠自身及乡邻的力量，是为民众自发建庙的开端。

太白山神信仰出现之初，是以民众祭拜为主体。至唐宋时期，随着各级官员的参与，太白山被封神赐爵，俨然成为官方祀典之神，在凤翔府范围内，发挥着重要的作用。作为最初的民间神明，太白山神在其初期经历了从下向上的传播历程，至元代析封三王，达到了神明奉赠的最高点，也意味着其地位的提升。

（二）明朝：由上至下

太白山神在元代被析封为三王，成为其奉赠史上的高峰。至明代，洪武九年（1376年）抚军耿忠屯田关中，两年之间五次祷雨太白山，参与者达千人之多，灵应之后，他重修武功境内太白庙，这是对元代官方推动太白山信仰发展趋势的延续。但好景不长，随着明初原理主义祭祀政策的推行，地方神明受到严格控制，太白山神信仰在明代的绝大部分时间内在民间发展。

明初，太白山神信仰的发展范围增大。洪武年间渭河北岸麟游出现太白山神信仰，建立数座太白庙，这些庙宇位于山间，信众应为当地民众，数量有限。乾州，"太白庙，在州南上官村，明宣德八年建。……

---

① 雍正《陕西通志》卷二十八《祠祀一》，清雍正十三年（1735年）刻本。
② 民国《续修陕西通志稿》卷一百二十五《祠祀二》，民国二十三年（1934年）铅印本。

太白神殿，在石牛山"①。这两处修建较早的庙宇都位于乡村之中。同一志书的祠祀部分载，"太白庙，在州治西街，明天启年间建。一在上官村"。太白庙在天启年间初建时当不在地方祠祀系统中，但它位于州城内，显然与官方有联系。此后，太白山神列入祀典之后，该庙自然就进入地方祠祀系统，由地方官员来祭祀，其参与者可以是全州的民众。乡村中的太白庙供奉着相同的神灵，其祭祀主体是一村一乡及其周边之民。因而，庙宇所在的位置决定了它的信众层级和数量。

咸阳，"太白庙，在县南二十里，明嘉靖四十三年建"②。太白山神信仰向东传入咸阳，并未在县城落脚，仍然是在乡村建庙。明代所修《陕西通志》中，将明代已有的太白庙列于其中。

> 盩厔县，太白山祠，在县西一里。唐德宗时盩厔令裴均建，柳子厚撰记。武功县，太白祠，在县西北一里，邑人以为太白为境内名山，故立祠祀之。凤翔府，太白山神庙，在府东，宋建，元重修。郿县，太白山湫神庙，在县东四十里。唐宋祈祷雨泽，封爵碑记俱存。正统四年重建。又有太白庙在县西四十步。③

这是第一次从行政意义上对陕西已有太白庙的全面记载，从中我们看到，此时通志所载的太白庙多为官方祭祀场所。该志所载共一府三县五座太白庙，其中除郿县东四十里太白山上的庙宇之外，余均位于行政治所左近。涉及的地域为唐宋时期官方祭拜太白山神之地。盩厔、郿县两地均在唐代已有庙宇，武功太白庙始建于汉永平八年（65年），凤翔府从宋代始建，这些庙宇都非常久远，规模也应当较大。这些太白庙在名称上却不尽一致，祠、庙混称，山神、湫神共存，可见在没有得到官方大规模认同之前，它没有固定的模式。元代扶风乡民元俊在饰原乡虎王村建太白庙，至清代尚存。明代通志是以官方对太白山神的祭祀为标准，并未注意到太白山神在乡村已经存在，忽略了地方神更为详细的存

---

① 光绪《乾州志稿》卷五《土地志·寺观》，清光绪十年（1884年）刻木。
② 雍正《陕西通志》卷二十八《祠祀一》，清雍正十三年（1735年）刻本。
③ （明）赵廷瑞修，（明）马理、吕柟纂，董健桥校注：《陕西通志》，西安：三秦出版社，2006年，第607—622页。

在状态。

至明代中后期，太白山神信仰开始介入关中中东部地区。乾州，"太白庙，在州治西街，天启三年修，一在上官村，距城四十里，宣德八年建"[①]。咸阳，"太白庙，在县南二十里，明嘉靖四十三年建。"[②]三原，"太白庙，一在东关门外，明万历十八年建"[③]。关中地区东部的富平，"太白庙，在金瓮山巅，林木特茂，亦祀不当其山。明万历间流曲人祷雨于山而应，又于镇建庙"[④]。流曲是富平县北一镇。太白庙最初建在流曲镇金瓮山上，被认为不当祀其山，可见建庙尚未取得流曲一镇之人的认同，它可能只是当时小部分民众的自发行为。大荔，"太白庙，在长安屯，明万历间创修"[⑤]。渭南，处于东西交通的要道上，"太白庙，在县西北二十里，天启元年建，本朝康熙五十年重修"[⑥]。朝邑在明末崇祯年间至太白山取潵祷雨，灵应之后在寺后社建庙。长安在明末建庙，"太白庙，在县西郭外，明崇祯间汪中丞乔年修"[⑦]。汪乔年系重修，可知此前长安已建有太白庙。

在庙宇建筑方面，明代的庙宇多建于乡村，为民间行为当无疑问。而此时的求雨活动，多不见于记载，从康吕赐的《远门太白庙记》来看，其时民间求雨者再再有之，"六月四方会朝者大集，人各为社，络绎奉香火终月乃已"。民间的祭拜活动从未中止，而官方直至明末崇祯年间，始有学宪汪乔年和朝邑令张三策求雨太白山。在明朝二百多年里，仅有明初的耿忠和明末的两位官员参与求雨，有明一代，太白山信仰的发展趋势较为明显的呈现出由上向下发展的趋势。

元代是太白山神发展史上的相对鼎盛阶段，山神被析分为三，且均被封王。明初耿忠大规模的求雨活动，是对元代山神地位的继承。随着洪武年间原理主义祭祀政策的出台和实施，太白山神再未被官方关注，

① 光绪《乾州志稿》卷七《祠祀志》，清光绪十年（1884年）刻本。
② 雍正《陕西通志》卷二十八《祠祀一》，清雍正十三年（1735年）刻本。
③ 光绪《三原县新志》卷四《祠祀》，清光绪六年（1880年）刻本。
④ 光绪《富平县志稿·祠祀》，清光绪十七年（1891年）刻本。
⑤ 光绪《大荔县续志》卷六《祠祀志》，清光绪五年（1879年）刻本。
⑥ 雍正《陕西通志》卷二十八《祠祀一》，清雍正十三年（1735年）刻本。
⑦ 乾隆《西安府志》卷六十二《古迹志下·祠宇》，清乾隆四十四年（1779年）刻本。

奉赠和祭祀更是无从谈起。有明一代，太白山神多在民间发展，偶有求雨建庙活动，也是由远离信仰源区的民众自发进行的。至明末，太白山神信仰完成从上至下的传播，太白山神从唐宋时期的王侯之封至明末沉寂于民间。

二、清代太白山神信仰发展趋势

明代在原理主义祭祀政策影响下，太白山神再未得到朝廷或地方官员的奉赠，地方官员参与的求雨活动，也屈指可数。清初沿袭了明末相对宽松的祭祀政策，促使太白山神信仰获得新的发展机遇。

（一）清代前期：由下至上

清代前期的太白山求雨活动，多为民众自发进行。华州，"顺治十八年亢阳不雨，民祷太白山即应"①。朝邑、大荔等地均是民众求雨。临潼，"康熙二年旱，赵居步祷太白山取灵湫水，归，悬树上，忽雷雨作，大雨立沛"②。在太白山信仰的发源地郿县，地方官员虽参与太白山求雨活动，但并不将求雨作为抗旱的首选方式。

> 不佞（梅遇）以康熙三年承乏来郿，值明年乙巳大旱，爰步祷太白，获澍雨尺余，既而思之，天泽莫如雨，地泽莫如河，故于六年丁未建议兴斜谷之役。斜谷既治，再择水势地势之便者，务多方引浚，以利民生。信地之富于河，可补天之穷于雨也。③

康熙中期，太白山神信仰得到省级官员的关注。康熙三十九年（1700年），关中旱，三秦观察使贾铉祷雨太白山，是为清代高层地方官员至太白山求雨的开端。

> 康熙庚辰夏，余督邮关中之三年也。综理厥职，驿困稍苏，时届

---

① 雍正《陕西通志》卷二十九《祠祀二》，清雍正十三年（1735年）刻本。
② 乾隆《临潼县志》卷九《志余》，清乾隆四十一年（1776年）刻本。
③ 宣统《郿县志》卷二《地录下》，清宣统二年（1910年）铅印本。

麦秋，渐以愆阳为害，三农执仗而叹，余心戚之。会大宗伯席公总制川陕，亦已为忧，语余曰："雨旸不若有心者，何以煎民用砗？"余答曰："某闻，至诚感神，桑林当可祷耳。倘以宗伯委，顾力请于西岳。"宗伯然之。余熏沐以往，攀铁縆跻南峰，焚章中告，三宿而还，灵雨既灵未沾足也。宗伯曰：'良苦矣！'余曰："未也，当载请于太白"。宗伯曰："太白险阻，自来人莫敢通，且虎蛇为窟，子焉能往哉？"余曰："为民请命，宁敢畏难"。遂以六月朔日行[①]。

　　贾鉝祷雨首选西岳，在未能得雨的情况下，至太白山祷雨。太白山神在这时并非求雨的首选之神，它只是应对干旱危机的可选手段之一。这次求雨的结果是雨水如期而至，贾鉝在对整个求雨过程做了描述后，总结说：

　　　　诚而一也，岂神之力也。盖请民命，弗敢懈也。秉之诚，罔惜身也。轻一己之命，全亿万之命，计诚得也。神而无知则已，神而有知当鉴其诚乎！亦何惮而不前哉？愆阳于未祷之前者，太白固冥冥也。及余入山而下山之雨、于郿而雨、至盩厔而雨，及鄠抵京兆而俱雨者，太白固昭昭也。雨乎！雨乎！太白之为乎！余不敢没也。及绘图刻记于石，以示来者，俾永无炎阳之虑焉。[②]

　　贾鉝认为神若有知，必会鉴其诚心。问题的根本在于他是为民请命，百万性命攸关，他或他的群体的求雨活动，是基于职责而为之，是给人看的。首先要让百姓看到他们有所作为，更重要的是要让后任者知之。川陕总督席公对至太白山神求雨是允许的，在求雨灵应之后并未见其他举动，这场雨未必与太白山神有关。"本朝康熙四十六年，祷雨灵应，知府朱琦立代天泽物匾，以志神庥。"[③]康熙末期，太白山神较多的进入陕西地方官员的视线，至太白山或在当地太白庙求雨成为他们频繁采用的抗旱手段。这种状况与当时整体吏治有关。

---

① 太白县地方志编纂委员会编：《太白县志》，西安：三秦出版社，1995 年，第 580 页。
② 太白县地方志编纂委员会编：《太白县志》，西安：三秦出版社，1995 年，第 582 页。
③ 雍正《陕西通志》卷二十八《祠祀一》，清雍正十三年（1735 年）刻本。

康熙五十一年（1712年），朝邑知县王兆鳌参与当地民众举行的太白山求雨活动。

> 予因公赴省城，越月始归，比入境，俯视田苗，不逾数寸，而且渐就焦枯，问之，知为旬月以来，又无雨之所致也。因念无禾即以无食，得雨斯为得岁。朝民贫瘠，能堪此秋成少俭也耶，急复斋宿设坛，而绅士辈为予言，邑南寺后社旧有太白祠者，为祀太白山神而建也。山隶凤翔府之郿县，去邑六百里而遥，里人不惮跋涉，率五岁取神山灵湫之水贮之祠下，遇旱辄祝，其应如响。今新水适至，公可迎而祷也。予凤景神威，素念灵异，闻言踊跃徒步躬请升入邑城，昕夕膜拜，不三日而甘澍滂沛，槁苗获苏，嘻，此固神之灵也，民之福也。①

王兆鳌在朝邑任官多年，对境内已有近百年历史的寺后社太白庙并不了解。在遇旱之时，他采取各种方式祈祷，而未提及太白山神，显然他对域内民众迎请太白山湫水之习俗不知。此时朝邑的太白山神信仰是民间自发行为，信仰太白山神并至太白山迎取湫水，仅是当地众多抗旱措施之一，是在形势更加危急状况下的无奈之举。人们信仰它并不在于它必然能解除旱灾的威胁，而在于能暂时缓解这个迫在眉睫的危机。

雍正《陕西通志》较为全面地保存了清代初期陕西范围内太白山神庙。清代陕西的太白山神信仰较之明代发展速度加快，不仅信仰区域扩大，而且信仰程度也在不断加深。雍正《陕西通志》载：

> 长安县，太白庙，在县西郭外，明崇祯间旱祷屡应，抚军使者汪乔年重修，本朝总督尚书白如梅继修有记。……咸阳县，太白庙，在县南二十里，明嘉靖四十三年建。……渭南县，太白庙，在县西北二十里，天启元年建。……富平县，太白庙，在县流曲镇。……保安县，太白庙，在县西南太白山上，祷雨有应。……凤翔县，太白山神庙，在府东门外太白巷，宋建元重修。……岐山县，太白庙，

---

① 康熙《朝邑县后志》卷八《艺文》，清康熙五十一年（1712年）刻本。

在县东十三里。……扶风县，太白庙，在县南三里，在城里。……郿县，太白山湫神庙，在县东南四十里太白山上。……明正统四年重建。本朝康熙四十六年，祷雨灵应，知府朱琦立代天泽物匾，以志神庥。……其一庙旧在县治西十步，元至正二十三年修。明洪武十二年有祈雨灵应碑。嘉靖十年移建城南百步。其一在清湫镇，元明俱重修。一在县西南十五第五村，康熙十三年重修，处士李柏有记。一在县东二十五里，明成化年修。……镇安县，太白庙，在县西七十里。……朝邑县，太白庙，在城东南十里寺后村，明崇祯七年建。……华州，太白堂，在关外，顺治十八年亢阳不雨，民祷太白山即应，因建祠奉祀。……华阴县，太白庙，在县西三十里太和堡。……康熙四十三年修。……乾州，太白庙，在州治西街，天启三年修。一在上官村，距城四十里，宣德八年修。……武功县，太白祠，在县西北一里。……鄜州，太白庙，在城南山，明天启元年知州白铉铉建，本朝康熙十八年，知州宁可栋以祷雨灵应，捐金重修。①

上文共有太白庙 21 座，涉及 16 个府州县，其中包括西安府（附郭长安县、咸阳、渭南、富平），延安府之保安县，凤翔府之附郭凤翔县、岐山、扶风、郿县，3 府共 9 县，此外，还有商州之镇安县、同州之朝邑县、乾州及其下辖武功县、华州及其下辖华阴县、鄜州，共 3 州 4 县，总共涉及 3 府 5 州 16 县。雍正三年（1725 年）商、同、华、乾、鄜等州升为直隶州，十三年华州降为散州，同州升为府，在通志中同州、华州均以州出现，可以断定其纂修年代在雍正三年（1725 年）至雍正十三年（1735 年）之间。此时太白山神已波及关中平原的大部分地区，只是密度有限。

清代前期，太白山神信仰已越出关中平原，有缓慢向陕北和陕南扩展的趋势。若从县志来看，这种趋势更加明显。雍正年间所存的太白庙，其坐落位置是我们判断信仰发展态势的依据之一。上述 21 座太白庙，其中位于政府驻地的有西安府附郭县长安，凤翔府附郭凤翔县、扶

---

① 雍正《陕西通志》卷二十八《祠祀一》，清雍正十三年（1735 年）刻本；雍正《陕西通志》卷二十九《祠祀二》，清雍正十三年（1735 年）刻本。

风、郿县、乾州、武功、鄜州共 7 座，其中扶风、武功和鄜州距治所有段距离^①，占总数的 1/3。这 7 座庙中，凤翔、郿县和武功是明代通志已经记载的，建庙时间都在宋代之前，长安、扶风、乾州、鄜州 4 座庙中乾州和鄜州太白庙均建于天启年间，长安的太白庙在崇祯时已被修，可知至少应在崇祯之前的一二十年。也就是说，在 7 座庙中，3 座建于明代以前，3 座建于明末。雍正时期，已有庙宇中 2/3 位于乡村，可知信仰太白山神多为民间社会的自发行为，官员参与程度较为有限。这时太白山神的发展并未完全成为官府解决区域社会遭遇旱灾时的必然途径，它只是可选途径之一。

雍正《陕西通志》所载太白庙中有 14 座位于乡村，东部的朝邑、华州、华阴三庙建于崇祯至顺治年间，没有官府参与的痕迹。在乡村社会中，信仰被接受是一个逐渐的过程，如富平县，"太白庙，在金瓮山巅，林木特茂，亦祀不当其山。明万历间流曲人祷雨于山而应，又于镇建庙"^②。而流曲镇之庙在乾隆年间仍然存在，"太白庙，在县北流曲镇"^③。二者的传承关系是明确的，从僻远之地传向人群相对密集之地。民间信仰大抵都要经历一个从下向上的传播过程，直到得到地方官府的承认，并在县治或周围建庙，在灾害出现时将其置于祭祀对象中，这样它的第一级上传过程结束。之后，县或州级官员也会为他及所在地区民众信仰的神明寻求上一级的认同，在一定程度是对他本人政绩的认可。

州县级官员接受信仰是源于区域社会秩序失控威胁到他的前途，他上奏神明的灵应是为了上级对他的作为给以肯定，进而得到上级的认可。府、省级官员在向更高一级政府上奏自己求雨而神明显灵的事迹时，表面上看是为神请功和把自己关心民生的行为上报。实际上，更多地是担心社会秩序的失控，造成不可挽回的局面。故而在有求雨活动而又恰逢降雨的情况下，各级官员都会将降雨归功于神明：一方面表达了神明是因求雨者心诚和求雨者的祭拜行为才会降雨；另一方面求雨者由

---

① 按，这三处当地官方已经参与，可以认为是当地官方认可的。
② 光绪《富平县志稿·祠祀》，清光绪十七年（1891 年）刻本。
③ 乾隆《富平县志》卷二《建置·祠庙》，清乾隆四十三年（1778 年）刻本。

此既能得到上司的认可，又能得到民众的感激，这种行为对实施者有利而无害。不应是常态，百姓并不觉得怪诞；相反，灵应是偶然，正因为它的无常才显得突出，被记载。

（二）清代中期：兴盛阶段

清代前期太白山神信仰还处于自发状态。随着人口增加和社会大环境的变化，由灾害引起的社会问题日益严重，控制社会稳定已成为官员必须面对的事情。乾隆朝伊始，太白山神作为陕西境内最具地方特色的神明，开始进入官方的视野。从另一角度来讲，太白山神不仅是陕西雨神的象征，它还是区域社会的标志，具有凝聚地域社会民众心理的作用。

乾隆年间，求雨活动显著增加。求雨活动的频繁与朝廷的导向有关。从清初开始，每遇旱灾，帝王亲自或派人在京师相关地点求雨。帝王以求雨方式应对旱灾，是在蠲免或赈济之外占比例最大的抗旱方式。其中，乾隆帝在位 60 年共求雨 31 次，占清代帝王求雨总数 106 次的 29%，与他在位时间相差无几的康熙求雨 8 次[①]，乾隆皇帝对求雨活动的热衷成为区域社会求雨热潮形成的渊源。

在陕西，"乾隆五年，总督尹继善奏请（太白山神）列入陕西祀典"。这是第一次将太白山神列入祀典，揭开此后近一个世纪的太白山神信仰兴盛期。尹继善将太白山神列入陕西祀典，对区域社会的太白山神信仰产生深刻的影响。这一时期太白山神信仰活动中，求雨和建庙活动官员践行者较多，这是太白山神信仰发展兴盛的表现之一。

在陕北地区，鄜州太白庙建于明天启元年（1621 年），后因兵燹而废，至康熙十八年（1679 年）知州宁可栋捐金重建，"乾隆初知州李如沆重修于山下……乾隆十三年知州五诚额等重修"[②]。鄜州太白庙从初建即由官员主持，此后的重建、改建都是官方行为，这种一直由官方主持的建修庙宇行为，足以见证地方官民对太白山神的崇拜。中部县在乾

---

① 上引康熙、乾隆及清代帝王求雨总次数，来源于本书表 1-1《清代帝王求雨情况统计表》。
② 道光《鄜州志》卷二《建置·祠庙》，清道光十三年（1833 年）刻本。

隆年间也有官员建庙活动，"太白庙，在县北河寨湫。乾隆九年，邑侯董可成、宜君知县刘士夫奉督宪建"①。在陕西明确提到奉命建太白庙的，中部县应是第一处②。鄜州在清初为散州，属延安府，雍正三年（1725年）升为直隶州。鄜州地方官作为二者的共同上司，命其修庙以抗旱，是符合情理的。洛川太白庙在围子河内，有邑令刘毓秀的庙额。陕北榆林府，"太白庙，在南城街。旧在南城外五里，有城堡。乾隆三十八年移建今地"③。庙址的迁移意味着神明地位的变化，从城外移至城内，必然是地位提高的表现。乾隆时期陕北地区的太白山神信仰活动多表现为建庙，这些庙宇多选址于行政治所及其附近，地方官员的参与是这种现象出现的原因之一，太白山神的发展趋势较为明显。

武功太白庙出现较早，清代也多次重修，"国朝顺治五年知县周日熙，乾隆二十六年知县阿明阿、钱汝器相继重修"④。扶风县本已有多座太白庙，"太白庙（旧志在南村三里），在县东街北，乾隆三十五年知县邱佐建"⑤。邱佐于县治建庙的行为，发生在太白山神被列入本省祀典之后，本省祀典对地方官员行为的影响由这些建庙活动可知。

乾隆中期，极具影响力并使太白山神信仰此后进一步发展的事件是毕沅求雨。毕沅于乾隆三十八年（1773年）十一月任陕西巡抚，"乾隆三十九年春三月，三辅雨泽少愆，中丞毕公帅属虔祷于省城太白庙，并命潼关丞汪皋鹤前赴鄜县，自清湫庙步行二百九十余里至山顶三清池取水，未及城三十里而甘澍应时，四野沾足"⑥。毕沅求雨在他至西安三四个月之后，在此期间他对陕西的状况有了一定的了解。

  臣以菲材蒙恩擢抚陕右，夙夜兢兢，惟弗克仰德意是惧。乃自冬徂春，五月不雨，周原向称陆海，水深土厚，枯燥渐形。又关中

---

① 嘉庆《续修中部县志》卷二《祀典志》，清嘉庆十二年（1807年）刻本。

② 按，唐贞元年间，盩厔县令裴均亦曾奉命修太白庙，他所奉的是朝廷下令修名山大川的众多庙宇，不具有针对性，即不是唯一的。

③ 道光《榆林府志》卷八《建置志·祠祀》，清道光二十一年（1841年）刻本。

④ 嘉庆《续武功县志》卷一《祠祀三》，清嘉庆二十一年（1816年）刻本。

⑤ 嘉庆《扶风县志》卷六《祠祀》，清嘉庆二十四年（1819年）刻本。

⑥ 乾隆《西安府志》卷六十二《古迹下·祠宇》，清乾隆四十四年（1779年）刻本。

以麦为命，百姓容容，望泽孔亟。臣俯稔皇上至诚格天，有所祈请，呼吸立应，爰率文武僚属步祷西郊。又古传太白龙湫感应神速，急遣官驰往取水。……①

同时，毕沅还上疏言曰：

西安郡城西南有太白山，在凤翔府属之郿县境……历代以来，久着神异。逢雨泽愆期，全秦黎庶赴山取水，有祷辄应。臣到陕西载设坛虔祷，屡昭灵贶。今节令已过清明，麦苗需雨，臣率文武僚属在省城太白庙步祷，遣同知汪皋鹤赴太白山灵湫取水，三月四日水到之时，甘霖立沛，通省均沾。②

毕沅的太白山神信仰中，已经将陕西视为一个整体，而雨神的灵异也是通省均沾。对区域民众而言，区域神得到皇帝的认可并给以赐封，是对区域社会自然环境的认同，这种认同加深民间的区域认同感。至乾隆四十三年（1778年）四月毕沅重修清湫庙，特为陈请，钦颁御书匾额"金精灵泽"四个大字，六月祷雨有验，颁御制诗一章。

毕沅抚陕期间，多次组织官民求雨活动，并为太白山神求取封号、御书庙额和御制谢诗，使得太白山神信仰发展到一个新的高度，成为山神在清代的辉煌期。毕沅将太白神显灵归结为"我皇上之福"，并上奏皇帝。他这样做在表面看来是为皇上请功，讨圣上欢心；而帝王高兴之余，毕沅在求雨活动成为其政绩之一；毕沅的上奏行为，在一定程度上也抬高了他在陕西民众中的地位。毕沅在陕的求雨行为，得到皇帝的认可，也得到陕西地方官员的效仿，被民众推崇，为其建祠，"毕公祠，在西关太白庙。祀巡抚毕公沅。乾隆中，陕大旱，公虔祷太白甘澍立霈，故祀公太白庙侧"③。

在毕沅求雨活动的影响下，区域社会的效仿行为再再有之，地方官员和士绅均参与信仰活动。兴平，"太白庙，县西门外，乾隆四十三年

① 乾隆《西安府志》卷首，清乾隆四十四年（1779年）刻本。
② 宣统《郿县志》卷三《太白山灵感录》，清宣统二年（1910年）铅印本。
③ 民国《续修陕西通志稿》卷一百二十四《祠祀一》，民国二十三年（1934年）铅印本。

知县顾声雷重修，有祷雨感应碑"①。郿县知县李带双于乾隆四十三年（1778年）重修清湫镇太白庙。中部县，"太白庙，兼盛村，乾隆四十二年杨世聪募化建"②。求雨和建庙，两者是信仰发展中密不可分的两种行为，通常是一个行为主体连续实践的。

乾隆五十七年（1792年），巡抚秦承恩求雨太白山，"巡抚秦承恩奏入祀典"③。这是继乾隆五年（1740年）总督尹继善之后，太白山神再次进入本省祀典。次年，永寿县令蒋基作《普渡寺灵湫志序》载：

> 关中维太白灵湫祈祷极验，而诸郡邑多灵异之处。志乘竞传，去年大田偶旱，幸我大中丞芝轩秦公亲诣名山，为民请命，神麻倏应，立致滂沱。中丞公乃命属之祈雨著有灵异辑成专书者，具录以闻。④

秦承恩要求将境内祈雨有灵异者辑录上闻，再次将陕西的雨神信仰推向新的高度。整个乾隆朝，从求雨频率和建庙数量看，太白山神信仰都发展至兴盛阶段。

此后，太白山神信仰的扩展表现在两个方面。一是行政治所的建庙活动继续进行，主要涉及省界边缘县份和陕南地区。东部的有：潼关厅，"太白庙，在北街"⑤。韩城，"太白庙，在东郭门外"⑥。雒南，"太白庙，陈家川"⑦。此庙应建于乾隆之后，或为官方所建，至少得到官方认可。商南，"太白庙，在忠义祠南，嘉庆三年建"⑧。关中西部的宝鸡，"太白庙，三。一在县城外西北隅"⑨，凤县，"太白庙，在城内洪利寺遗址前"⑩。

长武，位于陕甘交界处，境内自然环境甚为恶劣，自来人口稀少。

① 乾隆《兴平县志》卷三《建设·坛庙》，清乾隆四十四年（1779年）刻本。
② 嘉庆《续修中部县志》卷二《祀典志》，清嘉庆十二年（1807年）刻本。
③ 嘉庆《长安县志》卷十六《祠礼志》，清嘉庆二十年（1815年）刻本。
④ 光绪《永寿县重修新志》卷九《艺文》，清光绪十四年（1888年）刻本。
⑤ 嘉庆《续修潼关厅志》《祠祀第三》，清嘉庆二十二年（1817年）刻本。
⑥ 嘉庆《韩城县续志》卷五《祠祀》，清嘉庆二十三年（1818年）刻本。
⑦ 乾隆《雒南县志》卷十二《外志·杂祀》，清乾隆十一年（1746年）刻本。
⑧ 民国《续修陕西通志稿》卷一百二十六《祠祀三》，民国二十三年（1934年）铅印本。
⑨ 民国《宝鸡县志》卷七《祠祀》，民国十一年（1922年）铅印本。
⑩ 光绪《凤县志》卷四《典祀》，光绪十八年（1892年）刻本。

"太白庙，在南关"①。太白尊神庙在南门外，每值岁旱，官民祈祷无一不应。邑侯顾公倡庆、陈公模、王公鸿儒、赵公福均率官僚暨庶民诣山步祷，大雨随至。同时，太白山神在长武被进一步扩大，发展成有一定产业的信仰实体。

> 长武城南门外旧有太白庙，嘉庆九年前令元君扩而大之。比邻为火神庙，十二年，里民亦大其殿宇，今二庙堂皇肃穆，祷禳胥仰瞻焉。伏惟太白神兴云致雨造福西陲，庙貌遍关中，旱干水溢祈泽祈晴，有祷必应，其祀之也固宜。……太白庙尝业全无，火神庙头门未建。岁己卯贡生李文元、生员张时中请于余，建火神庙头门，复于太白庙隙地盖小店十一间，收赁租以供香火。余嘉其意，捐廉助之，二生亦尽力劝捐，济其经费，成其美举。②

陕西省界的这些建造太白山神庙的活动，多出现于嘉庆时期。这其中既有早期太白山神信仰的遗留，如长武太白庙早在康熙之前就出现，嘉庆年间规模扩大；更多的是随着本省祀典的推行，在原本没有太白山神信仰的区域出现建庙活动，是省籍意识的一种表达。

陕南地区于嘉庆年间始出现建庙活动，意味着太白山神信仰在此地的传播和发展。汉中府附郭南郑，"太白庙，行台坊，嘉庆十七年郡守严如煜建"③。佛坪，"太白祠，在东关"。这些建庙活动的出现是乾隆年间官方建庙活动的继续。

二是山神信仰由城市向乡村的深化。太白山神最初的信仰者为乡村之民，在扩展的过程中，被地方官员逐层接受，至乾隆年间两次列入陕西祀典，得到皇帝的奉赠，太白山神信仰发展至巅峰阶段。乾隆之前，关中地区大部分县份都有修建太白庙的活动。此后，太白山神信仰传入更多的乡村，乡村众多的建庙活动是其明证。

郿县所在的凤翔府，是太白山神信仰核心区的中心。郿县一县所建太白庙多至二十余座。渭河北岸的其他县份，太白庙数量也有增加。宝

---

① 宣统《长武县志》卷四《桥亭镇堡寺庙表》，清宣统二年（1910年）铅印本。
② 宣统《长武县志》卷十二《节妇表附后续刻》，清宣统二年（1910年）铅印本。
③ 民国《续修南郑县志》卷二《建置志·坛庙》，民国十年（1921年）刻本。

鸡县，乾隆时仅有一座太白庙，清代后期增至三座。岐山，乾隆时没有太白庙记载，后增至四座，即"太白庙，一在县北街，道光八年知县徐通久创修。一在北太白山，光绪六年知县胡升猷重修。一在益店镇西门外，一在高店镇北街"①。扶风的庙宇增加更为明显，乾隆时已有庙宇多座，至嘉庆年间多至十座，早期的如县南虎王村庙等，而清代中后期建造者更多，如"飞凤山之西曰五峰山，为太白庙，邑人祷雨之处"②，"太白庙，一在作仪村，又窟坨村、齐胜前村、五郡堡聚粮、王家村俱有庙"③。麟游，"九龙山……有庙祀关圣、牟尼、太白、圣母……庙始自乾隆四十九年"④。凤翔府属县众多的建庙活动，使得这一时期境内太白庙密集，太白山神信仰在民间得以广泛传播。

在关中地区中部，各县在已有庙宇的基础上，重点向乡村扩展，较为明显的是府城所在的长安、咸宁二县。如上节所述，这一时期府城附近的乡村有太白庙仅二十座，而修庙活动也偶有记载，"八仙庵在长乐坊……嘉庆十二年道士刘合仑复加修葺，增建吕祖太白诸殿……"⑤；"太白庙，在屈家斜，嘉庆十年重修"⑥。太白庙在省城西安周围的遽然增加，显然是受到行政力量的影响。庙宇大多建于乡村，是太白山神信仰被乡村民众接受的产物。

在西安府城外围，太白山神信仰也在乡村广泛出现。乾隆时期各种志书中鄠县均无太白庙，这大抵与鄠县所处环境相关，及至清末，"乡村，有太白庙的村，青杨寨，东青羊务，西占官营"⑦。在古迹中，"太白石，在县北三过村东，有石突出地面约五尺许……石前有太白庙"⑧。蓝田，"太白庙，有三，一在县北四十里阿氏庄，一在县北三十里寇家岭，一在县南八里蒋家寨"⑨。蓝田新建两座庙宇均位于乡

① 民国《岐山县志》卷三《祠祀》，民国二十四年（1935年）铅印本。
② 嘉庆《扶风县志》卷三《山水》，清嘉庆二十四年（1819年）刻本。
③ 嘉庆《扶风县志》卷六《祠祀》，清嘉庆二十四年（1819年）刻本。
④ 光绪《麟游县新志草》卷一《地舆志》，清光绪九年（1883年）刻本。
⑤ 嘉庆《咸宁县志》卷十二《祠祀志》，清嘉庆二十四年（1819年）刻本。
⑥ 民国《咸宁长安两县续志》卷七《祠祀志》，民国二十五年（1936年）铅印本。
⑦ 民国《重修鄠县志·乡村》，民国二十二年（1933年）西安酉山书局铅印本。
⑧ 民国《重修鄠县志·古迹》，民国二十二年（1933年）西安酉山书局铅印本。
⑨ 民国《续修蓝田县志》卷十二《祠祀》，民国三十年（1941年）铅印本。

村，据地名可知当为聚族而居之村庄，其所建庙宇应当是依靠当地士绅的力量。

邠州永寿县，"太白庙，在县南二十里蒿店，又见县南九十里店头镇。真如院，在县南三十里甘井村。佛殿，唐贞观时两社同建，此后继修，诸庙惟太白殿道光十年北社创修焉。"①甘井村太白殿位于村社庙宇群内，正由于太白山神信仰的传播，民众才会在佛殿院内修太白殿。

清代中期太白山神进入陕西祀典，行政治所的庙宇即是官方接受太白山神信仰的标志。此后，在已有太白山神信仰的区域，太白山神信仰开始深入民间。从嘉庆年间开始，新出现的庙宇多位于乡村，意味着太白山神信仰的继续发展。这种发展不仅是信仰区域的扩大，还是信仰程度加深的表征。乾隆朝是地方官员参与求雨和建庙活动频率最高的时期，地方官员对太白山神的利用意图较为明显。

（三）清代后期：由上至下

乾嘉时期是太白山神发展的兴盛阶段。此后，太白山神并未沿着原有的传播路线继续发展，求雨事件和建庙活动都较为少见，整体上趋于衰落。

咸丰年间，陕西的雨神几乎不见于记载，太白山神信仰也未曾有所表达。光绪初年，华北地区遭遇了大旱，陕西也不曾例外。此次旱灾对陕西社会的影响深刻。太白山神作为区域社会最重要的雨神，再次出现于区域社会民众的视野中。

光绪四年（1878年）十二月，陕西巡抚谭钟麟在《岳庙请颁匾额奏疏》中说：

今春亢旱，臣恭派候补道唐霈霖虔诣岳庙致祷，并委员恭诣岐山县太白庙取水至省，率属步祷，旋荷甘霖大沛，得庆秋成。②

次年，谭钟麟作《重修太白庙碑文》，记载了此时的修庙活动，

---

① 光绪《永寿县重修新志》卷二《古迹·寺庙》，清光绪十四年（1888年）刻本。
② 光绪《同州府续志》卷十五《文征续录下》，清光绪七年（1881年）刻本。

"岐山令胡昇猷举庙之朽蔽一新之，既竣工，刊石以志，光绪五年己卯春三月"①。

对陕西民众而言，这场长达数年的大旱，灾难深重，太白山神并未从根本上减轻旱情，求雨和建庙活动都难得一见。光绪十年（1884年），郿县知县赵嘉肇偕友人游太白山，"近百年来，流风渐歇，每岁六月山开，惟男妇进香者踵至，即有时祷雨祈水而来者，见亦罕矣"②。求雨行为的少见，显然不是因旱灾的减少，而是民众对所处环境的认知逐渐加深使然。干旱从来不曾因官民对山神的信仰而减轻，求雨并不能从根本上解决区域的旱灾，信仰的衰落是必然的。

光绪二十六年（1900年），陕西再遇旱灾，"光绪二十六年，两宫西巡，秦中大旱，命大臣祭太白山神，敕书匾额，又发三千金重新庙宇"③。这是朝廷下令祭祀太白山神的唯一一例，是产生于特殊历史背景下的行为。此次旱灾随着江南义赈团体的介入，次年得到缓解。省级官员参与的求雨建庙活动至此终结。

宣统元年（1909年），郿县县令沈锡荣求雨太白山。

　　余于今岁之仲春来宰是邑，下车月余，麦苗待秀而雨泽不足，余甚忧之，即虔祷于城东之太白庙，果获显应。麦乃丰登，殆麦后复又亢旱，不得及时播种，骄阳酷热，日甚一日，余焦灼无计为之，夜不安枕，访之父老，佥曰惟有取灵湫奇验……即绝荤酒，禁屠沽，斋于静室，浴于汤泉，屏车骑，蹑芒履，步祷于新开之山，取湫于悬崖之下。……④

这是清末最后一次官方参与的求雨活动，从总体上看，太白山神信仰又回到了其出发点——郿县。从光绪年间开始，地方民众的太白山神求雨活动已不见于记载，这与这一时期社会经济的萧条相关。

清代后期，太白山神信仰景观也趋于衰微。在同治回民起义中，部

---

① 民国《岐山县志》卷九《艺文》，民国二十四年（1935年）铅印本。

② （清）赵嘉肇：《关中丛书》第四集《太白纪游略》，西安：陕西通志馆，1934年。

③ 民国《续修陕西省通志稿》卷一百二十四《祠祀一》，民国二十三年（1934年）铅印本。

④ 宣统《郿县志》卷三《太白山灵感录》，清宣统二年（1910年）铅印本。

分庙宇被毁，部分庙宇被改建，被重修者罕见。此后，陕西旱灾频仍，社会经济长期陷入低迷状态，官方少有建庙活动，重修的庙宇屈指可数，民间建庙之举更是不知所在。这时太白庙信仰景观与清代中期"庙貌遍关中"，已不可同日而语。

太白山神在传统社会的长期发展中，经历着上下转换两种扩展方式，这两者交叉进行，并没有截然的分界线。对于当时人而言，他们并不一定能意识到他们在有意为之，正是他们的无意识行为使我们得以见证民间信仰的多样性和无规律性。在不同的区域，不同的信仰对象会以不同的方式传播，它所依附的是不同的地域社会的自然基础和人文背景，故而我们得以看到某一特定信仰对象与众不同的发展轨迹，这也正是地域社会研究的魅力所在。

小　　结

太白山神信仰在陕西存在已久，将其作为陕西雨神的重点予以研究，是因为在某种程度上它见证了区域社会的发展历程。它产生于陕西腹地关中地区太白山，在早期一直囿于凤翔府一隅之地。明清以来，它取得快速发展，遍及陕西。

太白山神信仰是自然崇拜的典型，它的起源在于太白山地区多地形雨，而陕西是旱灾频仍之区。明代以前太白山神一直在关中地区西部，信众也以民众为主体。殆及明初，太白山神仍未取得大的进展，至明代中期以后，太白山神开始出现在关中地区中部和陕北地区，明末传入关中地区东部。入清以来，国家沿袭明末祭祀政策，太白山神信仰得以继续发展。清代太白山神信仰的扩展，在时间序列上，清初的扩展地域是关中东部地区和陕北黄土高原的南部地区，清代中期的传播区域是关中地区，关中地区是太白山神信仰的核心区，这一区域从太白山神出现之后，就有部分州县民众接受信仰，至明末，关中东部地区已出现太白山神信仰，而清代中期的扩展不仅表现的信仰地域范围的扩大，还表现在信仰程度的加深。清中后期，太白山神信仰主要传入陕南地区，在短时期内形成一股信仰热潮。

乾隆年间，太白山神被地方官员两次列入陕西祀典，并得到朝廷的奉赠赐额等认可，太白山神信仰在行政力量的驱动下，逐渐形成了太白山神信仰圈。太白山神信仰圈与政区紧密联系在一起。太白山神信仰的核心区是指关中地区和陕北黄土高原南缘的鄜州。这一地区随距离信仰源区太白山的距离远近，建有疏密不等的太白庙，有着至太白山求雨的习惯。其信仰边缘区是指陕南和陕北地区。陕南信仰区出现在嘉庆时期，主要是基于行政力量，信仰程度逊于关中地区。陕北信仰区出现较早，明末时已有至太白山取湫求雨的活动并建太白庙，但因空间距离的阻隔，至清代也偶有信仰者，并不能成为一种有影响力的信仰，是为边缘区。同时，关中地区还出现了两个信仰中心区，即凤翔府和西安府，两地广建太白庙，且求雨活动最为频繁，是信仰最为深厚的地区。凤翔府中心区形成较早，西安中心区则成于乾嘉时期，两者在时间上有先后关系，但后者却未能取代前者。

太白山神信仰的传播，是官民双方共同作用的结果，两者的活动常常交织在一起。在信仰被关注时，太白山神信仰呈上升发展态势；而当国家祭祀政策较紧时，信仰则呈停滞状态。太白山神信仰在各种因素的影响下，呈现出上下之间不断轮回的发展趋势。而在上下轮回时，信仰区域扩大，景观数量增加。

清代太白山神信仰在陕西如火如荼的发展，其表达方式是以求雨活动和建造庙宇景观为主。求雨活动是我们研究信仰传播的主要手段，在上文已有阐述。与信仰相伴而生的信仰景观，在信仰的沉浮之中，又历经着种类、数量等种种变化。对信仰景观的全面解读，可以让我们更深刻地理解信仰的发展历程。

第三章　太白山神信仰景观

地理学所涉及的景观和文化景观概念都由来已久。近代地理学创始人洪堡认为：景观是"自然要素以及文化现象组成的地域综合体"[①]，是特定地点所能看到的全部地表；李旭旦认为："文化景观是地球表面文化现象的复合体，它反映了一个地区的地理特征。"[②]

在我看来，文化景观是人类行为的结果，它必须依赖一定的自然基础而存在，是在自然景观基础上，叠加人们需要的外在建筑，并与原有的自然景观一起构成新的人文景观。这是一种景观再造过程，对原有自然景观的认知是文化景观构建的基础，区域文化传统影响着景观的布局，行政区决定着景观的空间分布范围。

太白山神信仰景观，是指由太白山神信仰发源地太白山、取湫水源地、祭拜场所太白庙、祭拜仪式等多种内容组成的文化景观。它是陕西地域文化的综合体，其作为陕西旱灾求雨的标志性事物，与民众想象的司雨之神为一体，从而参与着民间生活与地方文化的建构，并在陕西文化圈内发挥着或隐或现的文化效应或调控作用。

---

① Hamerton Philip,Landscape,Boston:Roberts,1885.
② 李旭旦：《人文地理学论丛》，北京：人民教育出版社，1985 年。

第一节　信仰源区的自然景观

所谓信仰源区，是指某一信仰中神明的发源地。民间信仰神明性质不同，信仰源区的范围也有不同的界定。对于自然神而言，自然物所在地即为信仰源区。太白山神信仰中神明是指以太白山为本体的太白山神和求雨取湫时的太白湫神。这两者都是以太白山为信仰的本体，山神、湫神以及由此所引发的自然力都无法脱离太白山而独立存在。太白山神的信仰源区在自然区上是指太白山地区，行政区指郿县。

一、太白山山地景观

汉魏时期，太白山虽是民众的归隐之地，却少有文字记载。北魏郦道元率先对太白山做明晰描述：

> 渭水又迳武功县故城北，王莽之新光也。《地理志》曰：县有太一山。……亦曰太白山，在武功县南，去长安二百里，不知高几何？俗云：武功太白，去天三百。山下军行，不得鼓角，鼓角则疾风雨至。杜彦达曰：太白山，南连武功山，于诸山在最为秀杰，冬夏积雪，望之皓然。山上有谷春祠……春秋来祠中上宿焉。山下有太白祠，民所祀也。①

太白山进入民众视野之初就已经带有神秘的色彩。首先是它的自然条件。太白山高，山顶呈白色，山周围多雨。它的人文景观，有两座祠。谷春祠祀关中人谷春，其因死后重现于太白山，民众在山上建祠，含有早期道教增加的神秘成分；建于山下的太白祠，所祀神明为太白山神。

隋代，太白山成为禘昆仑皇祇的从祀之神。至唐代，太白山成为士

---

① （北魏）郦道元著，陈桥驿校证：《水经注校证》，北京：中华书局，2007年，第439—440页。

人隐居之所，道教教徒在此炼丹制符以沽名钓誉。唐玄宗时，"初，太清宫成，命工人于太白山采白石，为玄元圣容，又采白石为玄宗圣容，侍立于玄元之右"①。这时人们已知太白山有白石，但没人将其与太白山"望之皓然"联系起来。贞元年间，柳宗元作《祷雨记》云："雍州西南界于梁，其山曰太白，其地恒寒，冰雪之积未尝已也。其人以为神。"②唐代文学作品中涉及太白山者亦有，如李白、杜甫等人，但他们并未真正登上太白山。太白山在这时的文学作品中是一座奇丽高山的代称和一个模糊的形象。及至宋代，苏轼曾亲至太白山下取湫，作《祷雨太白文》云："维西方挺特英伟之气，结而为此山。惟山之阴威，润泽之气又聚而为湫潭，瓶罂罐勺可以雨天下，而况一方乎？"所谓润泽之气当是指含有大量水分的雾，太白山海拔较高，西上湿热气流与东下干冷空气在此相遇，随着坡度抬升，空气中含水量增加，极易形成降水，这种蔼蔼之气成为关中地区降雨之前的一种自然景观，在当时是无法解释的神秘现象。

至元代，鄠县县尉陈仲宜重修清湫镇太白庙，其碑文中描述太白山云：

> 其山雄杰奇秀，盘礴霄壤，拔出于终南褒斜之上，冢峰□湫水鼎峙，蜿蜒侧经，遵溪而去。左右挟峻崖大壑，峭立穹林，丛薄蔽亏日月，盛夏积雪皎然，地高且寒，人跻之者茹模糟，冒瘴疠阅信宿而后返，往往惬怯畏惧，故四方香火率诣祠下。③

延祐年间，扶风清远道院道士为饰原乡元俊建太白庙作记，"惟鄠之南山曰太白……地常有冰雪□积，望之皑然，人以为神。若横云如瀑布既为雨候。上有灵湫，岁水旱瘼疾，民祷之，其应甚速"④。可知一河之隔的扶风县对山的认知仍停留于唐宋文人的"高且寒，可以为雨侯"的层面上。概而言之，元代太白山在唐宋时期的基础上，增加了登山者

---

① （后晋）刘昫等：《旧唐书》，北京：中华书局，1975 年，第 927 页。
② 宣统《鄠县志》卷九《金石遗文录五下》，清宣统二年（1910 年）铅印本。
③ 宣统《鄠县志》卷九《金石遗文录五下》，清宣统二年（1910 年）铅印本。
④ 嘉庆《扶风县志》卷六《祠祀》，清嘉庆二十四年（1819 年）刻本。

易生病之类的模糊意象，太白山显得更加神秘莫测。

明洪武九年（1376 年），抚军耿忠作祠记："西南太白，乃本邑之名山，上有漱池，岁旱则奉迎是水，每祷辄应"①。及至明崇祯年间学宪汪乔年求雨，"圣地乃境内之山川"，山间意象不再提及。在求雨者眼中，太白山一直是山巅常年白色、山腰常有横云如瀑布的山，它的真实面目始终没有展现在民众面前。

殆及清代，贾鉝《太白全图序言》为我们展现了真实的太白山。在他之前到达山巅者决不在少数，却未曾留下文字记载。他第一次系统地描述了太白山，使我们得以看到山的真实与意象之间的距离。如他所言，"迹之奇怪灵异处，记所难形，图中表之，合记于图，而山之形势可见，即事之奇，实亦可见矣"。能够用图和文字来表达的太白山，其灵异之处已经是世人可以触摸的实物，是已经摆脱了意念而可以触及的山体，山变得可以看见了。

在贾鉝笔下，太白山实体化了。山中的龙，"玉皇池东面为龙门，有龙可见，首类牛而大，唇长尺余，两角崭然，身金黑色。其小者或长尺许、二尺许，蜿蜒池中，腥气扑人，触之头目岑岑，从人皆恐"。中国龙的形象来源已久，它是一种想象中的动物，根本不曾存在。贾鉝所见的龙显然是太白山中的一种动物，既然是一种存在，无非是有一种外形奇特而少见的动物而已，此神何在？"山之高、境之深、路之险且恶、境之奇秀，俱非凡境所有"。山高涧深路险境奇是仙境的话，恰恰说明了至其巅者少，因少而更觉神秘。

汪皋鹤行纪中，太白山高峻依旧、经行处奇险无比，神秘景象却甚为少见。他亦为此感慨，"每阅昔贤图记及闻人口述此山奇幻，每致不寒而慄……皋鹤虔肃，是将不敢少懈，以自昼努力诞登，幸无委顿，而所谓风霾冰雪虎狼蛇虺之属，未尝一遘，非神明呵护，孰能至此？"②汪皋鹤是孟秋朔日从西安出发前往太白山，与常人上山之时并无二致。及至其行程所见，有奇险之路、美妙之境，却未见有离奇鬼怪之事之

---

① 正德《武功县志》卷一《祠祀志》，明正德十四年（1519 年）刻本。

② 宣统《郿县志》卷三《太白山灵感录》，清宣统二年（1910 年）铅印本。

物。他对传说中的太白山山顶的山光水色做了细致的描述，对照此前的意象而言，已经甚为接近自然景观，神秘色彩骤然减少。而此时的居山者们则力求保存这份神秘意象，汪氏下山时，至三太白池，见水中浮沤泛动，光色如金，羽士顾余曰："此金光也，非至诚所格不得见"；至二太白池，有鸟，"土人言每衔物池面，必先呼净池二字，始掠波拾草而去"；至大太白池，"池出金色小泡，羽士云此名星光，神喜则有之"。这些自然现象本无神奇之处，在羽士和土人的言辞中，它们被解释为有灵异之迹。

及至赵嘉肇游记中，甚少提及太白山的神秘气象。在曾经神秘无比的大太白池前，"池踞山巅，终岁不涸不溢，非神湫何以能此？或曰，下有蜇龙，理或然欤。水味甘美，任人汲饮，惟不敢以不洁之物触秽之。若云时现异光，或好事者故神其说，询诸道人，笑而不答。余静观移时见池水如拭镜，天光云影，各随所照，故云有五色万寿字珠油等光之异"[①]。至此，无论是山中定居之道士还是入山者，都用较为理性的心态看待此前的"神秘"景观，当撕开神秘外衣再看这些自然景观，一切都如此自然而合理。自然景观是因人类行为而不断产生变迁，山中原有之神秘意象却荡然无存，山中之神奇是否存在至此一目了然。

可见山的神秘就在于人们什么也没看到，山中景物多为民众想象之物。一旦山体进入人们的视野，神秘感随着更多人介入"圣境"而被揭去面纱，神明也会渐渐走出我们的视线。人们越来越多地走进了神的世界，神会逐渐走出人类的世界，神秘意象就渐行渐远。

二、太白山灵湫景观

湫池是太白山求雨中至为关键的一处景观。太白山神求雨习俗同中国大多数地区求雨的类同点即在于要先取水，这水必须来自灵异之地，而灵异之地的确定因区域而异。在陕西，求雨时取水之地甚多，选取何处神水与所选神明密切相关。在太白山神求雨取水中，取水之地的变迁

---

① （清）赵嘉肇：《关中丛书》第四集《太白纪游略》，西安：陕西通志馆，1934 年。

使我们得以见证地区雨神标志形成的历程。

唐代末期出现的太白山神求雨与湫池之间没有明显关联。及至宋代，李昭遘在《封济民侯之敕》中言："山巅有湫，每遇岁旱府界及他境必取水祷雨，无不即验。朝廷近年累遣内臣投龙简。臣自到任以来，寻访前后之异，其事既出传闻，不敢写录，今止具今春夏以来两次得雨……"。至此，太白山巅之湫开始进入外界的视线，显然山湫是民众早已发现的一个客观存在，它与求雨的关系是人为附加的，而朝廷的倡导无疑是山湫与求雨关联产生的前提之一。李昭遘奏封的依据是："臣兼闻庆历七年五月河南府王屋县析城山圣水泉特封为渊德侯，其例未远，可举而行。"李昭遘先入为主的为太白山神赐封寻找一个依据，他找到圣水泉，既而为了与泉契合，太白湫水由此出现。在他的奏文中，他将太白山灵异归为太白山湫水之灵，显然是概念的一种更改。正是他寻找的求封依据造就了太白山灵湫的出现。此后不久，苏轼的祷雨文中，"惟山之阴威，润泽之气又聚而为湫潭，瓶罂罐勺可以雨天下，而况一方乎"。范纯仁的"远邀灵液以祈濡泽，神既戾止，遽获嘉应"，亦是这一认知的体现。宋代出现的取湫成为太白山神求雨的必需环节，与唐代祭拜山神之别由此而生。

从宋代开始，至山取湫成了太白山神求雨中的标志性环节，灵应与否与此成正相关关系。此时的取湫地点在山中何处不甚明了。殆及元代，在扶风所修虎王村太白庙碑文中，"遂逢旱涝，迎湫致祷，屡获灵应"，依然不明。清湫镇《重修太白庙记》中，至山者"人跻之者如糜糒，冒瘴疠阅信宿而后返，往往怔怵畏惧，故四方香火率诣祠下"。上山之路如此艰辛，可以想见至山中取湫者必然寥寥无几。至明代洪武年间，抚军耿忠祷雨，"遣僧觉用等齐香帛祝文，诣山顶投辞请水"。明末榆林巡抚求雨，"派人持锦伞银瓶以往取水"；明崇祯七年（1634年），朝邑侯张三策，"命里人李柏等登太白山探神湫"。明代至太白山取湫已是陕西太白山求雨的必要程序。

及至清初，康熙三十九年（1700年）贾鉝至太白山求雨，他是我们见到的一位真正达到山巅太白池求雨之人，且山上有庙宇存在，可见此前有人至山巅祷雨取湫并非虚言，但究竟有多少人到达山巅太白池取湫则无法探究，我们确知的是在清代初期以前曾有人至山巅求雨这一史实的存在。在关中东部地区，朝邑，"明崇祯十六年建，厥后邑人采山湫于郿"①，至康熙五十一年（1712 年）王兆鳌在朝邑的求雨，"山隶凤翔府之郿县，去邑六百里而遥。里人不惮跋涉，率五岁取神山灵湫之水贮之祠下"②；临潼，"时雨槐，康熙二年旱，赵居步祷太白山取灵湫水"③；及至西安府，康熙三十九年（1700 年）贾鉝亲至太白山巅取湫，"及山舍骑而徒，三里至三官池，池清澈。凡祷雨必取水设坛中，山高不可到，多汲是池焉"，此时民众取湫并非都能到达山巅。乾隆三十九年（1774年）汪皋鹤于季春月吉之时至山取湫，由其孟秋第一次登山行纪来看，他春季并未至山巅取湫。春季的取湫地点应是山下的某池，极有可能是他在行纪中提到的新开山，"列幛四周，如锦屏围绕，中有土坪三，另辟一天，建立神庙，面觐太白三清玉皇三池"，人工开池，并以山顶之池名来命名，试图替代山顶遥不可及之池的意图于此可见。

太白山之水是早期太白山神求雨习俗中灵应的根本条件之一，而人们意念中的水是来自山巅之太白池。真正有多少人至山巅取水，已无从考证。贾鉝第一次将太白池送入民众视线，大太白池："池方圆三十余亩，清鉴毛发，无寸草点尘，无诸水族。惟龙一种，时大时小，变化出入其中。池面常放五色光、万字光、寿字光、珠光、油光，各肖其类，人虔则应，否则无之。池旁有净池鸟如画眉而小，毛色花纹可爱，声嘹亮，不避人，人亦莫敢捕之。池有片叶寸芜，鸟必衔去，故名净池。池为云雾笼罩不常见，曰'封池'，祷而后见曰'开池'。余至，池即开，现万字等光焉。余有池六，类如此，盖神所凭依也。"④人站在池塘边久了，池中的景象自然会看得更清楚，这是必然而非神异。所谓"封池、开池"，全是文人的一念之想，在一天的不同时刻阳光从不同的角度投射到池上，反射出不同颜色的光，本不足为奇，但在绝大部分

① 康熙《朝邑县后志》卷二《建置·祠庙》，清康熙五十一年（1712 年）刻本。
② 康熙《朝邑县后志》卷八《艺文》，清康熙五十一年（1712 年）刻本。
③ 乾隆《临潼县志》卷九《志余》，清乾隆四十一年（1776 年）刻本。
④ 太白县地方志编纂委员会编：《太白县志》，西安：三秦出版社，1995 年，第 581 页。

人没有见到实态的太白山山顶诸池时，神秘一直将其笼罩。

在汪皋鹤文中，我们看到另一个事实。"此湫林木阴森，水色湛然，鱼游水面不怖人，人莫敢取者。林间叶落鸟辄衔去远弃之，终年无一夜（应为叶——笔者注）能堕波上者。韩昌黎诗云：鱼虾可俯掇，神物安敢寇。林柯有脱叶，欲堕鸟惊救。争衔弯环飞，投叶急哺觳。语似纪实，然池之左右并无树植，何也？"[1]由此我们可知，文学作品中的太白池周围的灵异之物如净池鸟、龙、灵光，多是人们为自己信仰的神灵所凭空想象的辅助物。灵池之灵是人们为自我需要或群体需要而自我制造的。在赵嘉肇文中，湫池仅成为山中的风景，成为人们日常的饮用水。多彩光色已经成为日照池面的正常景象，而民众是否至此取湫已不甚明了。

由此可见，太白池灵湫景观产生之初，是人们对他们从未见到的山巅之物的想象。文人们为山顶的池水蒙上神秘的面纱，安插能保持池水干净的净池鸟和潜伏其中的神龙，使太白山神的灵异来的真实而不突兀。当越来越多的人达到太白山山顶后，太白池神秘的外衣逐渐被剥离，太白池仅仅只是水池，其周围树木稀疏，阳光下折射出光色，鸟儿也仅是如画眉一般的鸟儿，偶尔飞到池中寻找食物，一切是如此的自然和安逸，神从来不曾住在山巅，它也从未离去。当民众意识到这一点之后，至山巅取湫已不再是祷雨灵应的必要条件。取湫地点悄无声息的转移，太白池景观也渐行渐远，逐渐淡出了我们的视线。

太白山神信仰中的灵湫，是与山巅诸池联系在一起的。从求雨活动开始之初，取湫的确切地点一直不曾明晰的出现，山巅的太白池，山脚的三官池，清湫镇太白庙前的湫池，新开山凿成的太白、三清、玉皇诸池都会成为人们取湫的水源。而选谁并不重要，只要跟太白山有关的，就是神水。太白山神逐渐成为关中地区乃至陕西雨神的象征，各地纷纷修建了太白庙，至太白山取湫却反而逐渐淡出了人们的视野，民众在各地所认可的湫泉取水，再带至太白庙祷雨。

清代中期，太白山神求雨中的取湫地点开始转移。临潼，"太白庙，

---

[1] 宣统《郿县志》卷三《太白山灵感录》，清宣统二年（1910 年）铅印本。

在西关。一在新升山，庙后有泉，天旱取泉水，祷雨屡应”①，“新开山，骊山西南十五里，上有灵泉，祷雨辄应，岁旱邻邑民多来取水以祷者，因置太白庙于其上”②。乾隆四十二年（1777 年），兴平知县顾声雷求雨，“侯着草履行三十里拜庙陛，致为民阻饥之虑，庙左曰高皇池，祷雨者先取水于池，侯捧瓷罐及池……侯受水震色，初启复行三十里，置水于西郭太白山神祠”③。当太白山神成为一种象征后，湫水的来源已经不再具有专属性，不再以太白山湫水为祷雨灵应的前提。各地纷纷寻找自己境内的灵湫，这种现象普遍出现之后，太白池水逐渐成为一种记忆，这种信仰内容和程序的变迁，恰是在人们更多的真正的接触到太白山巅的灵湫之后发生改变的。太白池及其所附属景观的人文意义就逐渐消失。

第二节　信仰源区的人文景观

在自然景观之上叠加人文因素，就构成了人文景观。太白山神信仰源区的人文景观，是指在源区自然景观之上因山神信仰而形成的人文景观。在太白山，人文景观是指太白山地名景观和庙宇景观。在太白山之外，信仰景观主要以庙宇景观为主。

一、太白山人文景观

太白山的高寒和天气多变使得历代少有至其巅者，当地民众拜神采药等有至者，又多不识字，不能记之。清代是太白山神信仰快速发展的阶段，信众多有登山者，保存了较为完整的登山记录，使我们得以见到清代太白山的地名和庙宇景观。

---

① 乾隆《临潼县志》卷三《祠祀》，清乾隆四十一年（1776 年）刻本。
② 乾隆《临潼县志》卷二《地理》，清乾隆四十一年（1776 年）刻本。
③ 民国《重纂兴平县志》卷七《艺文志·金石》，民国十二年（1923 年）铅印本。

（一）太白山地名景观

太白山地名是在民众较多的进入山间之后出现的。清代以前的太白山地名，因没有记载我们无法详知。从清初开始，太白山地名经历了从少到多的变化。表3-1将分别出现于三个时段的地名进行罗列，分析清代山间地名的变迁历程。

表 3-1　清代太白山地名情况表

康熙三十九年（1701 年）	乾隆三十九年（1774 年）	光绪九年（1883 年）
山口	山口	
	宿庙中	
三官池	三官池	三官池
	艾蒿坪	艾蒿坪
	小雪崖	小雪崖
大雪岩	大雪崖	大雪崖
	龙盘山	龙盘山
	小郭集	小郭集
	新桃碥	新桃碥
	仙人桥	仙人桥
	大石	露风崖
	小西岔	小西岔
	大西岔	大西岔
	接官亭	接官亭
	新开山	
	金锁关（叩天关）	
万笏山（初名石垒）	小石垒（旧名万笏山）	石垒（万笏山）
	下石垒	下垒
	儿石（土名）	
	大石垒（一峰独立，旧名独秀）	独秀峰
	竹云岭	竹云岭
黑风岭（又名神会天）	黑风门（旧名神会坡）	黑风门（神会天）
	土地岭	土地岭
松花坪（下有水帘洞）	松花坪	松花坪
	大壑落	大壑落
下坂寺（改名二仙山）	下坂寺	下坂寺

续表

康熙三十九年（1701年）	乾隆三十九年（1774年）	光绪九年（1883年）
望仙石	骆驼岭（又名望仙石）	卧牛台
救苦岭	救苦岭	救苦岭
	瘦鱼儿岭	瘦鱼儿岭
上坂寺	上坂寺	上坂寺
寒风关	寒风关	寒风关
	冲天岭	冲天岭
神洼		神洼（孤魂洼）
磨女岭		魔女岭
东天门		分天岭
冲天岭（有雷神峡）	神湟（俗名神凹）	雷神峡
	斗将台	鬼门关
	雷神峡	鬼湟（孤魂洼）
分天岭		
	铁香炉山	
孤魂洼	九牙山	
二里关	二里关	二里关（三天门）
金锁关		金锁关
大太白池	大太白池	大太白池
雷神池		
	杨泗将军池	杨泗将军池
稻地洼	稻地洼	稻田湟
		走马岭
二太白池	二太白池	二太白池
三太白池	三太白池	三太白池
玉皇池	玉皇池	玉皇池
三清池	三清池	三清池
佛池	佛池	药王洞
		佛池
		八仙台
		雷神洞

资料来源：康熙三十九年（1701年）资料来源于贾鉝《太白全图序言》；乾隆三十九年（1774年）资料来源于汪皋鹤《太白山行纪》；光绪九年（1883年）资料来源于赵嘉肇《太白纪游略》

康熙三十九年（1701年），贾鉝登山作记。他的行程约270里，有地名25个。所谓"里"是行者自己的主观判断，并非准确数字，且在不同的两个地名之间也非统一尺度，它只是一种相对的依据。此时山中主要是自然景观，人为建筑或人为痕迹罕见。从地名的命名中可知，清初太白山地名主要是依据客观事实来命名的。如救苦岭，"二十里至救苦岭，极险极峻无路可循，昧然勇登，不知有否前途也，名曰'救苦'意可见矣"；分天岭，"五里至分天岭，西风起则山东向阳热甚，山西面阴辄受风，虽大暑亦作祁寒想。一山之间喧寒顿畏，取名分天有以哉"。山中地名以自然景观特点命名于此可见。

贾鉝根据自己的观察对原有地名做了一定改变，即雅化，如"三十里之万笏山，初名石垒，以众峰排蠹有万笏之象，余因以名之"；再如，"行幛十里到石垒顶，一峰挺秀拔萃于群峰之中，因名独秀"；十五里至下坂寺，"山有二石如人，余改名二仙山"。贾鉝在命名时，表现了与山中原有地名不同的认知观念，他将众多山峰蠹立命名为万笏山，这与他的身份相关，作为官员对于笏自然不会陌生。将一峰挺拔命名为独秀就很有意境，将山名雅化是文人色彩的一种体现。

乾隆三十九年（1774年）孟秋，汪皋鹤奉巡抚毕沅之命登山。从记文来看，汪氏最后到达的地点是玉皇池，行程约250里，涉及地名约50个。光绪九年（1883年），赵嘉肇游山，经行路线与前两者基本相同。贾鉝是为求雨而来，汪皋鹤是为谢神而来，赵嘉肇是为览胜而来，三者目的不尽相同，行程起止点基本相同，地名中重合者再再有之，可以认为三者所走路段基本相同。三者都有当地人员陪同，基本可以代表太白山本地人对山中地名的认知状况。与清初相比，清代中后期的地名景观的有以下几点变化。

首先是山间地名急剧增加。汪、赵二文中山间地名增至四十余处。清代中期汪皋鹤文中新增地名主要有：艾蒿坪、小雪崖、小郭集、新桃碥、小西岔、大西岔、接官亭、新开山、金锁关、下石垒、儿石、大石垒（独秀峰）、竹云岭、黑风门（神会坡）、土地岭、大壑落、骆驼岭（又名望仙石）、瘦鱼儿岭、斗将台、雷神峡、铁香炉山、九牙山、杨泗将军池23处。从命名方式来看，新增地名主要以地形特征为命名的基础，如骆驼岭，"行三里许，两山之中有土岭颇平，土人名骆驼岭"；瘦鱼儿岭，"一石窄仅尺余，长至数丈，其峰棱峭，厉若鱼脊然，行者必蒲伏而过"。同时也有以人为建筑命名的，如接官亭，"亦止神庙三椽，汤房数室，以供憩足之所"；新开山，"山系雍正甲寅新开"；再如小郭集，有太白庙三椽，距山口仅20里，"傍有太白神庙三椽，六月开山时，四方朝礼麋至，乐善者于此结会施舍茶汤"。这类地名是基于人造景观或人们活动形成的场所，名称即体现了这一点。新地名的出现，是人们生活需要的一种间接表达，是从民众感官容易接受的角度出发，即贴切易记。至清代后期，赵嘉肇登山时，地名基本与清代中期相同，无多变化，这时对山中自然景观的认知基本定型。

清代中期众多新地名的出现，绝非偶然。贾鉝登山之前，亲至太白山求雨者多在清湫庙前池中或山口三官池取水，至山顶太白池取湫者甚少；进山人数少就不易形成固定的路线，没有创建地名的驱动力。同时，入山者路线不一，没有形成共同的感知，有名而不知其所指，地名就不能通行；太白山山岭沟壑众多，形状迥异，进山者所具有的认知水平，让他们准确认知山形地势并为之取不同的名称，在短时期内有一定的难度，只能给必经之地或标志明显的地方命名，大多数山岭寂寂无名。贾鉝为太白山作图，并刻碑藏于西安碑林，这为此后人们了解太白山和进入太白山提供了一定的依据。他的上山路线被后世求雨者或其他入山者所沿袭，这条路线就有更多地名的产生。此外，由于太白山神信仰范围的扩大，信仰群体数量的增加，至太白山取湫之人明显增多，入山者必然对山况有更多的了解，地名相应的会增加。

另外是原有地名的改变。原有地名并非一成不变，入山者会根据自己的认知来重新命名。贾鉝记中言："三十里至万笏山，初名石垒，以众峰排矗立，有万笏之象，余因以名之""石垒顶遗风挺秀拔萃于群峰之中，因名独秀""至下坂寺，山有二石如人，余改名二仙山"。汪皋鹤记中，对贾鉝所名之地，"五里至小石垒，旧名万笏山""至大石垒顶，一峰独立岩表，旧名独秀峰""此处北依二仙山，南面侧立冲天峰"。殆及赵嘉肇时，"早行至石垒，一名土垒，所云万笏山也"。这些地名的存续是不断反复的。

随着时代的流转，在贾鉝看来合情理的万笏山、独秀峰、二仙山三处新命名地名，至汪皋鹤时被废弃，如石垒依然被称为石垒，万笏山只是过去曾经有过的一个名称，独秀峰也成为过去；有被继承的，如二仙山。赵嘉肇的游记中，这三处地名都成为过去。可见即便在山间，地名的存续也是有着很强的地域色彩的，地名能否被接受，在于此处有无命名的必要，如独秀峰，很雅致的山名，但它对于入山者而言，这座山峰对他们的行程没有影响，可以没有名称。同时，命名者与入山主要群体认知水平的差异亦是一个决定因素。如万笏山，这是一个带有浓厚官员认知色彩的名称，而它未被广泛认可、不被接受是因为此中寓意普通百姓不能体会。山间地名命名是以民众的需要为基准的，也以他们的理解能力为限，朴素易记是太白山中地名命名的基本原则，而地名的变迁仍以民众的接受能力为准。

（二）太白山庙宇景观

庙宇作为信仰的外延，这种物质在地方民众的认知中，是神明的在场，"夫太白庙为一方重镇，远近诸邑遇旱往祷，祷即雨，岁以不灾。盖大有福庇于此方"①。民众对太白庙的认知是对山神感情的延续或转移，故而对庙宇分布及其特征的剖析，是对信仰进一步的感知。

太白山庙宇景观最早见于北魏时，"（太白）山下有太白祠，民所祀也。"②此后，"太白山湫神庙，在县东南四十里太白山上。……知府李昭遘重修。……明正统四年重建。本朝康熙四十六年，知府朱琦礼代天泽物匰，以志神庥"③。太白山上庙宇应该由来已久，但因记载的缺乏，我们不能详知其沿革。

清初，贾铉提及的山中的庙宇景观，"近视则殿宇皆板屋，高不过寻丈，或三或五不相联络，而神像皆铁铸者，高不过三尺。……殿瓦或用铁制，度古朴阴森，鹤立迥异。常观道士一二人，亦有深山麋鹿之意，非红尘之客也"④。殿宇的数量及其位置等要素没有具体描述，使

---

① 宣统《郿县志》卷三《太白山灵感录》，清宣统二年（1910 年）铅印本。

② （北魏）郦道元著，陈桥驿校证：《水经注校证》，北京：中华书局，2007 年，440 页。

③ 雍正《陕西通志》卷二十八《祠祀一》，清雍正十三年（1735 年）刻本。

④ 太白县地方志编纂委员会编：《太白县志》，西安：三秦出版社，1995 年，第 581 页。

我们无法窥知当时太白山庙宇景观详状。从作者对道路状况及路途中所见景物的描述，此时至太白山者人很少，建庙的铸像更少。途中的其他人为痕迹也罕见。

清代中期，太白山神被列入陕西祀典，官方和民间的求雨活动都有所增加，至太白山取湫者增多，对太白山上的庙宇景观有了更多的记载。这一时期山中庙宇建筑增多，是太白山神信仰区信仰景观分布较为密集的区域之一。乾隆年间，汪皋鹤上山经行路线共有庙宇14座，分布并不均匀。以汪皋鹤行纪记载为例，山间庙宇的大致距离是：

> 山口太白庙—（20里）小郭集庙—（24里）接官亭神庙—（13里）新开山庙—（10里）金锁关太白药王庙—（5里）小石垒顶社神庙—（7里）大石垒顶破庙—（12里）土地岭石洞安太白山像—（10里）松花坪庙—（20里）下坂寺—（84里）大太白池庙—（15里）二太白池庙—（13里）三太白池庙—（7里）玉皇池庙。①

太白山间的庙宇建筑随山坡高度增加而有所变化。庙宇之间的距离差别较大，且规模形制不尽相同，以下分段论之。

从山口至新开山，是为第一段，约五十里，为低海拔区域。到达这一区域的民众相对较多，此段共有三座庙宇，即小郭集、接官亭和新开山，约二十里左右有一座庙宇。从山口至接官亭或者新开山，为一日左右的行程。接官亭的命名，是官方祭祀太白山神的经常化或规范化的一种体现，未见于贾鉝序言中，应出现于康熙之后，与新开山出现大致相同。在地理位置上，它是新开山与太白山的一个分叉点。此处建有汤房数间，是各地祭拜者拜神和休息的场所。新开山所建庙宇的象征意义非常明显，民众在山间开阔地带建庙，庙前甃成三池，命名为太白、三清、玉皇三池，与太白山山巅三池名称相同，绝非偶合，是民众有意为之。太白山登山路程长达二百多里，体力良好者方可攀登，且往返需六日。山间夏日气候多变，入山者遇上暴雨天气极易生病，因而民众虽一心向神，但并非所有信徒都能顺利到达山巅。能让信徒入山经受入山之

---

① 宣统《郿县志》卷三《太白山灵感录》，清宣统二年（1910年）铅印本。

苦同时又能少耗费体力的方式，就是在半山腰建一座"替代品"，新开山太白庙应当是在这样的背景下修建的。庙宇修建以后，得到地方官府的认可，"有前令张素祷雨灵应碑记"。在汪皋鹤扩建太白山神庙计划中，新开山太白庙也在修复行列。此段三座庙宇建造情况为：小郭集，"旁有太白庙三椽"；接官亭，"亦止神庙三椽，汤房数室"；新开山，"中有土坪三，建立神庙，面甃太白三清玉皇三池，有前令张素祷雨灵应碑记"。其建筑形制与山下庙宇接近，为三椽庙，椽庙应为土木建筑，且在条件允许的情况下建造湫池；充分利用了与山口距离较近，物资运送相对容易的条件，庙宇建筑相对美观，是太白山中山神庙的经典模式。庙宇规模较大，选址也应在宽阔地带，有湫泉更为理想。

从接官亭至下坂寺，是为第二段，约六十四里，共有庙六座，铁神像一处。此段庙宇较多，但规模有所变化。金锁关，"路旁峰石剗削有高至数仞者，下有版屋曰万善宫，亦居民供奉太白药王之所"；小石垒，"涉垒顶壁立，上筑有土庙一区，中有画像，红袍乌帽，本山社神也"；大石垒，"一峰独立，峰顶上平旷，约半亩许，有破庙可休息"；土地岭，"傍山，北向凿石成洞，安太白像三"；松花坪，"上有庙宇已哆谢殆尽，诸像皆兀坐乱草中"；下坂寺，"系凿石为室，大止及寻，供奉太白神铁像，洞口汤房二间，以铁为瓦，环以桢干"。纵观这一段，没有规模较大的庙宇，甚至没有一所太白山上较为典型的板屋铁瓦的建筑。版屋、土庙、破庙和石洞是这一段庙宇建筑的主要特征，太白药王庙和社神庙均为土庙，没有神位。两处安放太白神像的均为依山而凿的石洞，并不是严格意义的庙宇。神明也有变化，出现了太白药王和社神，建筑是依据地形而建。这里建庙更多的是随意为之，山巅、石下均可安置神像，为神像遮风避雨已经困难，致使松花坪神像兀坐草地上。至此者稀少是庙宇破败的重要原因。在第二日行程中，民众已很难将山下物品背上山，故神庙有之，但萧条景象凸显。庙宇选址多为费力较少之地，如土庙多建于山顶平坦处，而太白山神像的安置点，多依山凿洞，既不需供应材料又能久远的使用，与这一地段的山峰多为石质、交通不便等特征相对应。

从下坂寺至大太白池，为第三段，约为八十里，没有庙宇建筑。仅有两处神像，一为寒风关，"有铁神像，上有呼风唤雨铁额"。二为雷神峡，"西面有铁像"。寒风关，"有风极寒"，应为风口地带。雷神峡，"峡东西两峭壁俱高万仞，嘘吸风雷，恒聚于此"。这两处地势均极为险要，是人们心目中风、雷产生之地，而风雷与雨不可分割，故而在此放置神像。神像均为铁制，耐风雨，在不能建庙之处安置铁神像是合理之举。由此直至大太白池，此段道路险要，至者稀少，再无人为建筑的痕迹。

第四阶段，即山巅湫池庙宇群，此段约有四十里，共有庙宇四处。太白山山巅高山湖泊较多，有三太白池，玉皇池、三清池、佛池、杨泗将军池。由名称可知，太白山山巅的湫池名称其实就是一个地域社会信仰的缩写，有道教的玉皇、三清，有佛教的佛池，有关中地区的太白山神信仰，亦有陕南汉、丹流域的杨泗将军信仰。山巅共有庙宇四处，即大太白池，"庙西向，共□六间，铁瓦板墙，亦甚剥损"；二太白池，"庙北向，颓塌更甚"；三太白池，"庙在池左"；玉皇池，"庙在池右南向，殿厢稍有巢宇，凡采药者每投宿于此"。太白山山巅是太白山神信仰的圣地，是神明所在，是求雨习俗中灵湫所在地，对太白山神信仰者而言意义非同一般。然而，与此重大意义相对的是山的高度，由山脚至此至少需三日行程，山的雄险名闻关中，徒手攀登尚显艰辛，负重前行更非易事。建筑材料的缺乏，使得本该规模宏大的庙宇显得有些寥落甚至破败。唯有大太白池庙和玉皇池庙规模较大，但亦显颓败。这是由其地位和用途决定的。这一段的庙宇均位于湫池边缘，是源于山巅较为平坦，没有可供依赖的山坡或岩石，面水正是中国传统建筑的理想方位。

太白山上的庙宇景观，从地点选择、建筑材料到形制规模表现出明显的层级性特点。低山地段多选择地势开阔、背山临水之地，材质多为土木建筑，规模宏大，形制为三间结构。半山腰地段多依山而建，或山顶平地或依山凿洞，有土庙、石洞，土庙为单间小庙，庙内神像形制不一，社神庙内为画像。高山地段有两处铁神像，寒风关和雷神峡均为地势险要的风口地带，与降雨有关，故而安置神像，但因地势和路途原因，此处没有庙宇景观。山巅湫池区的庙宇均临水而建，大太白池为神龙潜伏之地，庙宇建筑较为壮观；玉皇池为山巅的最终点，周围盛产草药，采药人多宿是庙，故而庙宇规模较大。

太白山的庙宇分布，让我们意识到，人决定了景观的所有细节。从上述山上庙宇建造布局看，选择何处建庙、建何种规模的庙是根据民众的到达频率和运输能力决定的。在需要休息之地，都会有较大的庙宇和汤房出现，建造材料多因地制宜，用最简单的方式建造最耐久的庙宇是其宗旨。人们建造庙宇看似为神，实则为人。太白山庙宇景观还有一点值得注意的是，它少有碑刻资料，仅新开山有郿县县令张素的祷雨碑记，可见及至太白山神信仰盛时，精英阶层亲至太白山者仍然较少，太白山神并未真正成为一种全区域各阶层均参与的一种信仰。我们见到人为建筑约 20 处，其中庙宇有 11 处，神像 5 处，有大石书"隔断红尘"一处，有汤房 2 处。庙宇多为祭祀山神而建，中有它庙两座，一为金锁关的万善宫，为太白药王庙；另一个是小石垒山顶本山社神庙。此时太白山人造景观以庙宇为主，以太白山神庙为主，亦有只有神像而不建庙宇，存其他庙宇如药王庙、社神庙等。在庙宇之外，还有一些碑刻景观，如新开山太白庙前，有前县令张素的求雨碑；再如仙人桥附近大石上书写的"隔断红尘"四个大字等。这些外在的建筑景观是在人们来往于山中时因需求而建，那种因所见景致和所承受体力磨炼的人，能够理解这些建筑出现的缘由以及选择建造位置的依据，我们若能从他们的所处情景出发，或许可以推测这些景观的来由。

至此，清代中期太白山上的信仰景观层列清晰地展现出来，它们随海拔高度不同，在景观选址、类型、形制等方面不断发生变化。景观层级性的差异是由景观距山口的距离和景观所在位置的地形特点决定的，景观所在位置是由入山者的需要来确定的。清代入山者主要有两种：一为拜神者，一为采药者。他们入山的目的是要到达山巅的三太白池地区。对求神者而言，大太白池是求雨最重要的环节——取湫最佳目的地，最虔诚的求雨方式包含着至山巅取湫。同时山巅因其特殊的气候，有许多珍贵的药材，是采药者的必去之地。他们根据入山的行程需要，在距离合适的地方建庙以供夜间休息和进食之用，同时也会适当地在险要之地建庙或竖立神像以护佑他们的安全。基于此，我们能够清晰地看到在整个行程中，景观布局疏密有致，庙宇和神像是为神灵而建，庙宇和汤房之类建筑分布在路旁且可供入山者休憩之用。在太白山，这些建筑是以民众的需求而存在，而且不断地被修葺。景观的存在是以人的认知水平而不断改进的，如新开山修建的太白庙，其前修建的太白、三清、玉皇三池是模仿太白山山顶的湫池结构，将观念中的景观移至山下，其根本缘由在于至山巅取湫太过艰辛，这种景观的复制是民众认知改进的表现。

在百年之后赵嘉肇的游记中，共有庙宇15处，规模较此前宏伟，建筑选址与此前稍有不同。山中庙宇景观的改变有以下几点变化：首先，庙宇增加。龙盘山，"有神庙汤房"；少白山，"有老民设汤房于山下"；大西岔，"庙三椽，汤房一间"；上坂寺，"庙共板屋六椽，倚崖东向"；神洼，"有石洞板屋"；孤魂洼，"有大板殿，北向孤立。以乱石堆围之"；八仙台，"涂道人建庙于上"。新增庙宇分布地段不一，但主要是在太白山的中段。清代中期，山上庙宇主要分布在山腰和山顶，下坂寺至大太白池是庙宇稀疏地段，而新增庙宇恰好弥补了这一点，使得山间庙宇分布基本均衡，入山者休息地不再受限。这些庙宇的选址摆脱了清代中期以入山者行程来确定庙址的方式，意味着入山者数量的增加。其次，原有庙宇规模的扩大。接官亭，乾隆年间"亦止神庙三椽，汤房数室以供憩足之所"，至光绪年间，"南北神庙各三椽，东一带草棚，西为守亭者王姓居宅"；独秀峰，乾隆年间，"独秀峰顶上平旷，有破庙可休息"，至光绪时，"有纪道人修板庙三椽，草殿六间，又依崖作室，半楼半洞，洒扫净洁，于此早餐"；三太白池，乾隆年间，"庙在池右，南向殿厢，稍有巢宇"，而光绪时，"庙北向，临水次，木工甲他所"；光绪年间山上庙宇规模与百年前有较大改变，由小庙或因地制宜凿石为洞安置神像，改为三椽或六椽建筑，并附带守庙者的居所。这些庙宇的新建或扩建，必然是以入山者的付出为基础的，入山人群的增加，在一定程度上是信仰兴盛的表现。

光绪年间的太白山人文景观以庙宇建筑为主，同时还有其他景观存在。首先，山上出现常住人群，他们多建有居所。山中大多数庙宇有道士看护，如少白山，"有老民设汤房于山下，闻余至，煮粳米献"；接官亭，"西为守亭者王姓居宅"；石垒顶即独秀峰，"有纪道人修板庙三椽……依崖作室半楼半洞洒扫净洁于此早餐"；大太白池，"齐道士闻余至山，来此拱候使导"；二太白池，"杨道士以营员弃官隐此"；玉皇池，"道人李姓，款客必恭"；八仙台，"余道人建庙于上，奉诵黄经"。这一时期的太白山，庙宇遍布，建筑状况较好，大多是由道士维护，他们的花费是入山者所奉的香火钱。这些道士的定居，使得太白山庙宇建筑的维修更为及时。其次，山中的道路状况亦在改进，"至黑风门，即神会天，蜀中善民李腾庆寓此修路，冬则修山之阳，夏则修山之阴，无间寒暑，已十二年"。这种长期修路者的存在，使太白山交通状况得到改善。再次，入山人群的增加。在前两者的行程中，很少见到其他人的行踪。此时，"少白山，七月朔，香火甚盛，男女奔走偕来，有老民设汤房于山下"；下坂寺，"是日避雨者麇集，二十余人同宿庙中"；下山时，"过雷神峡，遇山下民会赛神者，执旗鸣钲，咸于道旁作礼"。光绪时期山中定居者和入山者都有所增加，这得益于山中条件的改善，如庙宇和汤房的增加，为入山者提供了休憩之所；道路状况的改善使得入山已不再非常艰辛。这为太白山人文景观的改善提供了条件，使景观增加或改进成为可能。

二、太白山周围的庙宇景观

太白山庙宇景观有明显的时代性，它从下至上的建筑群主要存在于清代中期信仰盛期。在此前的大部分时间里，太白山神信仰景观是分布在太白山周围。郿县是太白山神信仰的发源地，境内庙宇众多，规模因其所在具体位置不同而有差异。

郿县县城是太白山神信仰源区的又一庙宇群。郿县县城距太白山约四十里，"太白山湫神庙，其一庙旧在县治西十步。元至正二十三年修，明洪武十二年有祈雨灵应碑，嘉靖十年移建城南百步"①。"太白

---

① 雍正《陕西通志》卷二十八《祠祀一》，清雍正十三年（1735 年）刻本。

庙,一在县南百余步,一在县东关外"①。雍正年间郿县县城有一座太白庙,至乾隆年间增加为两座,庙前有碑刻,记载庙宇的变迁历程。

远门是进入太白山的必经之路,建有庙宇。明代康吕赐《远门太白庙记》云:"六月四方会朝者大集,人各为社,络绎奉香火,终月乃已。而吾武功,距山百里,邑人结社颇多,因会众建庙山麓,先期诣庙祭告,然后登山,庙成将立碑为表,来请记。"②远门太白庙建于山麓,是民众上山之前祭告之所,这是远门太白庙建筑群发展的早期阶段,它由各县人自建,是各县在太白山下的据点。至清代太白山神信仰盛时,远门出现为数众多的宫殿:"太白山神祠,在远门者,有三清宫、紫阳宫、清阳宫、通天宫、秦晋宫、福应宫、新盛宫、北圣宫、万寿宫,俱各县人建。"③赵嘉肇在《太白纪游略》中曰:"于六月二十六日由槐芽镇至远门口,宿保安宫。远门旧有十三宫,今圮其三。保安由官建,余皆民商私祠也。"④赵嘉肇此时为郿县知县,他所宿的保安宫为官建庙宇。十三宫是远门太白庙的总称,当是前文提到太白山神祠的合体,这一建筑群当蔚为壮观。

清湫镇位于郿县南部,是太白山水流经过的一个聚落,水在此处汇聚成数潭,且交通便利,位于交通线上。清湫镇早在元代已建庙,"县南二十五里曰清湫镇,湫受太白池之支流,以清浏故名,有山神祠"⑤。清湫镇之得名与湫有关,此水因其来源于太白山而成为山神的附属。此处地势平坦,交通相对便利,又有灵湫,故而成为早期继山上太白庙之外的又一个建庙处所。元大德年间,县尉陈仲宜重修清湫镇庙宇。

> 皇庆癸丑之十月最材木之数,数以千计,瓦甓之数以十余万计,金谷之数以三万缗计新峇缎镘搏埴之功,皆极一时之选,仍命侍祠者张秀以董之,去旧基可廿余武为正殿一,凡四楹,其广八寻,其高如

① 乾隆《凤翔府志》卷三《祠祀》,清乾隆三十一年(1766年)刻本。
② 宣统《郿县志》卷三《太白山灵感录》,清宣统二年(1910年)铅印本。
③ 宣统《郿县志》卷四《政录·坛庙》,清宣统二年(1910年)铅印本。
④ (清)赵嘉肇:《关中丛书》第四集《太白纪游略》,西安:陕西通志馆,1934年。
⑤ 宣统《郿县志》卷三《太白山灵感录》,清宣统二年(1910年)铅印本。

之制度，淑诡百堵，外施三阁，□列湫，各构堂于其上。或烟霏四开，山峰倒射，池影涵碧，草木环荫，龟游鱼跃，光景炳燿，河水东西奔流于渭，凉气袭人，衣被余润，南俯通逵，田夫行旅驾肩结轸，稻胜麦垄棋布森列，徒倚周览，一目千里，真天下之绝观也。①

清湫镇太白庙的选择是基于其有从太白山上湫水在此汇聚成潭，且交通便利。此处庙宇的形制较为明确，有正殿，有三阁，湫潭之上建有庙堂。及至清代，庙宇犹存。今天的太白山国家森林公园入口清湫镇仍有太白庙遗存。

在太白山周围，庙宇远远多于文献所载。众多村落自建太白庙，"太白庙，一在县西南十五里第五村，康熙十三年重修，处士李柏有记。一在县东二十五里，明成化年修，亦有三湫池，久涸。本朝顺治十三年复涌出"②。这些庙宇成为村落的公共祭祀场所，有可能成为乡村社庙的替代。从目前文物保存状况来看，有更多的庙宇是未被记载的，例如，"太白庙，（齐镇斜峪关村内·清代）始建年及沿革不详。占地面积 74 平方米，坐北朝南，砖木结构"③。"明太白山祠碑，在马召东门外，弘治戊午镌。碑砌庙壁""太白庙碑，位于太白山东的双庙子乡黄草坡，清嘉庆二十二年立""太白诸神庙碑：碑卧太白山南侧秦岭梁顶，古傥骆道西侧的太白庙旁。道光三十年夏立"。这些文物遗存使我们得以在地方志之外看到太白庙的踪迹，可知我们所描述的太白庙只是当时庙宇景观的一部分，我们远不能见证其原状。

太白山周围的庙宇景观差异性明显。郿县县城太白庙是太白山神得到认可后才开始修建庙宇的。太白山神得到官方认可是在唐朝，但最早庙宇是由鳌屋县令裴均所建，庙宇应在太白山附近。至宋代，凤翔府长官多次参与至太白庙的求雨活动，并在府城建庙。郿县县城的太白庙建于元至正二十三年（1363 年），此后不断得到修复和移建。远门太白庙

① 宣统《郿县志》卷九《金石遗文录五下》，清宣统二年（1910 年）铅印本。
② 雍正《陕西通志》卷二十八《祠祀一》，清雍正十三年（1735 年）刻本。
③ 国家文物局主编：《中国文物地图册·陕西分册》下册，西安：西安地图出版社，1998年，第 330 页。

群的建造是缘于此处是进山的必经之路。各县人在山下都需有祭拜之所，需要有自己的太白山神；入山者在进山之前都需要在山下做休整，办置祭品，补充食物，故而各县人均于此建庙。这两处的庙宇群体是出于传播的需要，庙宇的选址是以政治需要为准。郿县清湫镇、第五村及县东二十五里的太白庙，选址则明显体现了太白山神司雨的主旨，以水为其选址主要标准，这些庙宇均临水而建。清湫镇庙宇修建于元代，其前有发源于太白山的河水流过并汇聚成潭，倡修者为县尉陈仲宜。因他的倡导，地方官员和乡村精英慷慨解囊，参与者多达六百人，有充足的经费来源，故而该庙建造规模宏大。

信仰源区的自然景观是太白山神信仰产生的渊源，而众多的人文景观则是人们对自然景观认知之后所做的改造，这些人文景观更多的表达了民众的认知过程和心理诉求。

第三节　信仰核心区的太白庙景观

本节所论及的信仰核心区是指关中地区，"关中地区是指雍正十三年（1735 年）政区析置后的西安府、凤翔府、同州府、乾州直隶州和邠州直隶州，其中不包括乾隆四十七年（1782 年）和乾隆四十八年（1783年）设置的隶属于西安府的孝义厅和宁陕厅，以及道光四年（1824 年）设置隶属于西安府的佛坪厅。此区域大致相当于今西安市、铜川市（不含宜君县）、宝鸡市（不包括凤县和太白县）、渭南市和咸阳市的辖区范围[1]"。

信仰源区之外，太白山神信仰景观类型单一，本节所论主要是指太白庙。

---

① 何凡能，田砚宇，葛全胜：《清代关中地区土地垦殖时空特征分析》，《地理研究》2003 年第 6 期。

一、景观的时空分布

（一）清代以前太白山神信仰景观的分布

除郿县之外，最先接受太白山神信仰的是凤翔府。明代以前，太白庙的建造范围基本没有越出凤翔府。如凤翔府城，"太白山神祠，在府东门外太白巷，宋建元重修。明崇祯间郡城秋旱，抚军汪乔年为文，遣耆老登山取圣水，甘霖立沛"。扶风县，"太白庙，一在县南虎王村，（元至正二十七年里民元俊修）"①。扶风虎王村太白庙有建庙碑，我们得以窥知元代太白庙的大致建置状况。"一日，俊游是者，见有二池，可为神湫，乃发心化乡民施其地作祠址。"选址依据是庙宇要建在有湫池之地，借以水生水之意。"先立通明殿，以奉玉皇。左右位崇四圣。盖知夫神之能兴云致雨，息涝弥灾，莫不禀奉帝敕，辅之贞圣，乃获灵感也。次列神祠，监坛为配。不数载，气象峥嵘，塑绘严整，信可为一郡祈福之所，起士民诚敬之心者也"。该庙虽建在乡村，但气势恢宏，庙内神像端庄，塑绘气派，是早期庙宇的写照。

至明代，随着太白山神信仰的发展，关中地区的太白庙显著增加。至明末，陕西境内太白庙多达几十处。其中，明代关中地区共有太白庙 12 座，分布在除邠州之外的整个关中地区。东至大荔、朝邑，二县均位于黄河岸边，是关中平原的东界。西至凤翔府城。庙宇所在位置除西安府、三原、鳌屋、乾州、武功位于县城及其附近之外，余者皆位于乡村。

明代在庙宇基址的选择上，湫泉之地为上选，却并非必备条件。麟游，"紫荆山，有太白神祠，明洪武间建，下有灵湫。九曲山，有太白庙，明万历间。狼嘴山，有太白庙，明嘉靖间建。此外湫池三"②。富平，"太白庙，在金瓮山巅，林木特茂，亦祀不当其山。明万历间流曲人祷雨于山而应，又于镇建庙"；麟游太白庙均建于山间，均选在湫池

① 嘉庆《扶风县志》卷六《祠祀》，清嘉庆二十四年（1819 年）刻本。
② 光绪《麟游县新志草》卷一《舆地志》，清光绪九年（1883 年）刻本。

附近建庙，山间庙宇规模应当较小，它的信众数量是有限的。扶风的庙宇建在乡村，交通相对便利，信众数量较多。这些庙宇修建选址均与当地地形有关，是民众对自己所处环境认知的体现。这种庙宇的选址是地域社会群体组织进行的，庙宇选址和规模大小可能由当地家族或乡绅的力量大小决定，资料所限，不能详知。

这一时期庙宇内部布局，以明洪武年间抚军耿忠在武功凤岗山巅所建太白庙为例，"先是凤岗上旧有神之行祠，岁代绵远，庙貌倾损，门庑废阙，乃命工匠士卒补完而增修之，图绘两壁，粧塑神像，焕然一新。又令人于武功故城得神之碑志于遗庙之侧，具载太白古今显灵之迹并历代加封徽号。今以神前后灵感显应之迹……直书刻石置于庙壁，庶使后之观者亦知所崇敬云"[①]。庙宇内部布局规整，墙壁绘有图画，神像应为泥胎像。庙侧竖石碑，详述神之前代封号及灵异事迹，庙壁亦刻碑文。

（二）清代关中地区太白庙分布

殆及清代，庙宇数量开始增加。新增庙宇在选址上较以前有所变化。清代以降，关中地区太白庙增加可分为两类，一类是在政治中心即府、州、县治所建庙；另一类是在乡村建庙。

清代关中地区在行政治所建庙活动，较前代显著增加，主要有：潼关，"太白庙，在北街"；韩城，"太白庙，在东郭门外"；临潼，"太白庙，在西关"；咸阳，"太白庙，在县西街内有园亭，制极工巧，绿覆，有清泉，甃成圆形，阔丈余，深入之"；兴平，"太白庙，在县西门外，乾隆四十二年知县顾声雷重修，有祈雨感应碑"；宝鸡，"太白庙，三，一在县城外西北隅"；岐山，"太白庙，一在县北街，清朝道光八年知县徐通久创修"；扶风，"太白庙（旧志在南村三里），在县东街北（旧凤泉驿），乾隆三十五年知县邱佐建"；泾阳，"太白庙，在西关南角门外"；三原，"太白庙，一在南关，国朝顺治庚寅重修"；长武，"太白庙，在南关"。这一时期关中地区共在县城建庙 12 座，西起宝鸡，东至潼关，均位于渭河北岸。

---

① 正德《武功县志》卷一《祠祀志》，明正德十四年（1519 年）刻本。

各县在州县城建太白庙，对基址的选定似无标准。从表象上看，城市的各个方向都有，城内城外均可。在条件许可的情况下，建庙者仍会考虑太白庙的特定属性，它是为求雨而建，与水相关当然是最理想的，如咸阳西街太白庙即如此，其下有泉，并且将其甃成圆形。庙宇形制也唯有咸阳为例，其外有亭，形制精巧。长安西关的太白庙，位于安定门外，规模较大，"乾隆四十二年巡抚毕沅重修，敕加昭灵普润四字，御书"金精灵泽"额，又有太白崇祠垂显佑西安，阖省被仁恩楹联"，其形制无法详知，但应为多重建筑，"毕公祠，在西关太白庙内，祀巡抚毕公沅。乾隆中陕大旱，公虔祷太白甘澍立霈，故祀公太白庙侧"[1]。由此可知，省城西安的太白庙规制应当较高。

城镇太白庙修建者多未在史料中显示，有记载的包括：兴平，"太白庙，县西门外，乾隆四十二年知县顾声雷重修"；岐山，"太白庙，一在北街，清朝道光八年知县徐通久创修"；扶风，"太白庙，在县东街北，乾隆三十五年知县邱佐建"；位于行政治所的庙宇多由地方官员承建或重修，他们多发生在清代中期以后，是在太白山神成为陕西祀典神之后，地方官员开始有意识地在没有庙宇的县治建庙，或将已有庙宇重修或扩建。

在关中地区，第二类太白庙建在乡村一带，这类庙宇数量较多，涉及范围较广。这从表2-1清代关中地区太白庙分布表可知，清代关中地区乡间共有太白庙68座。在这些庙宇中，能够体现出庙宇选址理念的庙宇有：临潼，"太白庙，一在新开山，庙后有泉。新开山，骊山西南十五里，上有灵泉，祷雨辄应，岁旱邻邑民多来取水以祷者，因置太白庙于其上"；鄠县，"梳头泉，在炼丹泉，西北流，迳占官营之太白庙，又北迳……""太白石，在县北三过村，村东有石突出地面约五尺许。相传掘之不能得，祷雨辄应。石前有太白庙"；蓝田，"阿福原，在县北四十里。世传太白之祖居也，今有太白庙及泉，士人每岁致赛祷焉"。

关中地区清代所建的位于乡村的太白庙，在选址上，村落山间看似较为随意，但与建造者有颇多关系。人们尽量选择有湫泉之地，这是与

---

① 民国《续修陕西通志稿》卷一百二十四《祠祀一》，民国二十三年（1934 年）铅印本。

中国传统的风水观念相接近的。建造者大多不明，仅有几例，如宝鸡，"太白庙，治东二十五里，祷雨有应，邑人刘俊创修"；岐山，"太白庙，一在北太白山，光绪六年知县胡昇猷重修"；咸宁，"八仙庵在长乐坊，嘉庆十二年道士刘合仑复加修茸，增建吕祖、太白诸殿"；永寿，"真如院，在县南三十里甘井村，佛殿……，惟太白殿道光十年北社创修焉"。由上述引文可知，乡村太白庙建造者身份不一，有地方官员，有民众个体，当为有一定经济实力的乡村士绅，也有道士等宗教人士，还有村落全体，参与范围广泛。

清代关中地区是太白庙景观的主要分布区域，这一区域太白庙的分布特征是：有两个明显的中心区，即凤翔府和西安府，在此基础上，太白庙沿渭河从西向东由密向疏逐渐过渡，即由西府的每县三五座至东府每县一两座分布格局。而偏北的耀州，邠州的三水、淳化则没有太白庙。这种分布的差异与信仰发展相关，同时也与区域社会地理基础有着密切的关联。

二、信仰度影响下的景观分布差异

关中地区作为太白山神信仰的核心区，信仰景观的数量远远大于信仰边缘区。关中地区作为地理基础相近的同一自然区，在信仰景观的分布上，也存在着明显的差异，这与信仰程度有着明显的关系。郿县作为太白山神信仰发源地，无论是自然景观还是人文景观，都有其特殊性，是核心区的任何一地都不可比的。除郿县之外，渭河两岸的广大地区，在信仰圈意义上，同属于核心区，既便如此，关中地区的太白庙数量和分布也有着较大差异。

在时间上，关中西部凤翔府一带，是庙宇出现最早的区域，这得益于地缘关系。凤翔府作为郿县的上级行政区，凤翔府官员最早参与太白山求雨活动，在凤翔府建庙是合乎情理的。扶风在元代出现太白庙，麟游则在明初始建太白庙，是郿县和凤翔之外建庙最早的县份。与凤翔府相同的是，地缘关系也是扶风、麟游出现太白庙的重要原因，二者位于渭河北岸，与太白山隔河相望。另外，太白山的地形雨对扶风有一定的影响，这也是民众选择的理由之一。西边的岐山、宝鸡县，虽同位于渭河北岸，但这些州县已经远离太白山腹地，且由太白山产生的地形雨与西部县份关系较小。在山神进入祀典之后，这些区域才相继出现太白庙，这是对祀典的执行。在太白山神信仰充分发展之后，这些区域的太白庙数量增加。宝鸡以西的汧阳、陇州两地，太白山神没能介入两地。两地与太白山相距较远，有自己的山神，如汧阳，"山神庙，有五处，在城后山岭，邑人云，神既灵应，每年春祈，择宽阔地带起盖席棚，迎神作会，合县轮流。轮会之处稼穑丰收，人安物阜"①。陇州的吴山，是五镇之一，建庙甚早，在小区域内也有影响，"西镇吴山庙，在州南七十里吴岳山下。正统中，因旧重修。唐李晟镇凤翔，陇右、泾原时旱，祷雨应。有侍御史内供奉于公异记。庙前有御香亭。汧阳县，吴岳庙，在县东三里"②。这些历史悠久的山神，在小区域内与太白山神信仰相抗衡，民众在本地没有出现与太白山神相关的灵异事迹时，选择就近祭拜域内山神是符合多数民间信仰选择神明的基本原则的。

凤翔府紧邻的乾州，明初出现求雨活动，并因灵应而重修境内太白庙，这是太白山神景观跨越府界的第一例。至明代中期，关中中东部地区的众多县份，如咸阳、乾州、三原、长安、渭南、富平、大荔等县，都出现太白庙。陕西因下垫面因素及天气系统移行路径的原因，年平均降水量地域分布上北少南多和东少西多③。基于此，关中东部地区的旱灾在一定程度上比关中西部地区严重。对于太白山所在地区因地形而多雨的现象，当时人是无法认知的，在他们看来，太白山神是这一地区产生信仰的缘由。在他们通过各种途径接触到太白山神之后，在当地建庙也就成为必然。

清代，关中地区太白庙分布差异更加显著。关中作为信仰核心区，太白庙数量出现从西向东逐渐减少的趋势。如前述，凤翔府除汧阳、陇州外，每县有庙宇四至六座不等，郿县和扶风更是多达几十所。乾州和

---

① 道光《重修汧阳县志》卷三《各庙》，清道光二十一年（1841年）刻本。

② （明）赵廷瑞修，（明）马理、吕柟纂，董健桥校注：《陕西通志》，西安：三秦出版社，2006年，第623页。

③ 聂树人编著：《陕西自然地理》，西安：陕西人民出版社，1981年，第113页。

西安府，每县有庙宇二到三座不等，长安、咸宁两县多达十几座。东部同州府多数县份有一座庙宇，个别县份无。太白庙分布的这种空间差异，原因是多方面的。首先，这与各地距信仰源区的距离相关。太白山是地形雨较为丰富的地区，太白山所在地的年降水量约900毫米，渭河南岸年降水量约700毫米，渭河北岸的大部分地区年降水量约600毫米。这种降水条件决定了距太白山越远，地形雨影响越小，降水量越低。在表象上，太白山对区域社会的影响力就小。其次，太白山神作为一种自然神，信仰源地的辐射作用非常重要，远离信仰源区就意味着神的恩惠削弱。再次，从西向东，随着距离的增加，神明的灵异事迹越来越少，民众对神的感知逐渐减弱，神明对民众生活的影响也就减弱。

在信仰核心区，出现了两个信仰景观的中心区：一是太白山所在的郿县，二是西安府城所在的长安、咸宁两县。这两个中心区形成的时间不同，景观分布也不尽相同。郿县庙宇集中于太白山和远门，西安府则主要分布于乡村。两者虽同为太白庙密集区，但形成的原因有一定的差异。太白山和远门的庙宇，是各县信众所建，主要用于求雨祭拜和入山歇息之用。参与群体众多，使得庙宇密集。西安府所在二县庙宇大多位于乡村，这些乡村庙宇应为当地民众所建，民众的建庙热情来自于地方官员的倡导。乾嘉时期，省级官员多次参与太白山求雨，并屡次偶合，并大规模修建府城和太白山庙宇。对于近郊的民众，这些求雨和建庙活动对他们的影响是最为明显的，模仿官员行为是必然的。郿县作为太白山神的居所，民众的信仰是他们建庙的根源；长安、咸宁两地则与当地为高级政区所在地为陕西的文化中心有关，民间信仰相对发达，境内有数量庞大的各种寺庙宫观，建有数量相对较多的太白庙，是两县文化发展决定的。两者的差异，本质上是地域基础和文化发展之间的差异。

我们都已远离了信仰和景观所存的时代，想要清晰的理解景观分布的差异，是十分困难的。通过对当时社会情形的粗略分析，仅能得知可能的原因。

第四节　信仰边缘区景观的分布及与核心区的差异

太白山神信仰的边缘区主要是指陕北和陕南地区。同时，在陕西以外的区域，也有太白山神传入的现象，我们姑且将之列入信仰边缘区。陕北和陕南地区在一定程度也接受了太白山神信仰，其程度差异较大，太白庙景观已几无规律可循。按接受太白山神信仰的时间来看，陕北地区早于陕南地区。在清代出现太白山神信仰的高峰期之后，陕南地区的太白庙数量急剧增多，在一定程度超过陕北地区。这种变动，是太白山神信仰传播的一个特点，致使庙宇分布在时间上出现差异。

一、信仰边缘区景观的时空分布

（一）陕北地区太白庙景观

陕北地区的政区变动较小，清代主要是指榆林府、延安府和鄜州直隶州在内的黄土高原地区。陕北地区的气候主要是由长城沿线温带寒冷半干旱气候区和陕北高原暖温带冷温半干旱气候区组成。在水资源方面，长城外为贫水区，陕北高原为少水区，两者的水资源条件决定了陕北农业用水的缺乏。

榆林府是陕北最早至太白山求雨的地方。据碑刻资料记载，"太白山在武功县界，距榆林几二十驿，何以祠之？曰为祷雨也。祷雨者何？明万历初镇城旱甚，巡抚某闻太白山神甚灵，派人持锦伞银瓶以往，取水归遂成霖，始为之作庙"[①]。祠庙建立之后，至清代地址发生变动，"太白庙，在南城街，旧在南城外五里，同治谭吉璁碑记，乾隆三十八年移建今地"[②]。太白庙在榆林府一直存在，可见得到补葺是常有之

---

① 道光《榆林府志》卷四十四《艺文志》，清道光二十一年（1841年）刻本。
② 道光《榆林府志》卷八《建置志·祠祀》，清道光二十一年（1841年）刻本。

事。陕北人对太白山只有一种模糊的影响，如谭吉璁说："太白山见于李太白杜少陵之诗久矣，其神有三，皆有封号，或曰太白山神止一，其二即李杜者，是盖太白山得李杜而名益显，则山神与诗人并祠也，理或近之。……今祷雨之祠，既为恤民而作，予乐得而志之。……嗣今后以风雨其以时，大田其多乎稼，至于祠之始末，载于原碑甚详，于乐得而记之。"①

榆林府太白庙原来在城外山上，乾隆年间移建到城内，应当是受到乾隆初年将太白山神列入陕西祀典的影响。在移入城内之前，是由道士守庙，官府为其置田，是得到官府认可的。但我们还必须看到，太白庙在榆林府存在几百年，作为地方官的谭吉璁对于太白山神的具体情况并不了解，他不知太白山神有三是何故，认为李白诗中出现太白山，太白山神有一位为诗人李白，显然他并不知道太白庙所祀三神是与山上三湫相对应的。太白山神为祷雨之祠是很清楚的，这可能是庙前有原碑可以佐证。在太白山神穿越了上千里来到黄土高原地区时，它所附带的信息被保留无几。一是山神起源地沿袭魏晋时期的说法，即太白山在武功地界。从隋唐时期甚至更早开始，山已归属于郿县。至明清时期更是无此说法。二是山神为三的原因。谭吉璁作记是参阅原碑的，可知原碑作者亦不知为何山神为三，或许这一信息根本就没有被带入榆林。

历史记忆的形成是在不断被重复的过程中强化的，由谭吉璁之碑文，我们可知在太白山神被引入榆林府之时，榆林府即使在有人至太白山取水之后，太白山神并没有被无限放大，因为一次降雨并不能从根本上解决陕北地区的长久干旱问题。此外，至太白山取湫的经济耗费太高。从榆林至太白山，路途遥远，人力、物力均需一定的付出，故而虽心向往而力不从应是一种实况。记忆的形成或忘却都与参与者有关。榆林府人至太白山取水求雨可能仅有一次，这一次的偶合便使得太白山神在此扎根，陕北对雨水的依赖于此可见。同时，信仰又非盲目的，任何一种习俗都是相沿而成，榆林府对太白山神无法依赖是因为取水环节的限定，而庙宇的长期存在，当地人必然对其祭拜程序进行了修改，具体

---

① 道光《榆林府志》卷四十四《艺文志》，清道光二十一年（1841年）刻本。

情形无法得知，但它一定是以司雨之神的形象存在的。

在清涧，"太白行祠，在县二里半石基寺后。"①所谓行祠是针对主庙而言，清涧太白行祠出现于顺治时期的方志，当建于明末。对清涧而言，此时距它最近的太白庙为榆林府太白庙，而榆林太白庙是在人们亲至太白山祷雨并灵应之后始建庙宇，在距太白山山遥远的清涧人看来，将其作为主庙也未尝不可。亦有将鄜县太白庙作为主庙的可能，但相较而言，我认为清涧的太白行祠是针对榆林府的太白庙而言的，建立时间应在榆林府太白庙之后。

在陕北地区，鄜州府是太白庙最密集的地区。鄜州清初属延安府，雍正三年（1725年）升为直隶州，领洛川、中部、宜君三县。鄜州，"太白庙，在州南五里太白山上，明天启元年知州白铉建，兵燹后废。国朝康熙十八年知州宁可栋以祷雨灵应，捐金重建。乾隆初知州李如沅重修于山下。乾隆十三年知州五诚额等重修"②。洛川，"太白庙，在园子河，内有石井，其深莫测，及不溢池，旱不涸，潦不溢，县属及中部每旱时，于此取水，辄有甘霖立应。邑令刘毓秀额曰'泽衍敷坊'。又一所在旧治东关北门外。旧志云：明万历十七年马邑建"③。中部，"太白庙，在县北河寨湫。乾隆九年邑侯董可成、宜君知县刘士夫奉都宪建，九月九日致祭。太白庙，双柳树镇东街石门洞上，嘉庆五年合镇建。太白庙，兼盛村，乾隆四十二年杨世聪募化建，嘉庆七年重修"④。而在宜君县，"太白山，在县西北八十里砂掌沟山上，有太白庙，庙前有湫，在一小盆内，岁涝则湿，旱则反潮，祈祷取水于此，无不灵验"⑤。鄜州及其属县的太白庙出现时间较早，鄜州太白庙出现于天启年间，洛川太白庙出现于万历年间。庙宇早期的修建者多为地方官员，这与这一带的天气状况相关。至清代中期，修庙者身份由官员转向民众，修庙成为乡村社会的集体活动，如双柳镇即为合镇建庙，兼盛村则是杨世聪募

① 顺治《清涧县志》卷三《祠祀》，清顺治十八年（1661年）刻本。

② 道光《鄜州志》卷二《建置·祠庙》，清道光十三年（1833年）刻本。

③ 民国《洛川县志》卷二十《宗教祠祀志民间杂祀志》，民国三十三年（1944年）泰华印刷厂铅印本。

④ 嘉庆《续修中部县志》卷二《祀典志》，清嘉庆十二年（1807年）刻本。

⑤ 雍正《宜君县志·山川》，清雍正十年（1732年）刻本。

化而建，也必然是一种集体行为。这种转变是太白山神信仰流传的一种途径，是信仰普及的第二阶段。

鄜州太白山神信仰在明代晚期已传至此处，同时还有较强的存活力。鄜州太白庙在战乱中毁坏之后，又被知州重建。鄜州一带庙宇的选址是对太白庙信仰源区选址的延续，如鄜州太白庙选在山上，洛川太白庙在河边，宜君太白庙则靠山临水，对于与雨水连在一起的太白山神而言，其庙与水是密切相关的，能临水而建庙是最为理想的状态。

（二）陕南太白庙景观

众所周知，位于秦岭以南的汉江流域、丹江流域和南洛河流域是陕南地区的足水区。东南湿热气流进入陕西，陕南地区首当其冲，并被巴山、秦岭拦截，降水次数最多，遂成为陕西年平均降水量最大的区域，年均降水量在900毫米以上，是陕西最暖湿的部分。汉中盆地可出现轻度的春夏旱，安康盆地可出现伏旱，但从全区衡量，干旱的威胁轻微，应是陕西主要的雨涝区[①]。陕南地区的气候条件决定其受到干旱困扰的频率和程度均较小。这里水资源较为丰富，灌溉渠道密布，旱灾的频率远远小于水灾，出现旱灾的概率很小，但并不意味着不受旱灾的威胁。陕南地区的求雨之地甚多，多为山间湫泉之地，在早期记载中，陕南地区至太白山或太白庙求雨者甚少。

陕南地区太白庙最早出现于明代，在嘉靖《陕西通志》中，"镇安，太白庙，在县西七十里"。这是见诸文献的陕南地区最早的太白庙。乾隆年间，雒南出现太白庙，"太白庙，在陈家川"[②]。雒南位于陕西的东南部，太白庙的出现应当是在乾隆五年（1740年）太白山神被列入陕西祀典之后。

至嘉庆年间，陕南地区的太白庙数量明显增加，这意味着当地人对太白山神的接受。在此之前，陕南地区民众已经进入太白山山巅，"五里至杨泗将军池"就是见证，该池名出现于乾隆三十九年（1774年）汪

---

① 聂树人编著：《陕西自然地理》，西安：陕西人民出版社，1981年，第129页。
② 乾隆《雒南县志》卷十二《外志·杂祀》，清乾隆十一年（1746年）刻本。

皋鹤的《太白山行纪》中，而在七十年前贾鉝的文中并无此名，可见这一名称是出现于这两人到访中间时间。杨泗将军是陕南地区民众信仰的神明，将山巅之池以此命名，显然是陕南人的行为。于此可以判断康熙末年至乾隆年间，陕南人较多的深入至太白山山巅，他们从事祈雨、采药等活动，对太白山神也不可能熟视无睹。在山路崎岖的地方活动，祈求神的护佑是众生的愿望。太白山神开始传入陕南地区有一定的群众基础。

乾隆五年（1740年），陕甘总督尹继善奏请将太白山神列入祀典，乾隆五十七年（1792年），巡抚秦承恩再次将其列入祀典，而毕沅抚陕期间多次大规模派人至太白山取湫祷雨，使得陕西太白山神信仰蔚然成风。在这样的社会氛围中，陕南地区于嘉庆年间开始出现较多的建庙活动。商南，"太白庙，在忠义祠南，嘉庆三年建"。该庙位置是我们解读的关键，忠义祠是官方正祀中的祠庙，太白庙建于其侧，我们可以推想当地建太白庙应当是官方行为，至少是官方认可的，这应是陕南地区官方修庙的开端。

汉中府附郭县南郑，"太白庙，在行台坊，嘉庆十七年郡守严如熤建"。凤县位于陕西省西部秦岭腹地，清初袭明制，隶属于汉中府，"太白庙，县南二十里，后建万寿宫，在洪利寺旧址"[1]；留坝，"太白庙，在西南三十里木通沟"[2]；佛坪，"乾隆十五年二月甲午于大留坝地置留坝厅来属""太白祠，在东关"[3]。

兴安府属县也有建庙者，汉阴，"太白庙，在东南五十里"。"嘉庆十八年夏大旱，禾苗将枯，六月初九日亥时步祷南山之太白洞，求取灵湫"[4]。而据张彩祈雨的记载，"太白洞距城东五十里"。可知汉阴太白庙修建在他们求雨灵应之石洞附近，应当与此次求雨灵应有关。紫阳，"太白庙，县北二十五里"[5]。砖坪厅，"光绪时，川匪屯平利之洛

---

① 民国《汉南续修郡志》卷十四《祀典》，民国十三年（1924年）刻本。
② 道光《留坝厅志》卷七《祠祀志》，清道光二十二年（1842年）刻本。
③ 光绪《佛坪厅志》卷一《地理》，清光绪九年（1883年）刻本。
④ 嘉庆《汉阴厅志》卷九《艺文》，清嘉庆二十三年（1818年）刻本。
⑤ 道光《紫阳县志》卷二《建置》，清光绪八年（1882年）吴世泽补刻本。

河太白庙，往来煽诱啸集千余"①。

乾隆四十七年（1782年）置孝义厅，嘉庆五年（1800年）改五郎关厅为宁陕厅，两者均隶属西安府。两厅均为秦岭山间，与西安府所属的平原县份在自然条件差异甚大，它们在自然条件和人文景观方面更接近于陕南地区。因此，将其归为陕南部分来讨论。宁陕厅，"太白庙，县西六十里"②。孝义厅，"太白庙，在城南180里"③。

从总体上来看，庙宇的密度较为有限，建庙目的并非全为求雨，如严如熤在汉中所建太白庙，他更多是出于对陕西祀典的遵从和对毕沅求雨行为的模仿，他在碑文中更是明确地表明汉中府修建太白庙是基于陕南多条灌溉渠道水源来自于太白山。陕南地区旱灾的影响也小于涝灾，无论是地方官员还是民众，他们的信仰都是有一定的基础，是否遵循祀典是地域社会的社会需要决定的。官员一时所做的选择可能是出于权力的需要，但他无法忽视地域社会的文化基础。正是基于此，陕南地区的太白庙位于政府治所者很少。更多的庙宇位于乡村，甚至偏远之地，如孝义厅之太白庙，距城有180里之遥，与政治中心几乎没有关联。这种偏僻的区位决定着信众的数量及其影响，陕南地区的太白山神信仰程度有限。

陕南地区庙宇景观，选址多为偏僻之地，规模应当较小。选址是因地制宜的，如紫阳县，太白庙在县东五十里，而钱鹤年和张彩的求雨记载显示，该庙应在他们求雨的太白洞左近，即在取漱地直接建庙。合取漱地与祷雨地为一，是陕南人惯用的方式，如略阳，"文笔山，在今城南四里许嘉陵江南岸，山阿有五都王庙，庙旁有石符，旱祷辄应，旱祷于庙，印符取泉，雨随至"④。这样的地方都具备一个必要条件，即有泉或漱。如，留坝厅，"太白庙，在西三十五里木通沟"。庙所在地有池亦名太白池，"太白池，在西南三十五里，有庙，并上中下三泉"⑤。

① 光绪《砖坪厅志·兵事录》，清光绪三十一年（1905年）抄本。
② 道光《宁陕厅志》卷二《建置》，清道光九年（1829年）刻本。
③ 光绪《孝义厅志》卷一《里甲》，清光绪九年（1883年）刻本。
④ 道光《重修略阳县志》卷一《山川》，清道光二十六年（1846年）刻本。
⑤ 道光《留坝厅志》卷四《土地志》，清道光二十二年（1842年）刻本。

再如，严如熤在汉中府建庙，"择郡城西北地一区为神庙，基庀材鸠工，蠲吉兴修"。在修庙过程中，掘土得泉，遂命名为太白神泉。在此可以看到，当有合适庙址时，民众会主动选择。若无，民众亦会在周围寻找与此相符的条件来与其呼应，这种迎合应当是地域社会传统习惯的影响，也是文化底蕴在群体认知中的体现。

陕南地区太白庙的建造与省级祀典的执行联系在一起，其所建庙宇的数量在整个陕西太白庙中所占比重极小，没有非常明显的地域特征，它仅是对祀典的一种迎合，对新近有名望官员行为的一种模仿。陕南地区较之关中和陕北地区来说，旱灾频率低，影响亦小，与太白山的空间距离小，所建庙宇较少。民众对神明的需要是决定信仰发展的主要因素。民间对国家祀典的认可也需要时间过程，地缘关系和灾害的威胁是地方神存在和传播的主要驱动因素，也决定了信仰景观的分布。

（三）省外的太白山神信仰景观

从信仰传播的地域来看，太白山神由地方神发展为区域神，它具有区域性，这种区域性是以行政权力为基础的。在清代太白山神信仰的全盛阶段，它几乎遍及了陕西省界内的所有府一级政区。除此而外，它发展缓慢，越省而建的庙宇较少。

康熙年间，陕甘分置，在此之前甘肃属陕西省。明代，甘肃境内有太白庙出现，"通渭县，太白庙，在县西二十五里，元至正十五年建。徽州，太白祠，在州东二十里，洪武五年建"[1]。而在近代的天水，太白庙仍然存在，它必然是历史时期庙宇的遗存，始建于明末清初，1979年重修，庙宇内古柏和石碑极具文物价值。这些庙宇均初建于明代，历史悠久，见证了太白庙沿渭水向西发展的趋势，我们不能从文献中找出其痕迹的庙宇一定还有，文献的记载只能使我们窥豹一斑。

陕西东邻河南省城开封也建有太白庙。毕沅任陕西巡抚之后，于乾

---

① （明）赵廷瑞修，（明）马理、吕柟纂，董健桥等校注：《陕西通志》，西安：三秦出版社，2006年，第643页。

隆五十年（1785 年）春，调任河南巡抚。在河南期间，毕沅关心民瘼。到任开封之后，"公抵卞日遣官驰赴太白山灵湫取水，三月十五日水到开封，设坛大相国寺，率文武步祷。越二日，得雨二寸，余又祷雨大相国寺，为充公和尚题朝清凉山图及喜雨诗"①。此后，"乾隆五十三年，春三月设坛大相国寺祈求雨泽，并遣官分诣嵩岳太白山龙湫取水，公率僚属虔心步祷。自三月至五月，大河以南陆续得雨深透，麦收仍约十分至七分不等"②。毕沅调任河南之后，两次遣人至太白山取湫，他对太白山神的认可已经超越了省界，他将太白山神的影响界域扩大。他第二次求雨时也派人至嵩山取湫，之所以如此，应当考虑到河南民众的心理认同因素。开封现在有一个太白胡同，"乾隆五十三年，河南巡抚毕沅在胡同北口建太白庙，因名太白庙胡同；民国时去庙字，改为太白胡同，沿用至今"。开封太白庙建于毕沅第二次派人至太白山取湫祷雨之后，太白庙在开封留存的时间不详，但对当地社会的影响肯定存在，如上文以它命名的胡同。目前人们已完全不知毕沅所建太白庙所祀河神，并做了推测，认为与两个人有关，"一是唐代著名诗人李白，另一个是神话小说中经常出现的太白金星"。我们通过对毕沅在河南的作为，可知毕沅所建太白庙是祭祀陕西太白山神。

太白山神在陕西省界域之外的传播，可分为两种：一是甘肃境内所建庙宇。它是基于历史原因造成的，明代甘肃就是陕西的一部分，二者是同一行省，而徽州又紧邻凤翔府，这种地缘关系是可以理解的。二是开封所建太白庙。开封太白庙的建造具有明显的个人主观意愿色彩。毕沅从陕西调任河南，面临相同的旱灾困扰，从他的经验出发，他能做出的最快的反应是求雨，求雨就必须有神水，太白山神此时的出现是必然的。当第二次旱灾时，毕沅的求雨地点就增加了嵩山，他的认知也在不断地调整，在旱灾缓解之后，他建庙以酬神是一种必然。可惜他的这种经历被开封人所忽略，竟至不知祠庙祭祀何神。太白山神作为一种信仰的主旨在与传入社会有契合点的情况下，它未能发扬光大，这说明灾荒

---

① （清）史善长编：《弇山毕公年谱》，清嘉庆年间刻本。
② （清）史善长编：《弇山毕公年谱》，清嘉庆年间刻本。

并不是造神的主要因素，地域社会的认同才是主要驱动力。

二、核心区与边缘区景观的差异及原因

信仰区是我们为了更明晰的认知太白山神信仰而人为划分的区域，其划分依据是求雨活动的频率和雨神庙的数量。据此，陕西太白山神信仰区划分为核心区和边缘区。因地理基础的差异，太白山神信仰景观分布表现出明显的差异。

太白山神信仰核心区是指关中地区。郿县是信仰源区，包括太白山及其周边地区。太白山景观类型多样，分为自然景观和人文景观。其自然景观主要指太白山地和太白山灵湫。太白山是关中名山，但至其巅者甚少，随着清代以来登山人群的增加，太白山为民众所熟知，其神秘的山景变得寻常。太白山湫水也是自然景观之一，它包括太白山山巅诸多高山湖泊，新开山所修湫池，山口的湫池，清湫镇太白庙前的湫水，这些都是民众取湫的水源地，这些湫池或位于山上或水源来自太白山，均被视为神水，成为与太白山神信仰相关的自然景观。进入太白山人群的增加，民众得以更多的直接观察太白山的自然景物，太白山的神秘意象逐渐被淡化。如湫池景观，在民众的不断介入中，池水可以饮用，神鸟也仅是与画眉等相类似的鸟儿而已，名目繁多的池光是在阳光照射下产生的反射光而已。当湫池不再神秘时，民众必至太白山取湫的专属性必然被各地的湫泉所取代，民众开始就近取水，太白山自然景观与信仰的关系逐渐弱化。

太白山人文景观包括地名景观和庙宇景观。太白山地名景观有一个变迁过程，在清代两百多年中，它的地名由少到多，从最初的以外在形状命名，到后期的不断被雅化，是民众逐渐深入太白山之后而做出的调整。太白山庙宇景观的变化同样经历着变迁，康熙年间山上庙宇稀少，形制不详；乾隆时期山腰庙宇较为密集，规模增大，山中因建筑材料的运输不便，利用天然条件建造形制简单的安神小庙或开凿石洞安放神像，山顶庙宇随池而建，板墙铁瓦，较为耐久；光绪年间，庙宇从数量到形制均产生变化，庙宇数量增多，规模增大，建筑材料也由因地制

宜改为橡木结构，这意味着翻修次数的增加。这种状况的出现，是缘于清代中期以后山上出现专门的护庙者和修路者，他们的出现，使得山中居住和交通条件得以改善，山中庙宇景观的变迁成为可能。这些人能够长期居于山间，在于民众对山地构造的认知和区域民众对太白山神崇奉的盛行。

　　太白山所在的郿县，是太白山神信仰景观的密集区。郿县太白信仰景观以山上最为集中，这与各地民众朝山祭拜有关。山下，太白景观主要有以下几处：郿县县城在元代以前始建太白庙，初期位于县治西十步，嘉靖年间移建城南，有碑刻资料。太白山入山口的远门，是山下最大的建筑群，有宫殿十余处。保安宫为官建，多用于地方官员至太白山时的祭山场所和上山前的休整之所，为官办性质。其余多为各县商民自建，是区域民众至太白山祭拜和休憩之地。这些庙宇多为道士所居。旱象呈现后道士们在此主持求雨者的祭拜活动，而风调雨顺之时他们则从事其他目的的祭祀活动。远门太白庙宇建筑规模庞大，由于建筑者身份不同而层级明显，此处也遗留了丰富的碑刻景观。此处庙宇集中与其地理位置有关，从关中地区来的求雨者多由此入山，在此留宿和购置入山所需物品，为入山作准备，故而各县人均在此建庙，作为入山的休整之所，故而此处庙宇云集。除远门之外，清湫镇太白庙是又一历史悠久的信仰景观。清湫镇太白庙始建于元大德年间，为官倡民捐所建之庙。此处有来自太白山的水所汇集而成的湫潭五处，又是出山之后与平原的连接点，田畴平整，视野开阔，依山傍水，是当地人心目中极佳的宝地，建庙于此是心境使然。除此而外，郿县境内仍有大量的太白信仰景观，他们多位于村落之中，规模相对有限，信众也以本村居民为主。统观郿县境内之太白山神信仰景观，它所体现的景观建造原则是非常明晰的，以人的需要为基础，以人的承受能力（包括财力和体力）为必要条件；同时，景观建造者也借鉴中国传统文化中的风水观念，即尽可能地选择山水环绕、地势高平、视野开阔之地。太白庙除了求雨祭拜功用之外，在当时也成为地域社会官民的欣赏游玩之地，成为区域名胜。

　　郿县之外的关中地区，是信仰的核心区。渭河北岸的关中平原地区，以庙宇为主体的太白山神信仰景观错落有致。凤翔府属各县、渭河沿岸各县及西安至延安官道所在各县境，州县治所多有太白庙出现。位于行政治所内的庙宇，选址多与整个城市的布局相关，大多位于已有庙宇景观的周边，在条件可能的情况下，也选择有湫泉之地。位于乡村的庙宇景观，其选址较城市庙宇有更多自由，首选之地为民众心目中有灵异之地，如凤翔城西南灵麓村太白行宫，"宫后有灵池"；鄠县，"太白石，在县北三过村东，有石突出，相传掘之不能得，祷雨辄应。石前有太白庙"；再如临潼，"新开山，上有灵泉，祷雨辄应，岁旱邻邑民多来取水以祷者，因置太白庙于其上"。诸如此类甚多，其选址原则是以灵应为基础，同时兼顾自然环境，以有山依托、有水可取为基准。乡村庙宇选址的另一原则是交通相对便利。在明代所建庙宇中，诸多庙宇位于山间，至清代这种状况有所改观，这与信众数量增加之后祭拜频率提升有关，由此便提高了对前往庙宇交通的需求。

信仰边缘区的太白山神信仰景观，与时代的关系更显密切。陕北地区南部是太白山神信仰景观的又一相对密集区。这一地区信仰太白山神主要是位于交通要道上的州县，信仰的传播与交通状况密切相关。这一地区的庙宇景观多位于交通便利州县治所及其周围，位于乡村者则选择有湫泉之地。陕北地区北部的太白庙有两处，一是榆林府之太白庙，该庙明末初建于南城外五里山上，太白山神信仰鼎盛之时，于乾隆三十八年（1773年）移至城内。其早期建于城外之山，山水之间有田有庙，选址之原则当与关中地区相类似。清涧之太白庙，当建于明末清初，位于当地庙宇集中之地。

陕南地区的太白信仰景观仍以庙宇为主，最早的庙宇是明代已有的镇安太白庙。此后，至乾隆年间雒南陈家川出现太白庙，但详请不得而知。嘉庆年间是陕南地区建造太白庙的高峰期，在空间上囊括了从最东南的商南至最西的凤县，这应是乾隆年间太白山神两次列入陕西祀典的影响所致。陕南地区太白庙位于州县治所者甚少，除商南和汉中府附郭县南郑外，其他庙宇多位于乡村。商南太白庙位于忠烈祠南，官建特色较为明显。南郑行台坊太白庙是郡守严如熤于嘉庆十七年（1812年）所建，建造过程中挖出一眼泉水，即被时人命名为太白神泉。这实现了庙宇选址临水的原则，但以我们今天的眼光来看，这显然是信众一厢情愿的附会。除此而外，陕南地区绝大多数太白山神庙位于乡间或山间，因地制宜的特点非常明显，如汉阴的太白洞，先有求雨活动出现，此后才有太白洞和太白庙，是民众在信仰鼎盛之时将已有自然景观和庙宇冠以太白名号。嘉庆之后，陕南地区的太白山神信仰景观再无大的发展，并渐趋消失，这也是信仰景观必须以信仰存在为前提的一个例证。陕南地区的自然环境与太白山神求雨功能相背离，注定了太白山神信仰景观在陕南的短期存在。

陕西之外的太白信仰景观，是指与太白山神信仰有关的太白庙，主要有甘肃和河南两地。甘肃境内的太白庙，多出现于陕甘合省时期，如徽州、通渭、天水之太白庙建于明代和清初，这正是甘肃属于陕西省的时期。而在分省之后，这些庙宇并未因行政的分治而消失，他们依然在原有区域内发挥着其原有的功能，这说明信仰景观具有一定时间上的延续性。河南开封的太白庙，它是政治人物信仰情感的一种延续，与当地民众关系及其所依赖的地理环境已不甚相同，故它被接受的程度极其有限，它的存续时间已不可考，只有太白胡同一直留存至今。可见即便在不是非常适宜的地区建造的信仰景观，也不会对当地完全没有影响，它或多或少都会留下些许记忆，成为今人追寻历史的痕迹。

太白山神信仰景观分布的时空差异，有着明显的自然和社会基础差异。民间信仰的庙宇建造均与地域社会有着密切的关系，同时区域人群的认知水平也是影响景观发展的因素之一。在各种因素影响下的信仰景观，同中有异，异中有同。

第五节 太白山主体信仰景观变迁与机制

太白山神信仰渊源于古老的山岳崇拜，是历史时期陕西乃至西北地区东部盛行的雨神信仰。目前，以它作为研究对象的学术成果主要有：张晓虹、张伟然的《太白山信仰与关中气候——感应与行为地理学的考察》一文，从行为地理学的角度阐释了陕西太白山崇拜的产生及分布地域的形成过程①。张晓虹在其《文化区域的分异与整合：陕西历史地理文化研究》一书中，对太白山信仰的演变、祭祀仪式、地域扩展、太白山信仰形成及地域分布的气候学机理等都做了详细而深刻地分析。张伟波的《从明清时期太白山信仰中看地方政府的作用》一文，指出地方政府对太白山信仰的发展起了积极的推动作用。已有的研究都深入地探讨太白山信仰的某些特征和机能，而对太白山主体信仰景观的演变在信仰发展中的作用和信仰演变过程中祷雨文化行为地理优选的动力机制等问题，鲜有涉猎。

太白山主体信仰景观，在促进太白山信仰繁荣和丰富区域文化内涵方面起着重要的作用。它的发展演变是整个太白山信仰发展演变的缩影。本书试图通过对太白山主体信仰景观发展演变与祷雨文化行为地理优选的动力因素分析，进一步探索太白山信仰发展演变的动力机制。

一、太白山主体信仰景观演变

汉魏时期，太白山"去天三百"，一直是民众的归隐之地，除了"冬夏积雪，望之皓然"外，因少有文字记载而鲜为人知。至北魏，郦道元开始对太白山做描述，说其"有奇险之路、有美妙之境"，展现了太白山标志性的自然景观。唐玄宗时，虽有"采白石为玄宗圣容"的记载，但并未将"白石"与"望之皓然"联系起来。此时，李白、杜甫等人在其诗歌中涉及太白山，太白山是一座奇丽高山的代称，形象仍然模糊。其后，柳宗元作《祷雨记》云："雍州西南界于梁，其山曰太白，其地恒寒，冰雪之积未尝已也，其人以为神"，他将太白山与"祷雨"联系起来，加深了太白山自然景观的神秘色彩。民众"故岁水旱则祷之，寒暑乖候则祷之，疠疾祟降则祷之"②，太白山神具有调节"乖

---

① 张晓虹，张伟然：《太白山信仰与关中气候——感应与行为地理学的考察》，《自然科学史研究》2000 年第 3 期。
② （唐）柳宗元：《太白山祠堂碑》，（清）董诰等：《全唐文》卷五百八十七，北京：中华书局，1983 年，第 5930 页。

候"、治病的功能，并将太白山的灵异归为"冰雪之积未尝已也"，进一步增强太白山信仰景观的神秘意象。

及至宋代，太白山神秘意象被山巅漱池演替。李昭遘在《封济民侯之敕》中，先入为主地以"臣兼闻庆历七年五月河南府王屋县析城山圣水泉特封为渊德侯，其例未远，可举而行"①为依据，将太白漱水与王屋山"圣水泉"契合，认为"灵漱在上，显应如此"，将太白山灵异由"冬夏积雪"转归太白漱水，造就了太白山灵漱景观。此后，苏轼"惟山之阴威，润泽之气又聚而为漱潭，瓶罍罐勺可以雨天下，而况一方乎"；范纯仁"远邀灵液以祈濡泽，神既庥止，遽获嘉应"②，均使灵漱景观的神秘意象得到强化，改变了唐代祭山的求雨方式，取漱成为太白山求雨的必须环节。

太白山信仰中的灵漱，此时也与山巅诸池相联系。唐代漱池与至太白山求雨没有明显关联。从宋代开始，至山取漱成了太白山求雨的必要环节，灵漱也因此发展成太白山的象征性景观，此时的取漱地点尚不明晰。殆及元代，在扶风所修虎王村太白庙碑文中，"遂逢旱涝，迎漱致祷，屡获灵应"③，取漱地依然不明。清漱镇《重修太白庙记》中，至山者"人跻之者如模糙，冒瘴疠阅信宿而后返，往往悒怯畏惧，故四方香火率诣祠下"④，山路艰险，至山巅取漱者稀少。至明代，取漱地点逐渐明晰。洪武年间，抚军耿忠祷雨，"遣僧觉用等齐香帛祝文，诣山顶投辞请水"⑤。万历榆林巡抚求雨，"派人持锦伞银瓶以往取水"；明崇祯七年（1634年），朝邑侯张三策，"命里人李柏等登太白山探神漱"。求雨者所取的为山巅之水，山巅之漱成为太白山的标志性景观。

清初，取漱地点悄然改变。尽管关中东部地区取漱，依然多至太白山山巅，朝邑，"太白庙，明崇祯十六年建，阙后邑人探山漱于郿"，康熙五十一年（1712年）王兆鳌在朝邑求雨，"里人不惮跋涉，率五岁

① 雍正《陕西通志》卷二十八，雍正十三年（1735年）刻本。
② 乾隆《凤翔府志》卷三十一，清乾隆三十一年（1766年）刻本。
③ 嘉庆《扶风县志》卷六，清嘉庆二十四年（1819年）刻本。
④ 宣统《郿县志》卷八，清宣统二年（1910年）铅印本。
⑤ 正德《武功县志》卷一，清乾隆二十六年（1761年）刻本。

取神山灵湫之水贮之祠下"①；临潼，"时雨槐，康熙二年旱，赵居步
祷太白山取灵湫水"②；而在康熙三十九年（1700 年）贾鉝亲至太白山
巅取湫时，"及山舍骑而徒，三里至三官池，池清澈。凡祷雨必取水设
坛中，山高不可到，多汲是池焉"③，人们取湫基本不到山巅。乾隆三
十九年（1774 年），汪皋鹤春季至山取湫，由其孟秋登山行纪看，他春
季并未至山巅。春季的取湫地点应是山下，极可能是新开山，"中有土
坪三，另辟一天，建立神庙，面觐太白、三清、玉皇三池"④。此时新开
山人工开池，以山顶灵湫名命名，试图以人造景观取代山巅的灵湫景观。

　　清代中期，取湫地点普遍转移。临潼，"太白庙，一在新开山，庙
后有泉，天旱取泉水祷雨屡应""新开山，骊山西南十五里，上有灵
泉，祷雨辄应，岁旱邻邑民多来取水以祷者，因置太白庙于其上"⑤。
乾隆四十二年（1777 年），兴平知县顾声雷求雨，"侯行三十里拜庙
（高帝庙），庙左曰高皇池，祷雨者先取水于池，侯捧瓷罐及池……侯
受水震色，初启复行三十里，置水于西郭太白山神祠。"⑥此时，为便
于求雨活动的开展，灵湫位置被调整，民众在各地建太白庙，尽管取湫
地点已不限于太白山及其周边诸池，但在各地所认可的湫泉取水至太白
庙祷雨之风依然盛行。灵湫景观随着信仰内容和程序的变迁，走下山巅
到山脚甚至更远的地方。

　　随着人们亲临太白山，主体信仰景观逐渐明朗化，而人们仍尽力保
持其神秘。汪皋鹤下山时，"至三太白池，见水中浮沤泛动，光色如
金，羽士顾余曰：'此金光也，非至诚所格不得见'"；至二太白池，有
鸟，"土人言每衔物池面，必先呼净池二字，始掠波拾草而去"；至大
太白，"池出金色小泡，羽士云此名星光，神喜则有之"⑦。及至赵嘉
肇游山，"池踞山巅，终岁不涸不溢，非神湫何以能此？或曰，下有蜇

① 康熙《朝邑县后志》卷八，清康熙五十一年（1712 年）刻本。

② 乾隆《临潼县志》卷九，清乾隆四十一年（1776 年）刻本。

③ 太白县地方志编纂委员会编：《太白县志》，西安，三秦出版社，1995 年，第 580 页。

④ 宣统《郿县志》卷三，清宣统二年（1910 年）铅印本。

⑤ 乾隆《临潼县志》卷二，清乾隆四十一年（1776 年）刻本。

⑥ 民国《重纂兴平县志》卷七，民国十二年（1923 年）铅印本。

⑦ 宣统《郿县志》卷三，清宣统二年（1910 年）铅印本。

龙，理或然欤。水味甘美，任人汲饮，惟不敢以不洁之物触秽之。若云时异光，或好事者故神其说，询诸道人，笑而不答。余静观移时见池水如拭镜，天光云影，各随所照，故云有五色万寿字珠油等光之异"①。人们不想也不愿抹去这份神秘，"每岁六月开山，惟男妇进香者踵至"，对太白山神的笃信和依赖依然不减。

作为太白山神载体和象征的主体信仰景观，在其信仰对象重塑的过程中，进行着相应的调整，逐渐特征化——神秘意象不断增强，而且趋于合理。最初在太白山信仰对象选取时，主体景观"冬夏积雪，望之皓然"的水意象就很丰富，符合求雨的主题，因虚幻而神秘。宋代被山巅呈"异光""终岁不涸不溢""下有蜇龙"的湫池演替，其亦真亦幻的神秘依然存在，更贴近人们心中的祷雨对象，极大地满足了人们的精神诉求。民众激发出的信仰热情为此后主体信仰景观进一步演变提供了强劲动力，而且彰显了主体信仰景观的布雨功能，为其集中强化奠定基础。宋元以降，太白山灵湫一改唐时降水、调整气温和治病的多种职能，集中强化其"兴云降雨泽利民生"之功能，符合旱灾加剧时人们的心理需求和社会需求。尤其是清初灵湫走下山巅，不仅给人们以心灵慰藉，也有利于求雨活动的开展。

二、文化行为的地理优选

太白山主体信仰景观的产生、发展和演变，看似产生于人们的观念中，但都与人们的行为尤其是区域文化行为密切相关。古老的祷雨文化不仅孕育了山神景观，而且引导着景观的发展和演变。在此过程中，景观日渐凸显的特征逐步表现出地理优选所发挥的特殊作用。

（一）信仰对象的选取

陕西境内，名山大川比比皆是，尤其是享有"四塞之国"的关中地

---

① （清）赵嘉肇：《太白游记略》，（清）王锡祺：《小方壶斋舆地丛钞》，杭州，杭州古籍出版社，1985年，第508页。

区，它四面环山，东有华山，南为秦岭，西为六盘山、千山，北为尧山、黄龙山、九峻山、嵯峨山，可谓高山林立。尽管尧山圣母信仰在蒲城地区由来已久，对区域社会抗旱产生着广泛影响[①]；而吴山，早在秦汉之际就备受青睐；华山的地位也远高于太白山。但是，"太白瘝金天之精正位坤"，在地理风貌方面独秀一枝。杜彦达说："太白山，南连武功山，于诸山最为秀杰，冬夏积雪，望之皓然。"[②]元代郿县县尉陈仲宜重修清湫镇太白庙，其碑文中亦说："其山雄杰奇秀，盘礴霄壤，拔出于终南褒斜之上，冢峰□湫水鼎峙，蜿蜒侧经，遵溪而去。左右挟峻崖大壑，峭立穹林，丛薄蔽亏日月，盛夏积雪皎然"[③]；清代方象瑛在《使蜀日记》中赞叹："武功诸山皆有秀气，而太白山最挺拔。"人们选择太白山，在于它独特的地理位置和自然风貌契合于祷雨文化行为的潜规则，还因它地势高耸，是关中平原阻滞东南季风的重要屏障。西上的湿热气流与东下的冷空气在此交锋，极易形成降水，太白山一带成为关中平原降水最多的地区[④]。正基于此，太白山神被最先推崇，"自北魏，武功、眉县有太白神祠"，后风靡诸雨神领地，波及陕西全境。

（二）主体信仰景观功能的集中与强化

主体信仰景观是太白山神的象征，其功能的集中与强化与山神功能的集中与强化是同步的。在景观形成之初，人们根据祷雨的行为逻辑，赋予山神诸多功能，如柳宗元所记，民间"岁旱则祷之，寒暑乖候则祷之，疾疠祟降则祷之"，太白山神既可以祷雨、乞晴，还可乞药治病。而宋元以后对此则鲜有提及。民众在太白庙顶礼膜拜，都是久旱望云霓之时。人们早已形成"秦中地厚水深，山泽之气不通，每有恒阳之咎"的感应，民间崇祀太白山的动机专注于其兴云布雨。关中地区自古旱灾

① 庞建春：《旱作村落雨神崇拜的地方叙事——陕西蒲城尧山圣母信仰个案》，曹树基编：《田祖有神——明清以来的自然灾害及其社会应对机制》，上海，上海交通大学出版社，2007年，第1—27页。
② （北魏）郦道元著，杨守敬、熊会贞疏：《水经注疏》，南京，江苏古籍出版社，1989年，第1525页。
③ （后晋）刘昫等：《旧唐书》，北京，中华书局，1975年，第927页。
④ 聂树人编著：《陕西自然地理》，西安，陕西人民出版社，1981年，第113页。

频发，春旱、春夏连旱是常态。在这种地理环境的诱导下，太白山信仰在武功、郿县率先兴起。信仰的发展以庙宇的建立为标志，宋代太白庙仅限于凤翔一府。从元代起，扩散速度加快，太白庙在各县涌现，扩至关中平原全部，陕北地区与陕南地区的汉中也受到影响。郿州的太白庙，在官府与当地民众的共同供养下香火繁盛，还形成规模盛大的太白庙会①。清光绪年间，政府对山神求雨的行政干预消失，地理优选对太白信仰的影响显现。由于位于低温制约农业生产的高山地区，太白山神受到冷落，如严如煜于嘉庆十七年（1812年）在凤县兴修的太白庙，到光绪年间已遭废弃②。行政干预消失后，地理优选的决定性作用凸现，局部地区太白山神信仰的兴衰，直接影响到主体信仰景观功能的集中与强化。

（三）主体信仰景观的演替

在最初选取雨神信仰对象时，人们受太白山地理概貌诱导。《周地图记》载，"山半横云如瀑布则澍雨，人常以为候，语曰：'南山瀑布，非朝即暮'"③。这些景观中最突出的特征，是水意象丰富，因山势高峻少有亲临，民众因敬畏而生神秘感，最能代表太白山形象的"冬夏积雪"披上了神秘外衣，太白山所有灵异均归于此。柳宗元即说："雍州西南界于梁，其山曰太白，其地恒寒，冰雪之积未尝已也。其人以为神"④。至宋代，李昭遘在《封济民侯之敕》中，据王屋县析城山"圣水泉"演绎出了太白山湫水，由"圣水泉"灵异推导出太白山湫水的灵异。从此，"每遇岁旱，府界及他境必取水祷雨"，取湫成了祷雨的必要程序；苏轼曾亲至太白山下取湫。此后，又安插能保持池水干净的"净池鸟"和潜伏其中的"哲龙"，并辅以"五色光、万字光、寿字光、珠光、油光""封池""开池"等灵迹，使湫水灵异显得真实而不

① 民国《续修陕西通志稿》卷一百九十八，民国二十三年（1934年）刻本。
② 光绪《凤县志》卷四，光绪十八年（1892年）刻本。
③ （北魏）郦道元著，杨守敬、熊会贞疏：《水经注疏》，南京，江苏古籍出版社，1989年，第1525页。
④ 乾隆《凤翔府志》卷十，清乾隆三十一年（1766年）刻本。

突兀。在李昭遘等人的行政文化行为主导下，祈请之后所降之雨与灵湫之水产生观念上联系，太白山灵异由"冬夏积雪"转移到太白山湫水。与"圣水泉"地理特征类似的太白山湫水，"为云雾笼罩""终岁不涸不溢"，须"祷而后见"；与太白山其他景观相比，"非神湫何以能此"。在此类推演绎过程中，对太白山诸景观地理概貌进行了比较和选择，表现出地理信息诱导在太白灵湫景观形成中发挥的作用。

（四）主体信仰景观位置的转移

太白山神信仰中的灵湫，形成之初与山巅诸池相联系。从宋代开始，至山取湫成了太白山求雨的必要环节，灵湫也因此成为太白山标志性景观。清初，取湫地点发生改变。除关中东部地区取湫依然多至太白山山巅外，至迟在康熙三十九年（1700 年），其他地方取湫多因"山高不可到，多汲是池焉"，取湫地点已移至山下。乾隆三十九年（1774年）汪皋鹤至山取湫，并未至山巅，可能在山下的新开山。新开山此时已人工开池，并以山顶湫池之名来命名，试图取代山巅之湫池。清代中期，求雨和取湫地点普遍转移。人们到新开山毷成的诸池或山脚三官池、清湫镇太白庙前取湫，甚至到各地认可的湫泉取水，如兴平的高皇池等，虽然山巅湫池依然存在，但人们观念中的灵湫景观已随着信仰内容和程序的变迁走下山巅到山脚甚至到更远、更便利的地方。湫池景观的地理位置直接影响到人们祷雨活动的开展，距太白山较远地方的求雨已不必亲临其地，盛大的祈祷活动只在当地举行。乡民们"或一村或数村，旗帜飞扬，金鼓喧腾，殆如狂""官僚吏卒暨郡民数百千人备鼓吹"，甚至举行赛会悦神"皆演戏，士民拈香甚众"，对其进行优选甚至景观再造，在明清祷雨极为盛行时期显得尤为必要。在此背景下，各地民众所认可的湫泉地理位置优势愈发突出，诱导人们实施具体的文化行为。

从总体上看，地理优选不仅含蓄地表现在太白山主体景观的演变过程中，还表现在人文景观形成的过程中，诸如庙宇的选址、布局、规模、形制等方面。它在历史时期对太白山神信仰影响重大，在局部地区，如关中、陕北大部分地区，信仰因地理优选而兴盛；在陕南各地，信仰始兴于行政干预，衰于地理优选。地理优选成为太白山信仰景观产生与不断发展的自我调节机制。

三、文化行为地理优选的动力机制

山岳崇拜是在自然环境诱导下引发出来的文化行为，表达了人们在独特的气候条件下对于自然环境的一种渴求。陕西关中等地区的人们选取太白山作为"地理格局中的主导和标志"，概括出太白山本身具有的自然特征，幻化为太白山神，表现出人们对山岳环境的生存依赖和敬畏。在表达思想情感和心理意愿的过程中，为便于文化行为的实施，地理优选在多种力量的策动下驱使主体景观发生演变，来满足人们的心理和社会需求，这些力量则共同构成了推动太白山神信仰产生、发展和演变的动力机制。

（一）旱灾频发的自然策动

对陕西而言，其生产方式长期以农耕为主，大部分地区"以麦为命"，充足的水源是小麦生长的必要条件。为发展农业，历任地方官员都非常重视兴修水利。先秦时期，关中地区已大规模兴修水利工程，凿有众多灌溉渠道。殆及汉代定都长安，关中平原及其周边地区的农业就更为重要，新建和复修的水利工程更多。至清代，乾隆年间巡抚陈宏谋在关中平原"凿井三万八千有奇"，并"造水车教民用以灌溉"，毕沅也呼吁在关中地区兴修水利工程。道光年间巡抚卢坤在论及长安县人民富庶时，特意指出此处"渠水甚多"。兴修如此众多的水利工程，足以看到关中地区农业对灌溉的依赖，也反衬出关中地区雨水不足的缺憾。

关中地区在季风控制下，降水量较低，季节与年际降水分配极为不均，容易导致旱灾。据统计，自1700至1949年，陕西共发生旱灾49次，平均每五年就会有一个旱灾年。其中，大旱灾——即受灾县超过30个的灾年就有28次[①]。此外还有一些影响地域仅及数县或十数县的旱灾未进

---

① 张晓虹：《明清时期陕西民间信仰的区域差异》，《中国历史地理论丛》2000年第1辑。

入统计。从旱灾发生的地域看，以陕北与关中地区最为严重。陕北地区年降水量不足 500毫米，且降水变率大，春夏之交极易发生旱灾，"山花已枯热风吹，哪见湿云麦陇垂（时北边望雨甚切）。十载忧民鬓有丝，何当霖霖又愆期"①，旱灾对农业生产造成极大危害。光绪《绥德州志》载，"雨泽稀少，而春耕时尤难调匀，播种失时即收获难望"。此时旱灾持续较长时间，明人马怠才在《备陈灾便疏》中就称："延安府自去岁一年无雨，草木枯焦"。

关中地区水利发达，但其覆盖面亦非常有限，其他地区远不如此，根本无法抵抗频发的旱灾。尽管地方官员采取抗灾措施，但在大旱面前显得苍白无力，由此引发的灾难常将脆弱的农耕经济推向崩溃的边缘。频发的旱灾激起无助民众的信仰热情，促使人们寻求超自然力量的庇护。"最为秀杰"的太白山引起人们普遍关注，应运而兴的太白山神在一定程度上消解了人们因生存危机而产生的焦灼情绪。随着求雨这一文化行为的兴盛，驱使景观自身做出必要调整来满足人们的需求，这不仅推动了太白山主体景观的变迁，也促进了太白山神信仰的发展。

在独特自然环境下，人们的祈求奠定了太白山信仰产生和不断发展的自然策动机制；农业生产方面的需求则构成了太白山信仰不断发展的社会生产推动机制。

（二）传统习俗的导向与官方行为策动

历史时期陕西一直受旱灾困扰，人们只能通过祈求神灵，来满足自己的精神需求，"祷雨乞晴，乡民尤重"的太白山神信仰习俗因此而兴。关中地区及陕北南部各地不仅广建太白庙，很多地方还有前往太白山烧香的习俗。每年七月朔日，太白山"香火甚盛，男女奔走偕来"，并在七月初四举行赛神会，乡民们"执旗鸣钲"，以媚神邀福。此外，有些地方还举行"太白会"，如乾州薛禄镇在每年二月初八有太白会，会上"皆演戏，士民拈香甚众"②。这些习俗在传承过程中，不断被旱

① 姬乃军，韩志侃校注：《〈延安府志〉校注》，西安，陕西旅游出版社，1999年，第578页。
② 民国《续修陕西通志稿》卷一百九十八，民国二十三年（1934年）刻本。

灾强化，影响着民众的生产生活，也影响到地方官员的执政行为。对于旱灾无能为力的官吏，"束手罔所呼"，只能谋求其他途径，太白山神信仰为其提供简便可行的方法。

从唐代开始，求雨不仅是民间重要活动，亦是地方官员的经常性工作。官员直接组织和参与求雨，且为太白山神求封不断。天宝八载（749年），当地人李浑在太白山金星洞得"帝福寿玉版石"，太白山受封为神应公，六年之后改封灵应公。至宋代，太白山神连续加封，宋仁宗皇祐五年（1053年）封为济民侯，嘉祐七年（1062年）再封明应公①，宋神宗熙宁八年（1075年）进封福应王，宋哲宗绍圣三年（1096年）改封惠济王。及至元代，为与太白山三池对应，太白山神被析封为普济、惠民、灵应三王。乾隆五年（1740年），陕甘总督上奏将太白神列入陕西祀典，乾隆三十九年（1774年）再次奏准，敕封太白山为昭灵普润，山神为福应王②。光绪初年，太白山神又被加封为保民。山上的保安宫、新开山各神庙陆续被载入地方志乘，由官民供养。

政治行为与民间观念相结合，形成一种具有很大惯性的信仰力量。在信仰力量的策动下，太白山主体信仰景观的神秘意象和信仰习俗不断得到强化，激发了民众参与祷雨活动的热情。为满足参与者的现实需求，人们对太白山主体信仰景观进行相应调整，其自身受信仰力量的策动发生变迁，整个太白山信仰也受信仰力量的驱使而持续发展。在祷雨文化习俗浸染下，民众的精神需求奠定了太白山神信仰产生和不断发展的信仰推动机制；政府和官员的时代需求则构成了太白山神信仰不断发展的政治推动机制。

（三）人口增长与粮食匮乏的社会策动

人口是区域社会发展的主导因素，然"承平日久，生齿殷繁，地土所出，仅可瞻给，偶遇荒欠，民食维艰"。人口的盲目增长，给粮食供给造成巨大的压力，甚至加重局部地区的灾荒，乾隆皇帝表示

---

① （宋）苏轼：《太白山旧封公爵》，《东坡志林》，北京：中华书局，1981年。
② （清）毕沅撰，张沛校点：《关中胜迹图志》，西安：三秦出版社，2004年。

"甚忧之"。

陕西人口在古代虽几经起伏，但增幅仍十分可观。唐代陕西人口集中分布在泾、渭和洛、渭交汇地带。开元二十八年（740年），陕西人口为 4 283 138 人，关中四州府的人口达 279 万多人，长安一城人口达 80 余万，粮食常难以自给，关东粮食西运因需渡黄河天堑而倍显艰难，粮食危机一直存在。至北宋崇宁元年（1102 年），降为 2 791 735 人。明洪武十四年（1381 年），陕西人口为 2 155 001 人。到弘治十五年（1502 年），陕西人口上升为 3 934 176 人。此后人口持续上升。清顺治十八年（1661 年）是 186 万人，嘉庆十七年（1812 年）达 10 207 256 人，嘉庆二十五年（1820 年）为 12 050 699 人。清末人口虽有所降，宣统二年（1910年）仍达 8 054 407 人。人口增加对粮食需求大幅度提升，而陕西脆弱的农业生产却难以赡给，粮价攀升"斗粟价值六七钱"，灾荒之时，"粟米昂贵，蕨根、榆皮采食殆尽"，甚至"斗米千钱"。

随着陕西人口的增多，旱灾给当地社会带来的危害也日趋严重。清人柴桑云："秦中五岁不雨，草根、木皮俱尽，斗米千钱，人民离散，西凤为之一空，其病不能徙者，仅存皮骨，色如墨。其徙者亦枯瘠不能行。儿啼女哭，所不忍闻。所在白骨盈沟，僵尸满地，有鬻女于市者，止索三四百钱，黯惨之状，行路伤心。"[①]旱灾残酷之状窥一斑而知全貌。

人口增长与粮食等生活资料匮乏间的矛盾在传统社会长期存在，由此引发的生存危机，驱使民众广泛开展求雨活动。太白山主体景观受此策动而发生变迁，太白山神信仰也因此久盛不衰。人口增加产生的物质需求构成太白山神信仰产生和不断发展的社会经济推动机制。

太白山主体景观的形成，源于古老的山岳崇拜；它的发展与演变，则缘于长期以来陕西大量的求雨实践对早期形成的求雨对象、求雨方式、取湫地点等信仰习俗的塑造和调整，使之朝着人们期望的方向发展。在此过程中，陕西古老的求雨习俗，为其长期存在奠定了基础；由

---

① （清）柴桑：《游秦偶记》，（清）王锡祺：《小方壶斋舆地丛钞》，杭州，杭州古籍出版社，1985 年。

频发的旱灾和倍增的人口引发的生存危机，激起人们亲临景观求雨的热情；官方直接参与和物质上的资助，壮大了亲临景观求雨者的队伍。这样一来，景观优化或调整的必要性明显增强，于是在各种力量策动下，景观或其内容进行着地理优选而发生演变。由此产生的祈雨和取湫地点差异，反映出人们特定的宗教观念和环境意识，也反映出人们的价值观念和心理状态。

太白山神信仰作为一种古老民俗，它的产生、发展及演变，与它所处的自然环境、生产方式以及承载它的主体景观所经历的选择性记忆息息相关。这些要素是它能够产生、发展以及传承的内在动力。太白山神信仰的发展动力不仅来自地域民众的生产生活、民间宗教和政治的需求，更是民众精神和心灵的必然诉求，他们共同构成推动太白山神信仰产生、发展和演变的动力机制。

小　　结

景观是信仰的物化外延，它的存在是以信仰的存在为基础。景观的空间分布是信仰者群体意识的集中体现。

太白山神信仰是自然崇拜，自然物太白山是其信仰产生的根源。太白山是秦岭最高峰，而关中地区西高东低的地形条件，使得太白山成为关中降水较为丰富的地区。太白山上的云雾与降雨的关系，是民众信仰太白山神的初始原因。基于此，太白山的自然景观是信仰景观的一部分。太白山在信仰出现初期，即被信徒赋以神秘意象，这种意象随着入山人群的增加，逐渐消失。太白山神以司雨为主，太白山湫水从宋代以来就被明确的赋以灵性，称为灵湫，取太白山灵湫求雨成为此后很长时间内求雨必备的环节，清代中期，太白山神成为祀典神明，太白庙所在地区的湫泉之水也可用于求雨，太白山湫水也失去其原有的意蕴。太白山作为信仰的发源地，人文景观多与求雨相关。太白山地名景观是由当地民众根据地形、地势和入山者的感受命名的，在地方官员介入之后，地名出现雅化现象，但因认知水平的差异，雅化之后的地名较难被当地民众接受。太白山上庙宇数量从清代中期开始增加较快，规模和形制随海拔高度变化明显。太白山下，郿县县城、远门和清湫镇是太白庙数量较多地区，形成了庙宇群且规模较大。这与其所在的地理区位关系密切。

关中地区是太白山神信仰的核心区，信仰景观以庙宇为主。在时间上，明代以前仅有庙宇数座，至明代中期有十几座，明末有三十多座；清代前期数量变化不大，清代中期则剧增至百余座，清末少有建造。在空间上，明代以前仅限于凤翔府，明代中期开始出现在西安府，明末关中东部地区出现太白庙；清代前期以东府和陕北地区为扩建重点区域，乾嘉时期庙宇主要在关中地区急剧增加，陕南地区也在嘉庆时期出现修建太白庙高潮；道光、光绪年间，岐山、宝鸡县建有几座庙宇，清末则全面衰落。太白庙景观的发展趋势与信仰发展和区域社会经济状况密切相关。

信仰边缘区的存在，是基于区域认同而产生的，信仰的程度较弱，庙宇数量则会较少。陕北地区的自然环境是太白山神出现的地理基础，但空间距离的差异，使得关中边缘的鄜州庙宇数量较多，而黄土高原之上的延安府和榆林府则鲜有庙宇。太白山以南的陕南地区，商州在太白山神列入祀典后，开始出现庙宇；兴安、汉中二府则因嘉庆年间地方官员倡导而建庙，短期内多达十余座，但因陕南地区的水资源条件，使得这些庙宇未能长久存在。陕西省域之外的太白庙，数量非常有限，甘肃境内庙宇的出现应当是陕甘长期属于同一高级政区所致，而河南的太白庙则完全是官员个人意愿的体现。这些庙宇的存在是短期现象，省籍意识是影响它们继续发展的原因。

景观是信仰存在的标志，是信仰发展的印证者。信仰是景观发展的基础，景观的时空分布取决于信仰的发展程度，景观的密度则取决于区域地理环境决定下民众对信仰的需求。信仰与景观，是同一事物不同的两个侧面，两者的发展都不能脱离其所依存的区域社会，区域社会是两者共同的基础。

第四章　信仰、景观与区域人文环境

　　民间信仰是信众基于生产生活需要，产生的对某一来源于自然或社会又高于事物本身的一种崇拜行为，以及由此引发的心理活动。这种行为在实现时，它需要一种能够表达信仰情感的介质，即实施行为时所需要的场所以及与此相关的仪式，这就构成了信仰景观。信仰是景观存在的基础，景观是信仰表达的空间和物化外延。两者相互依存，但又不仅限于此。

　　在区域社会中，信仰与其景观之间的关系具有普遍性。对于太白山神信仰及其景观而言，只有将两者放在特定的社会场景中，其对应关系才能更清晰。景观是信仰发展过程中的产物，景观的存在对信仰的发展产生着一定的作用，两者在长期的发展中相伴而来，阐释着区域社会的发展历程。

　　信仰和景观作为一个事物相辅相成的两个方面，其共同点在于两者都是特定场域的产物，这个场域就是区域社会。区域社会是信仰和景观产生的基础，而两者对其必然产生了或隐或现的影响。

第一节　信仰的政治化

民间信仰是民众因生产生活中需要而产生的一种情感。它产生于特定的地域社会，在一定范围内传播。从本质上来讲，民间信仰就是区域信仰。当神明得到国家认可进入区域祀典，它就转化为区域神，具有了区域性。若神明继续发展，进入国家祀典，它就成了国家神，其地域性就逐渐消失。本书讨论的太白山神，发迹于关中西部太白山地区，并逐渐扩大信仰地域，最终得到省级行政权力的认可，进入陕西祀典，从而在乾隆时期成为区域神。乾隆年间毕沅虽多次上奏并身体力行的将太白山神传播至河南，却没能被国家权力选中，最终以区域神成为其最高阶段。太白山神信仰的发展，是和陕西区域社会联系在一起，而它的发展却不曾脱离政治对它的影响，使得信仰呈现出政治化的取向。信仰的政治化表现在两个方面：一是权力，二是政区。两者作为国家行政体制的产物，对信仰的发展产生了不同的影响。

一、权力对信仰的影响

权力是政治学概念。本书所说权力是指权力拥有者的行政行为及其所产生的影响。这种影响是无形的，在信仰发展中可以通过求雨和建庙两种活动来表达。

行政力量是国家和地方政府所拥有的权力，它是一种政治象征，通过帝王和各级官员发布和执行命令来实现。行政力量通过两个方面对太白山神信仰产生作用：一是地方官员向朝廷上奏，朝廷赐给太白山神以封号或赐匾等活动，这使得神明得到国家的关注和认可，国家认可在信仰发展中起着重要作用。二是地方官员亲自参与或在民众请求下参与地方的求雨活动。这两种行为的主体都是地方官员，但力量来源却并不相同，前者是国家权力，后者是地方权力。官员在不同的时间段选择不同的信仰行为表达，对太白山神信仰的发展影响却大相径庭。

（一）国家权力

传统社会的国家权力，是指帝王和依附于他的中央机构所实施的行为和这些行为的影响力。对太白山神而言，随着关中地区在国家版图中位置不同，国家权力拥有者所实施的行为和影响力也不尽相同。

魏晋时期，人们开始归隐于太白山，初隐者是为逃避战乱。及至隋唐，定鼎长安，太白山作为关中地区的第一高峰，位于帝都左近，引人注目是必然的。恰逢此时，道教在执政者的提倡下迅速发展，道教圣地洞天福地之说广为流传，隐于太白山的人极多，其中不乏修道之人，但更多是为邀求时誉的假隐士。唐玄宗时，是道教发展的兴盛期，"初，太清宫成，命工人于太白山采白石，为玄元圣容，又采白石为玄宗圣容"。采石太白山可能并未对太白山发展产生影响，但民众可能因此得以较多的进入太白山，对太白山的认知加深。不久，"太白山人李浑称于金星洞仙人见，语老人云，有玉版石记符'圣上长生久视'，命御史中丞王镒入山洞，求而得之。八载六月，太白山封为神应公，金星洞改嘉祥洞，所管华阳县改为真符县"。次年，"御史大夫王镒奏称太白山人王玄翼见玄元皇帝于宝山洞中。乃遣王镒、张均、王倕、韦济、王翼、王岳灵于洞中得玉石函《上清护国经》宝券、纪录等，献之"[1]。王镒在奉帝命入山一年之后，再次上奏太白山人王玄翼所见，两者的时间差极短，太白山被这些人利用的痕迹着实明显。朝廷官员为了邀宠，利益驱使他们在太白山制造灵异，他们的企图得以实施是因为他们是权力的拥有者，对手中权力的运用即为权力选择。如何使用取得最大效益，则是一种技术。王镒等人借太白山的自然地貌如山洞和隐居于太白山的道教教徒，实现他的政治抱负或其他利益，这无疑是对国家权力的运用。此时的太白山封神，与其后的求雨灵应并无瓜葛，它仅是朝廷官员的权力选择。

贞元十二年（796年），唐德宗因关中大旱而下令求雨于名山大

---

① （后晋）刘昫等：《旧唐书》，北京：中华书局，1975年，第927页。

川，太白山列于其间，唐德宗及其派遣的使臣选择太白山作为求雨之地之一，是当地习惯使然。此次求雨，是目前见到的第一次太白山求雨。柳宗元的碑文对太白山神的溢美之词，是当时较为常见的碑文书写模式。柳氏同期所做的《终南山祠记》，详述了修建终南山祠的过程。他对终南山神的认同与太白山相较，有过之而无不及。可知太白山神雨神意象的出现并非简单民众认同的结果，它在出现之初就借助了国家力量，起步在一个较高的平台上。

至宋代，太白山神在朝廷大力奉赠民间神明政策影响下得以发展。至和年间，凤翔府知府李昭遘奏封，继续太白山的封神历程，也使太白山神求雨习俗得以强化，为其最终成为区域雨神奠定基础。李昭遘奏封太白山湫为济民侯；嘉祐七年（1062年）二月，府签判苏轼至太白山祷雨；知府宋选于三月再次至太白山祷雨，于三月末雨降。苏轼为此写了《祷雨太白文》《乞封太白山神状》《告封太白山神明应公祝文》，并为之作诗。苏轼文作的流传对后世的影响毋庸置疑，对当时的地方官员也产生一定影响。苏轼之后，太白山神在宋代多次受封，这在前文已述，在此不赘。元代，官府对民间信仰的态度远逊于宋代，民间神明少有奉赠。太白山神在民间缓慢发展。

明初，地方官员尚有参与至太白山求雨者，随着原理主义祭祀政策的推行，太白山神求雨活动归于静寂。至嘉靖年间，太白山神信仰活动再次抬头，但势头微弱。万历之后，地方官员有参与太白山神求雨活动或建太白庙者。直至明末，地方官员参与者依然寥寥无几。整个明代，地方官员向帝王为太白山神求得奉赠之事未曾出现，这不是个别官员的理念问题，而与整个明代的统治理念和祭祀政策密切相关。

逮及清代，从理念上而言，依然重视传统的儒教祭祀观，即重视人格神生前的义行事迹，但极端原理主义祭祀政策再也没能得到恢复。其时中央王朝对民间祭祀的态度，基本上延续明代万历中期以来的政策。在顺治年间，清廷就屡屡对广受民间信仰的神明进行加封、赐额活动。在陕西，清代以来的求雨活动，频繁出现，但神明并不唯一。除传统龙神之外，地方神云集，成为民众求雨的主要对象。对地方官员而言，他们是否参与求雨活动，祭拜何种神明，由他们自己判断，更多时候他们乐意接受民间传统的求雨对象。从本质上说，官员的求雨活动是对旱灾即将来临或已经降临的一种本能反应。清初陕西的求雨习俗是对明末广泛求雨建庙事象的继承，官方参与的较少。对太白山神的求封也未曾出现。

顺治至雍正年间，是清朝发展的初期阶段，在诸多方面是对前朝的继承。从雍正《陕西通志》祠祀志部分所载与求雨有关的庙宇和灵异事件来看，清初陕西民间社会流传的求雨灵异事件仍是以明代为主体，所存庙宇也以明代建造和翻修为主。陕西这一时期的雨神信仰几乎没有增添新元素。太白山神在清初的地位并不突出，仅在康熙四十六年（1707年）由知府朱琦立匾。太白山神信仰处于自发状态时，并没有被国家权力关注或利用。是否运用国家权力，不在于太白山神发展到何种阶段，而在于权力拥有者如何选择。

随着雍正年间的陕甘分治，陕西的行政区划发生了改变，民众的认同感也随之发生变迁。从康熙中期以后，官员已开始较多的参与求雨活动，但求封之事未曾出现。乾隆五年（1740年），总督尹继善已将太白山神列入陕西祀典，这在省域内提高了山神的地位，为此后的奉赠提供了基础。乾隆三十九年（1774年），毕沅出任陕西巡抚。到任之初恰逢陕西大旱，毕沅率属至长安西郭太白庙祷雨，并遣属至太白山取湫，湫水未至而滂沱大雨先至，这场晚春时节的雨暂缓了陕西迫在眉睫的旱灾，缓解了毕沅的压力。毕沅上奏为太白山神请功，实则是欲将自己的有所作为上报朝廷，朝廷特加封昭灵普润太白山之神。乾隆四十三年（1778年），陕西再遇旱灾，毕沅祷雨并上奏朝廷，颁"金精灵泽"四大字，并颁御制诗一章。毕沅抚陕期间，多次因求雨灵应而上奏朝廷，并屡屡得到朝廷奉赠神号、匾额并作御诗以谢神。

乾隆年间朝廷对太白山神的奉赠和赐匾是清代仅有的一次，也意味太白山神从宋代以来再次得到朝廷的认可。奉赠的取得，使得太白山神在此后一段时期内成为陕西雨神的象征，也使得从元代以来再无奉赠的太白山神再次回到朝廷的视野中。乾隆五十七年（1792年），陕西巡抚秦承恩再次将太白山神列入陕西祀典。乾隆年间国家对太白山神的奉赠，是对区域社会民众信仰的认同，这促使太白山神得以在特定区域内迅速发展，这个区域是以行政区划来界定的。

乾隆年间陕西巡抚两度将太白山神列入陕西祀典，并将太白山神灵迹上报朝廷，得到帝王的认可。这一系列的行政行为是中央和帝王对神明认可的常用方式，这使得太白山神摆脱了长期作为民间祭祀的地方神的属性，成为官方祭祀的神明，其祭祀范围也开始超越了关中平原的地域限制，在陕西省内发展。

此后，地方官员至太白山求雨的行为继续存在，太白山神成为地方祀典中不可或缺的神明。原有的庙宇被翻修或重建，没有庙宇的地方则建庙宇，更多的庙宇出现在乡村。在政权力量的影响下，太白山神成为祀典神明，当信仰的地位巩固之后，国家权力下行，地方权力继续控制着信仰的发展。

国家权力对太白山神的认可，在一定程度上可以认为是权力拥有者对权力的使用。这种权力因其所蕴含的能量较大，辐射范围较广，作用也十分突出。

（二）地方权力

地方官员是国家行政命令的执行者，他们的存在是国家秩序控制的需要。统治者为了江山永固，对地方官员的管理甚为严格。地方官员在控制社会秩序时，国家是其权力的来源。地方权力部分是国家赋予的，部分是自己从统治者那里争取的，如地方官员对于区域神明灵应的上奏求封即为此类。地方权力对太白山神信仰的发展，也是通过这两种途径实现的。乡村精英因其是地方社会的实际控制者，他们从国家得到的权力较为有限，他们却因其在乡村所拥有的经济能力和社会地位，也部分的拥有地方权力。

从太白山神发展历程来看，它的求雨职能在其兴起之初即由官方所赋予。中国早期的自然崇拜中，就包含了对能兴云布雨的山神的崇拜。关中西部地区民众对太白山神的祭拜行为出现较早，太白山神与求雨事象联系在一起则始于唐代，它的求雨职能最初是官方赋予的，贞元十二年（796年）的官方求雨是为滥觞。宋代，凤翔知府李昭遘，府签判苏轼，知府宋选、范纯仁等人都曾参与求雨，并颇见灵应，他们为太白山神乞封、建庙，这些人和行为都对太白山神的发展产生影响。

元代太白山神被析封为三神，即大太白、二太白、三太白，并被赠以封号。郿县县尉陈仲宜参与求雨活动，并倡导捐资兴建了清湫镇太白庙。殆及明代，洪武九年（1376 年）抚军耿忠带军屯田陕西，两年之内五次求雨于太白山，屡祷屡应，耿忠主持修复了武功凤岗之巅的太白山神庙。至嘉靖年间，太白庙再度兴建，但官方参与的痕迹不甚明晰。至万历年间，地方官员求雨建庙活动复兴，榆林府派人至太白山取湫求雨，崇祯年间学政汪乔年亦至太白山求雨。朝邑知县张三策也曾派人至太白山取湫，这为清代地方官员参与求雨活动奠定基础。

清代继承明末以来的祭祀政策，而陕西地方官员对太白山神亦采取了甚为公允的态度。清初求雨活动与明末无甚差别，各地继续在原有的地方神庙里进行求雨活动。地方神明中，与求雨相关的神明较多，有影响力者甚少，缺乏能够代表整个陕西的雨神存在，如蒲城的尧山圣母、韩城的九龙神、延安的黑龙神、临潼的风王、蓝田的济众侯等，都是地方性的雨神，其神明影响范围仅止于一县或延及周围县份，一州之内共同的雨神庙都很少出现。而太白山神在众多的地方雨神中，跨县越府，在明末已扩展至东府的朝邑、大荔一带，而陕北黄土高原地区南缘的鄜州、洛川、长武，甚至最北的榆林府都出现太白庙，太白山神是清初陕西地方神中影响力最广的一种，这从前文对雍正《陕西通志》中雨神类型及其所占比例表中可以见证。

地方官员参与太白山神求雨活动从清初即开始出现。顺治年间华州，康熙年间临潼、郿县、西安府、朝邑、鄜州都有地方官员参与求雨和建庙活动。及至乾隆年间，求雨活动更多，巡抚毕沅屡次参与其间。清代由地方官员主持的求雨或建庙活动多出现在关中地区，这些行为人官阶不等，但行为模式和目的却相差无几，即求雨借以解除区域干旱，并借此控制区域社会的秩序。绝大部分地方官员的求雨活动是不上奏朝廷的，他们的目的是控制地方社会，但其最终目的仍在于使自己能较为长久的从事某一官职，这是其对权力的另一种理解。

嘉庆年间，陕南地区求雨之风兴起。嘉庆三年（1798 年），严如熤任洵阳知县，即开始求雨。嘉庆十七年（1812 年），陕南大旱，汉中知府严如熤募建太白庙，而他的求雨之地甚多，南郑县，"神山，县南八十余里，岁旱祷雨辄应，土人谓之小南海……严太守两次诣海祷雨，均得甘霖……屡著灵应，太守匾于麓曰：灵膏普济"①。褒城县，"碧玉泉，县南五十里……有庙曰灵泽，天旱祷雨辄验。太守严如熤常祈祷此泉，甘霖立需"②。汉阴，"太白洞，嘉庆甲戌，自春历夏闵雨，通判钱鹤年蹑履步祷，大需甘霖，谨志灵迹于洞前之石"③。陕南地区地方官员参与的求雨活动甚少，以严如熤为最。他在募建太白庙碑文中言明，他敬神是因为汉中府的灌溉水源来自于太白山等地，可知陕南地区对雨水的需求要小于秦岭以北地区，官员是否选择使用其所拥有的权力，地域社会的地理基础是影响其选择的因素之一。

清代后期，由官方主持的求雨活动有："岁丁丑关中旱，自七月至明年之二月不雨，秦之民辍业而流离，秦之官吏束手而罔所呼吁，势岌岌不可终日。钟麟忝抚斯土……闻境之西南有山曰太白，其神曰昭灵普润之神，是国朝所崇封赐荣也……遣属往祷，神鉴其哀，旬日之间，滋液渗漉，匪惟雨之，又润泽之……光绪五年己卯春三月。"④光绪二十六年（1900年），陕西夏季大旱，巡抚岑春煊命侍郎桂春诣太白山祈水，并拨款修太白山神祠。这两次求雨是在旱灾非常严重的情况下所采取的行动，最终无果而终。这一时期地方官员的求雨活动已不能解决干旱问题，雨神逐渐被权力拥有者放弃也在情理之中。

地方官员亲自或委派下属求雨的行为，均出现于旱灾来临之时。他们将求雨作为一种抗旱措施是无疑的，他们是怎么认识这种行为的呢？陕南嘉庆年间的求雨行为，有一种效仿的含义在其中。严如熤从嘉庆三年（1798年）出任洵阳令，即开始求雨活动。此后十余年间，他一直为官陕南地区，与旱灾来临时被动采取求雨比较，陕南地区更多时候是以兴修水利为抗旱根本措施。嘉庆十七年（1812年）大旱，他募建汉中太白庙，从前引募文中我们已经得知，他之所以信奉的太

---

① 民国《汉南续修郡志》卷四《山川上》，民国十三年（1924年）刻本。
② 民国《汉南续修郡志》卷四《山川上》，民国十三年（1924年）刻本。
③ 嘉庆《汉阴厅志》卷二《疆域志》，清嘉庆二十三年（1818年）刻本。
④ 民国《岐山县志》卷九《艺文》，民国二十四年（1935年）铅印本。

白山神，是源于汉中几条大的灌渠用水均发源于太白山，并非信奉求雨意义上的太白山神。

在地方社会中，乡村精英即士绅也是权力的拥有者。与地方官员相比，他们的权力缺乏行政性，他们所拥有的权力是依靠其社会地位或经济实力获得的，其行为具有一定的影响力。在太白山神信仰的发展中，士绅一定是主宰力量之一，但因他们的行为大多失载，我们只能从零星的资料遗存中得到些许信息。

士绅参与太白山神信仰活动，在信仰早期较少记载。元代陈仲宜重修清湫镇庙宇，他发动耆老、社长等民间力量捐资参与，这时参与的地方基层管理者或有资力者较多，他们来自于郿县及其他县份。他们的参与使得建庙资金充足，庙宇形制和规模都盛于一时。捐资者多以社长等率领，如"诸葛乡廓下社社长宁二十九人不全录下仿此；豆村社社长赵得进等三十四人，宁曲社社长李平等十七人；普济社李社长等十七人；营田社郭同知等十八人……"①，社长、同知等是乡村的头面人物，他们是小区域的领军人物，他们的参与要比一般民众更具号召力。

清康熙年间，朝邑知县王兆鳌正是应地方士绅之请参与太白山神求雨的祭拜活动的，"（王兆鳌）即急复斋宿设坛，而绅士辈为予言，邑南寺后社旧有太白庙者，为祀太白山神而建也……今新水适至，公可迎而祷也，予夙景神威，素念灵异，闻言踊跃徒步恭请升入邑城，昕夕膜拜，不三日甘澍滂沛，槁苗获苏"②。地方士绅是地方信仰信息传达给地方官员的媒介，正是基于他们的认可，地方官员能够接受地方神并参与活动。而地方士绅之所以能够上传下达，是因为他们的身份和地位所具有的影响力，他们所拥有的就是地方权力。

清代陕西约百分之八十的太白庙位于乡村，地方士绅参与修建者必不在少数，可惜资料的缺乏，使笔者不能细细分析其中的权力网络，实为遗憾。

纵观整个清代地方官员参与的太白山神求雨活动，我们不难发现，

① 宣统《郿县志》卷八《金石遗文录第五之上》，清宣统二年（1910 年）铅印本。
② 康熙《朝邑县后志》卷八《艺文志》，清康熙五十一年（1712 年）刻本。

从顺治时期的民众求雨到康熙年间的地方官员求雨，是官方对民意认可的一种方式。自此以后，地方官员更多的是从自身利益出发，求雨、建庙，都有特定的缘由。乡村精英是乡村大型活动的组织者、参与者，是民众和地方官员信仰信息交流的媒介。国家权力和地方权力在区域社会交相作用，对信仰的发展均起着推动作用。

二、政区对信仰的影响

政区是行政区划的简称，"行政区划是国家行政管理的产物，由法律形式予以确认，有最明确的边界与确定的形状"[①]。划定行政区划是国家的行政权力。陕西省作为一个行政区，历史悠久。从元代开始，实行行省制度，陕西即成为一级政区。清朝初期沿袭明代制度，称陕西省。康熙二年（1663年），分陕西布政使司为左、右布政使司。康熙六年（1667年）七月改左布政使司为陕西布政使司。这是现代陕西省的雏形，此后的行政区划只是陕西省内的调整，而外部边界变动甚少。康熙年间的陕甘分制，使得陕西省的辖区缩小，这有利于省籍认同的形成。

"行政区划的层级大致可分为三层，根据其所处管理层位，我们将这三层定名为在基层的县级政区，统辖县级政区的统县政区以及在统县政区之上的高层政区。"[②]对于县级政区和统县政区而言，行政区划与自然区划、文化区划基本吻合。而在统县政区之上的高级政区内，存在不同的自然区划时，其文化区划也有差异。民间信仰则是文化区划的一种因素，它的发展是以地理环境为基础的。在一个相对的稳定的行政区划中，民间信仰一定受到这种有明确自然界限的行政区划的影响，这种无形的影响表现在太白山神信仰中，即表现为在省域内的促进和省域外的限制两个方面。

① 周振鹤：《中国历史上自然区划、行政区划与文化区域相互关系管窥》，中国地理学会理事地理专业委员会《历史地理》编辑委员会编：《历史地理》第 19 辑，上海：上海人民出版社，2003 年，第 1 页。
② 周振鹤：《行政区划史研究的基本概念与学术用语刍议》，《复旦学报》（社会科学版）2001 年第 3 期。

（一）省域内的促进

康熙六年（1667年），改陕西左布政使为陕西布政使，其辖区即今天意义上的陕西省。清初陕甘分制之前，方志所载至太白山求雨事件共有三例，即顺治十八年（1661年）华州百姓、康熙二年（1663年）临潼赵居、康熙四年（1665年）郿县令梅遇等人步祷太白山。祷雨者的身份除郿县是县令外，其他地区是以民众为主体，可知清代前期至太白山求雨多为民间自发行为，是区域社会传统习俗使然。

国家认同是太白山神在高层政区内扩展的基础。乾隆年间太白山神得到国家和高层政区官员的认可，是太白山神信仰发展的高峰期。在此情况下，太白山神信仰的扩展已超越了求雨信仰这一主题，成为区域认同的一种标志。在乾隆年间，太白庙即在原有基础开始扩大，如郿县附近的信仰中心、省城西安所在的长安、咸宁两县信仰中心，都是在此段时间得以强化或形成的，这是在信仰中心区信仰程度发展的一种体现，也是地域社会对其认同的外在表现。

政区对信仰在其域内的促进，主要表现为两种情况：一是该地区没有信仰存在的环境基础。二是该地区原有流传已久的其他地方雨神。

地理基础不适合地区，以陕南地区最为明显。清代的陕南地区包括汉中府、兴安府和商州直隶州三部分，同时行政上归属西安府的宁陕、孝义二厅，在自然环境方面更接近于陕南地区，本书也将此二厅列于此类。陕南地区是陕西的足水区，降水量较为充分，且境内河流密布，灌溉渠系发达，旱灾对陕南地区地方社会的影响远小于水灾的影响。即便如此，乾嘉年间，陕南地区出现的太白庙见证了同一政区内祀典的影响力。乾隆年间，雒南县陈家川出现太白庙；嘉庆三年（1798年），商南忠义祠南建太白庙；嘉庆十七年（1812年）知府严如熤在汉中府附郭县南郑县行台坊建庙。陕南地区方志中无确切建造时间的太白庙就更多，凤县洪利寺旧址、留坝厅西南三十五里木通沟、佛坪厅东关、砖坪厅洛河、汉阴厅东南五十里太白洞等，这些庙宇都不曾见于此前的方志，将其建庙时间定在嘉庆朝及其此后，是可信的。

陕南地区这些庙宇的有限记载中，我们看到了毕沅求雨的印记，如汉中府治西北太白庙，"四十年陕西旱，巡抚毕沅遣官祈祷，甘澍大霈，阖省沾渥，奏闻加封昭灵普润、御制诗一首，恭镌省城太白祠中。"①留坝厅，"太白庙在西三十五里木通沟内，有毕沅祈雨事。"②汉阴厅，"太白庙，乾隆三十七（九）年巡抚毕名沅因旱雩得雨，请加封号，嘉庆甲戌自春历夏闵雨，四月通判钱鹤年蹑履步祷。"③陕南地区的太白庙多出现于嘉庆朝，其建庙记多载毕沅太白庙求雨事，这应当不是对毕沅个人行为的简单模仿。他们在叙述毕沅祈雨之事都提到朝廷的赐封，他们所看重当是毕沅上奏而带来的国家对太白山神的认可，这是他们建庙的情感基础。作为陕西省的辖区，他们的行为是以省级官员的认可为基准的，故而太白山神信仰得以在陕南地区兴盛。

陕南地区由于水资源的相对丰富，其与关中和陕北干旱半干旱地区对雨水的渴求度不同，陕南地区在乾嘉时期迅速出现的太白山神信仰，却没有得到深入的发展，仅限于一县一庙。太白山神信仰在短期内兴盛之后，不久又归于沉寂。行政力量促使了信仰的扩展，却不能使之长久存在，可见推动信仰发展的因素是多方面的。行政力量是强大的，人亡政息是其最终归宿。

政区对信仰的促进，第二种表现是在原来已有地方雨神地区。陕西境内地方雨神比比皆是，除太白山神而外，几乎每个县都有自己特有的雨神。这其中，不乏流传悠久、影响力较大的地方雨神，它们有的也跨越州县。在乾嘉年间之前，这些雨神在县域社会扮演着主体雨神的角色。至乾隆年间，国家和省府对太白山神信仰的认可，使太白山神对原有地方雨神形成冲击，这是行政力量即政区对太白山神发展促进的又一表现。

在省域东界东府一带，其传统雨神如奕应侯、尧山圣母等神明存在已久，在小范围内有一定的影响力，如韩城，"韩邑向有奕应侯庙，俗呼九郎庙，相传为晋赵文子。自元时崇祠，以其灵应祷雨功在生民，故

① 民国《汉南续修郡志》卷十四《祀典·坛庙》，民国十三年（1924年）刻本。
② 道光《留坝厅志》卷七《祠祀志》，清道光二十二年（1842年）刻本。
③ 嘉庆《汉阴厅志》卷二《疆域志》，清嘉庆二十三年（1818年）刻本。

历数百年而馨香勿替"①；朝邑，"九郎庙，在北郭九郎山，即梁山东北峰，有奕应侯庙，庙有圣水泉，然清冽，岁旱挹水则雨立降，顺治间邑人祷之有验"②。朝邑太白庙建于明末，而韩城本无至太白山求雨的习俗，而嘉庆年间，"太白庙，庙在东郭门外"。再如，陕西的东门潼关，龙王是潼关传统的求雨对象，至嘉庆年间，"太白庙，在北街"。陕西东南部的雒南县，求雨之地原为黄龙庙，而乾隆年间，"太白庙，在陈家川"；商南，"太白庙，在忠义祠南"。这些此时出现的太白庙并不是传统的求雨之地，而建太白庙之后县域社会并未在该庙出现求雨活动或习俗，这些庙宇出现的行政意义就非常明显。

在关中中部地区，兴平人常在高皇泉求雨，"高皇泉，县西南三十里汉高帝庙左，天旱祷雨辄应"③。乾隆四十二年（1777年），知县顾声雷求雨，其取湫于高皇泉，却将湫水带至县城西门外的太白庙祭拜，并重修太白庙，太白山神对原有雨神的冲击可见一斑。永寿县，位于黄土高原南缘，地势高亢，其原有祈雨地为普渡寺观音泉，"灵觉山，山下有普渡寺观音泉，遇天旱取湫祈雨辄应"④。普渡寺灵湫为永寿县传统求雨地，在乾隆年间省级官员的倡导下，太白山神进入其视野，而太白庙也出现于此地，"太白庙，在县南二十里蒿店，又见县南九十里店头镇"⑤。太白庙在这些地区的出现，并不意味着民众对太白山神的全盘接受，区域原有的求雨之地也继续存在，形成多种雨神并存的局面。

在已有固定雨神的地区，乾嘉时期出现的太白庙，必然意味着太白山神信仰在与原有雨神的较量中占据上风。太白山神的出现对原有雨神形成冲击，并代替或与原有雨神共存。太白山神能如此发展，我们将其理解为政区力量的影响更为合理。

---

① 光绪《同州府续志》卷二五《文征续录下》，清光绪七年（1881年）刻本。
② 康熙《朝邑县后志》卷二《建置·祠庙》，清康熙五十一年（1712年）刻本。
③ 民国《重纂兴平县志》卷一《地理》，民国十二年（1923年）铅印本。
④ 光绪《永寿县重修新志》卷二《古迹·寺庙》，清光绪十四年（1888年）刻本。
⑤ 光绪《永寿县重修新志》卷二《古迹·寺庙》，清光绪十四年（1888年）刻本。

（二）省域外的阻碍

行政力量对信仰的影响是无形的，它是基于省籍认同而存在的，从本质上而言，它是一种心理感受，这种感受的体验者是社会各阶层。在传统社会中，社会各阶层在文化、经济等方面的差异，使得他们对省籍认同有着不同的表现，正如上文所言，政区在太白山神发展中，对政区内的地域而言，它对信仰发展起到了促进作用。它可以在短期内忽略自然基础，促使信仰遽然兴起，同时它又通过整合或并存方式对区域内原有雨神产生影响。清代政区有着明确的疆界，这种疆界是有形的，而信仰是一种情感，它的传播是通过人来进行的，信仰越过这种有形的疆界传播是必然的。清代人口流动性较强，太白山神通过官员改任或移民等渠道，越过省界传播是非常容易做到的。事实并非如此，在界域之外，国家对太白山神的认可作用较小，太白山神的传播是受政区限制的。

陕甘分制发生在康熙六年（1667年），在此之前，甘肃为陕西的一部分，在嘉靖《陕西通志》中，甘肃有两座太白庙，"通渭县，太白庙，在县西二十五里，元至正十五年建。徽州，太白祠，在州东二十里，洪武五年建"。这两地的太白庙建造时间较早，这一时期陕甘是处于同一政区内。而在太白山神信仰广为发展的清代，甘肃境内则未见新的太白庙出现，陕甘分制也许是原因之一。

乾隆年间，毕沅抚陕期间，曾多次求雨太白山，屡获灵异，毕沅对太白山神信仰有加。至乾隆五十年（1785年），毕沅改任河南巡抚，"公抵汴日，遣官驰赴太白山灵湫取水，三月十五日水到开封，设坛大相国寺，率文武步祷，越二日得雨二寸余"[①]。乾隆五十三年（1788年），"春三月，设坛大相国寺，祈求雨泽，并遣官分诣嵩岳、太白山龙湫取水，公率僚属虔心步祷，自三月至五月，大河以南陆续得雨深透，麦收仍约十分至七分不等"[②]。基于两次取湫太白山均有灵应，"乾隆五十三年，河南巡抚毕沅在胡同北口建太白庙……太白庙所祀何

---

① （清）史善长编：《弇山毕公年谱》，清嘉庆年间刻本。
② （清）史善长编：《弇山毕公年谱》，清嘉庆年间刻本。

神、何人？因庙已毁无从验看，那就让我们来做一番推测和判断吧！历史上和'太白'有关的两个人，一个是唐代著名诗人李白；另一个是神话小说中经常出现的太白金星。"若从毕沅的为官经历来看，这两者都是误解。从中我们可看到一点，对河南人来讲，毕沅太白山求雨的灵异事迹对当地人影响很小，即便巡抚特意建庙，也不能引起当地人的认同。同是巡抚，同样求雨有应，在两地的反差却极大，在陕西促进了此后几十年间太白山神信仰的发展，在河南以官府力量建造了太白庙，多年之后竟不知所祀何神。

毕沅同一行为在陕西和河南两种截然不同的命运，使我们见证了政区这个看似无形却实际存在的疆界对区域神明发展的影响。不独开封如此，在陕豫交界地带，潼关、雒南、商南等地均有太白山神信仰出现，而它的临区卢氏、灵宝、淅川、西峡却未有一处得见太白山神信仰。这些在自然地理上并无截然区别的地区，信仰却出现森严的壁垒，政区是造成这一壁垒的重要原因。

政区对太白山神的影响也许并不止此，但因资料的限制，我们无法得知更多的细节。作为一种有形的存在和无形的影响，政区对区域信仰的促进或阻碍的作用是客观存在的，这有利于我们对省籍意识或文化区形成的进一步认识。

第二节　信仰的世俗化

太白山神作为清代中期以后陕西的区域神，它在行政力量的支持下获得了迅速的发展，在区域社会内广泛传播。求雨活动的展开、庙宇景观的建造，以及与此相关的诸多事象，都受到太白山神发展的影响。从另一种意义上看，也就是信仰在区域社会的基础上，介入了区域社会的生产生活中，使信仰出现了世俗化倾向。这种倾向的产生，是因为信仰本身就是区域社会的产物，与它位于同一场域的事物之间有着必然的联系。

一、太白山神对陕西其他雨神的影响

太白山神是清代陕西境内求雨频率最高、波及范围最广的区域神明。除陕南地区和关中平原个别灌溉条件优越的县份之外，陕西大部分地区农业所需水资源来自于自然降水。自然降水的不恒定性，使得这一地区农业经常面临水资源缺乏的状况，干旱成为陕西秦岭以北大部分地区农业面临的最主要的灾害。求雨是对抗旱灾的措施之一。

陕西境内与求雨有关的神明众多，从对雍正《陕西通志》祠祀部分的统计可知，庙宇最多的是龙王，而与其相关的求雨活动并不多见；求雨活动最多的神明是太白山神。至清代中叶，在行政力量的支持下，太白山神成为陕西雨神的代表，它的发展历程已如前述。太白山神在其发展的过程，对境内具有相同功能的神明必然产生影响。这种影响可以分为两种，一是对影响力较大之神，太白山神与之并存。二是对影响力较小之神，太白山神将之整合。这两种情况的存在，在时间序列和空间上是有差异的。

（一）并存

陕西境内雨神的差异，主要表现在空间上的差异。陕北地区是干旱区，干旱的气候是陕北地区的常态，水资源严重缺乏，旱灾濒临。就干旱的陕北地区而言，它的求雨对象是龙王，即便是有灵异之地，也被以龙命名，从而与整个国家祀典相符。但求雨灵异事件甚少，官方主持的求雨活动甚少，这与当地降水稀少有关，即求雨的偶合概率小，不易形成对这些地方神的信仰崇拜。"余，或祈雨，禳病于土地，及境内神祠，不必风伯、雨师、岐伯、药王为应祷。……大都以土地神祠之祷，或应，即警传；不应，坦如也。"①陕北地区求雨对象的不固定，显然

---

① 姬乃军，韩志侃校注：《〈延安府志〉校注》卷三十九《礼略三·岁时》，西安：陕西旅游出版社，1999年，第281页。

与求雨多不灵应有关。

就目前统计来看，陕北的求雨地点主要有：保安龙王庙，甘泉龙王庙，安定黑龙山上黑龙王庙、小龙王庙、麻池坳龙兴寺，延长龙王庙，怀远龙王庙，府谷黑龙洞、龙王庙，清涧太白行祠、龙王庙，肤施黑龙庙，安塞李福庙，保安顺惠王庙，宜川唐浑瑊祠，延长显神庙、龙王庙，米脂龙神庙，延川窪山、响水潭，鄜州太白庙、龙王庙，洛川太白庙、九郎庙、杨侯祠，中部太白庙、龙神庙、圣母庙，宜君太白庙。从陕北地区求雨地点看，是以龙王为雨神崇拜的重点，在各个县域内，以自然物崇拜作为求雨对象者较为少见，仅有的几处以山洞，如乌龙洞、黑龙洞、水泉如麻池坳等祈雨地点者，都被命名为与龙相关。陕北大部分地区是以龙王为求雨对象，他们大多没有塑造有自己特色的神明。陕北地区民众求雨习俗普遍存在，并在不断发生改变，这种改变在一定程度也与其省域求雨系统相靠拢。榆林早在明万历年间即因求雨有应，建有太白庙，该庙初位于城外山上，"榆林府，太白庙，在南城街，旧在南城外五里，有城堡，同知谭吉璁碑记，乾隆三十八年移建今地。余肃敏祠，在太白庙后，祀明巡抚余子俊。定慧寺，在南街太白庙西，康熙初建"①。太白庙从城外迁至城内，从其周边的庙宇情况看，太白庙此时应在榆林的祀典中，这必然是受到太白山神列入陕西祀典的影响。同时，基于陕北地区的地理基础，虽沟壑纵横，却少有山脉，崇山理念的缺失，是太白山神在陕北地区没有得以广泛传播的原因之一。

在陕北地区，虽有太白山神信仰，但因其远离太白山神发源地，太白山神对地方其他雨神的影响非常有限，故而太白山神与域内雨神表现为共存。

关中地区夹在南北两大山系之间，山脉甚为常见，山神信仰较为发达。西岳华山矗立于省界东端，至西岳华山求雨者代代有之，清代亦然。清初，"康熙三十二年，圣祖仁皇帝因秦省亢旱，闵念焦劳，特遣皇长子致祭"②。康熙三十九年（1700年），三秦观察使贾鉝再至太白

---

① 道光《榆林府志》卷八《建置志·祠祀》，清道光二十一年（1841年）刻本。
② 雍正《陕西通志》卷二十九《祠祀二》，清雍正十三年（1735年）刻本。

山祷雨之前，曾至华山求雨，"会大宗伯席公总制川陕，亦以为忧，语余曰：'雨旸不若有心者，何以煎民用砰？'余答曰：'某闻，至诚感神，桑林当可祷耳。倘以宗伯委，顾力请于西岳。'宗伯然之。余熏沐以往，攀铁絚跻南峰，焚章中告，三宿而还，灵雨既零未沾足也"①。在东府一带，官民亦有前往华山求雨者，如乾隆三年（1738年）张奎祥《登莲峰祷雨立应纪事》《再祷华岳》等文详记其求雨华山之事，但至华山求雨之事多限于东府一带，府城西安甚至渭南一带都甚少在华山求雨。这与关中地区降雨东少西多的自然环境有一定关系。在东府，除西岳华山是求雨之地外，蒲城尧山圣母是另一个求雨对象，尧山的祭祀存在于蒲城、白水、朝邑、富平等县，在长期的发展中，形成由十一个村落构成的联合体，称为十一社，轮流接神祭祀，成为一种常态。尧山圣母祭祀是以求雨为基础，但在其成为一种团体之后，其祭拜不再限于求雨，它开始囊括民众的生老病死诸项事宜，逐渐成为地方社会的主神。朝邑的九郎神、大荔的九龙神等均是地方主要雨神，影响较大。此外，终南山神亦因唐贞元年间求雨而修建神庙，且在小范围内有在此山求雨的活动。凤翔、岐山、宝鸡等县都有以县内山神为求雨对象的情况存在，直至清末依然如此。

在太白山神求雨活动大规模兴起之后，关中地区其他雨神仍然在小范围内存在，并为当地民众所信奉，这些地方虽有太白山神出现并在此建庙，但原有雨神继续存在。在太白山神信仰发展较为充分的关中地区，它虽对其他雨神造成冲击，却不能动摇他们存在的地域基础。原因当在于这些雨神长期存在，且建庙求雨之地多为地方社会的胜境，是民众能接近的神圣之地，很难被替代。故而太白山神与境内众多的雨神并存。

陕南地区是山地和盆地相结合的区域，境内水资源条件较为充足，旱灾频率较低，但在旱灾来临时求雨习俗也存在。陕南地区的求雨之地有山神庙，但更多的是泉神庙。在清代乾嘉时期，陕南地区求雨活动也较为盛行，太白山神信仰在此时也被陕南地区众多地域的官员和民众接

---

① 太白县地方志编纂委员会编：《太白县志》，西安：三秦出版社，1995年，第580页。

受，并广建太白庙，一时之间竟有十几座之多。在太白山神信仰较为流行于陕南地区的情况下，其原有的求雨之地仍广泛存在，如汉中南郑县的神山、褒城县的碧玉泉等，兴安府一带求雨之地多为洞或泉，如汉阴厅的黄龙洞、黑龙洞、太白洞，洵阳谷玺洞、北黑山洞、神仙洞，石泉烟波洞、仙女洞、青龙洞，紫阳的七宝山黑龙洞、叫驴山龙洞等，都是民众求雨场所。

嘉庆时期，陕南地区地方官员较多地参与求雨活动，其余多为民众自发的求雨。这些求雨场所多为天然物，即山洞中的潭水或悬崖上的泉水，神庙之类较为少见。嘉庆年间太白庙的出现，成为当地一时的求雨场所，然为时较短。陕南地区境内原有的求雨场所基本未受太白山神的影响，它们仍是区域社会的求雨主要场所。

乾嘉时期太白山神的快速发展，冲击着陕西原有的雨神信仰体系。短时期内陕西出现上百所庙宇，这是前所未有的。对关中地区而言，太白山神与关中各地原有的山神崇拜并不冲突，故而原有信仰神明中信众较为稳定，如关中东部的华山神、尧山圣母，中部的终南山神、仲子山神，西府凤翔、宝鸡等地的山神都得以继续存在。陕北地区原有雨神主体为龙王，尽管太白山神在明末已传入陕北地区，却一直未曾扩大，这与陕北黄土高原地区少有山峰，崇山理念的缺失相关，太白山神与原有神明除功能相同外缺乏共同点，失去整合的基础，故而两者并存。陕南地区是水资源充足区，旱灾威胁小，少有人为建造的庙宇作为求雨之地，为数不多的求雨场所多位于山间，或潭或泉或洞，太白山神的传入几乎没有影响到陕南地区的求雨场所，原有的求雨之地依然存在。

太白山神与区域内其他雨神共存，是区域神发展的必然。作为地方神，它的上升一定是借助于各种力量的扶持，并与各种地方神相互竞争，侵占他们的信仰区域；若不被更高级别的祀典载入或缺少行政权力支撑，它将失去继续上升的动力，它只能在原有区域内继续平稳发展，与其他雨神必然会形成共存的局面。

（二）整合

神明的整合，在有些区域表现为小的神明成为大的神明的从属神，这种整合多出现于传统社会末期的江南地区或闽南一带。而在陕西，神明的整合是一种覆盖，即发展势头良好的神明被域内功能相同神明的替代，使得原有神明在信仰区消失或信仰地域缩小。

从明代中后期开始，太白山神在陕西发展较快，至清代中期列入本省祀典，成为此时陕西的雨神象征。太白山神作为从地方向区域转化的一种神明，其来源于郿县境内的太白山，它的功能更符合区域社会民众的需要，且灵异事迹更接近社会实情，它在区域社会的发展中较国家祀典神明来得更为容易。太白山神的传播多是由亲身体验者或周围人亲自经历者进行，这种亲历行为并不一定是同一时间段，如陕北地区榆林府民众的信仰信息来自于明万历年间的求雨经历。关中一带灵异事迹众多，人们会根据求雨者的官阶等行政权力或社会地位来选择记忆，民众愿意选择那些官阶高、灵异事迹明晰的求雨记载。这些记载代代相传，不断被夸大。在陕南地区，太白山神在短时间内传至十几个县份，速度之快，得益于地方官员的倡导。

太白山神对其他神明的整合，在文献资料中表现的不是十分明显。临潼，"新开山，骊山西南十五里，上有灵泉，祷雨辄应，岁旱邻邑民多来取水以祷者，因置太白庙于其上"①。新开山距骊山甚近，骊山老母是临潼一带甚有威望的地方神。高陵一带的民众有至骊山山巅的老母殿求雨的习俗②，渭河北岸的高陵至骊山求雨，临潼一带的民众在骊山求雨更合情理。在太白山神信仰盛行的年代，太白山神庙会建在骊山附近，其对地方神明的整合一定是有的。

兴平，原有至高皇泉求雨的习俗，"高皇泉，县西南是南十里汉高帝庙左，旧志天旱祷雨辄应，水深碧，久旱不涸"③。汉高帝庙为当地的祈雨之地于此可知。乾隆四十二年（1777年），知县顾声雷求雨，他先在高皇泉取水，然后并未在此设坛求雨，而是将水带至城内太白庙，在太白庙祭拜，得雨后将灵异事迹刻在碑石，竖在太白庙前。在一定程度上，太白庙替代了原来的汉高帝庙，成为兴平新的求雨处所。

① 乾隆《临潼县志》卷二《地理》，清乾隆四十一年（1776年）刻本。
② 此习俗是笔者居住于高陵的师姐王永莉告知。
③ 民国《重纂兴平县志》卷一《地理》，民国十二年（1923年）铅印本。

在凤县，太白庙成为众多神明的供奉之地，"太白庙，在城内洪利寺遗址前，北向后建万寿宫，今废。刘猛将军庙，附太白庙内，同太白山神，岁以春秋仲月望后诹吉致祭。节义祠，东月城内，雍正七年建，今废，现移太白庙内，昭忠祠附太白庙内"①。凤县众多神明移祀太白庙内，可能与当地的庙宇多被废弃有关。昭忠、节义、刘猛将军原为国家祀典所规定之神，今反屈驾移至太白庙内，太白山神信仰对区域社会的影响可以想见，对当地雨神的整合应该是存在的。

太白山神对更多神明的替代应发生在乡村，多不见于记载。在郿县、扶风、长安、咸宁等地，见于记载的太白庙有近十所或十几所之多，他们的出现对乡村原有的龙王或圣母等雨神的冲击可想而知，对其整合当是再再有之的现象。

太白山神对域内雨神或其他神明的整合，多发生在其处于上升期之时。这时太白山神在祀典的规范和地方官员行政权力的作用下，具有其他地方神明所不具备的辐射力。太白山神的灵异事迹在此时也被广泛流传，为其扩展提供舆论上的支撑，从而使得太白山神对域内其他雨神的整合更有力量。

二、太白山神信仰对陕西社会的影响

信仰是区域社会一种习俗历经升华而形成的。在它的发展过程中，它必然不能脱离区域社会，对区域社会产生了无形的影响。

（一）生活习俗

太白山神发源于关中地区太白山，早期的信徒是居住在太白山周围的民众。太白山是他们日常生活的地域之一，对山及其中的事项认知甚为详细。太白山神在民众需要时就会出现在他们的生活中。

---

① 光绪《凤县志》卷四《典祀》，光绪十八年（1892年）刻本。

1. 治病

在太白山地区，当地俗曰："太白山能留人"。太白山何以能留人呢？在我看来，这是因为山高地寒，风雨不时，入山者很难适应山中的气候变化，故而入山者多死于山中或归而称疾。这为太白山蒙上了神秘的面纱。太白山神出现之初，其功能是多样的，柳宗元曾说："岁水旱则祷之，寒暑乖侯则祷之，疾疠祟降则祷之。"太白山神能治病之说当来源于此。当身强力壮者从太白山归来，他在山中食用的果子、草，饮用的水，都可能成为其生还的帮助者，太白山中的植物、水就成为民众的崇拜之物。太白山神能治病的习俗应产生于此。

太白山神能治病的状况在信仰发展早期较为明显，随着其雨神形象的固化，本是平行的各职能之间产生了轻重的变化。太白山神早期求药治病之具体事例已不可寻。药王孙思邈曾隐居于太白山，"周宣帝时，思邈以王室多故，乃隐居太白山"[1]。孙思邈入唐后已为世人所瞩目，他早期隐居之地太白山必然与医药连在一起。至元代，仍有人至太白山求药，如杨伭，"后牛氏失明，踰登太白山取神泉洗之，复如故"。赵荣，"复负母登太白山，祷于神，得圣水饮之，乃痊"[2]。此时，太白山之水被赋予灵异，与治病联系在一起。及至清代，山上建有庙，"至金锁关，即头天关，路旁峰石铲削，有高至数仞者，下有版屋曰：万善宫，亦居民供奉太白药王之所"[3]。修有供药王之所，可知至太白山中求药之人不在少数。

太白山早期治病之说，似乎是以漱水为圣水而治病，这在中国许多地方都是存在的。太白山灵漱被赋予这样的功能是可能的，元代的两例或洗或饮，均与水相关。太白山中草药资源更是丰富，这在早期的中药发展中，一定会有人认识到这一点。清初，贾鋐行记载，"三清池无水，去玉皇池十五里。其旁金背枇杷甚多，撷其叶疗百病"[4]。山中不仅草药多，采药者也云集，清代中期汪皋鹤曰："玉皇池，庙在池右，

---

① （后晋）刘昫等：《旧唐书》，北京：中华书局，1975年，第5094页。
② （明）宋濂等：《元史》，北京：中华书局，1976年，第4454、4456页。
③ 宣统《郿县志》卷三《太白山灵感录》，清宣统二年（1910年）铅印本。
④ 宣统《郿县志》卷三《太白山灵感录》，清宣统二年（1910年）铅印本。

南向，殿厢稍有巢宇，凡采药者每投宿于此。山产药物如郿参、大黄、白芍、苦参、羌活之类，其余奇花异卉，咸莫能名，即山中人亦不识也。又离此十二里之三清池，其旁多金背枇杷药可疗百病，余遣人往采，其余诸药各斯取数茎，命从人有力者负而归焉"①。汪氏作为外来者，对山中草药已了如指掌，当地人对此更是了然于心。进山采药者对其赖以生存的太白山、太白山神的崇敬之情是油然而生。

从太白山中存在的大量的中草药、动物药等来看，太白山神能治病之说，是有一定的现实依据的。若将其夸大为以其水洗眼即能复明或喝此水就可痊愈，就显得有些附会。总之，太白山神的疗病之说，在缺医少药的传统社会，尤其是药王孙思邈隐居于此而得以长寿，对陕西区域社会的生活习俗还是会有一定的影响。

2. 崇尚白色

区域社会民众对太白山认知，多停留在表象上。太白山的得名缘由他们不需要明白，但山顶的白色则是他们念念不忘的。在大多数情况下，民众的对太白山的认知仅停留在山名的白上，在他们的意识里，白就是白色。

民众对太白山山顶白色认知，形成了陕西的尚白习俗。所谓尚白，是指对白色的崇尚。在陕西，民众将对白色的崇尚与太白山神联系起来，足见信仰对社会生活产生了一定的影响。

陕西的尚白习俗起源不详。雍正时期，"男子多获冠。妇人虽浓妆，亦必以白布饰其首，盖西方金也，山曰太白，故多尚白，从来远矣"②。尚白习俗来自何时，在清初已不能知晓，但此时已与太白山关联在一起。

在关中中部永寿，"乾永妇人虽盛妆，亦必以白布饰其首，盖西方金也。西南有太白山，故多尚白，从来远矣。按永俗少妇饰首用各色细布，老妇则多用白"③。临潼，"服饰，妇人虽浓妆，必以白布饰其首，

① 宣统《郿县志》卷三《太白山灵感录》，清宣统二年（1910 年）铅印本。
② 雍正《陕西通志》卷四十五《风俗·礼仪》，清雍正十三年（1735 年）刻本。
③ 光绪《永寿县重修新志》卷四《性习》，清光绪十四年（1888 年）刻本。

盖西方金也，山曰太白，故多尚白，从来远矣”①。永寿、临潼两地的尚白习俗如出一辙，都表现在妇人的头饰上。从永寿的描述来看，妇女并不都用白色头饰，仅限于老年妇女。在传统社会中，民间多用土布，土布织成时均为白色，然后根据需要染成不同的颜色。对普通农民而言，染色的颜料并非家家都能产出。而对老妇人而言，对华丽头饰的追求已经不再重要，用白色头饰本是正常。

关中地区妇人的白色头饰，是早已存在的现象，而将妇人白色头饰与太白山联系在一起，是太白山神地位提高之后民众自觉的附会。从两条信息的来源来看，这种附会的认知应出现在清初或更早。从时间上看，这应与太白山神信仰的广泛传播有关。太白山神与白的关系应是指山顶白色而言，这是对太白山意象的深化。

关中的尚白习俗，应当不是仅存于清代，但此时将其与太白山神联系起来，足见在普通民众的生活中，太白山神已深入到细枝末节，影响力可见一斑。

（二）社会经济

信仰是一种文化事象，它会对区域社会的文化、思想等造成一定的影响。对于社会经济而言，在不同的地域，信仰的影响是不尽相同的。

在陕西，信仰与社会经济的关系主要表现在庙会方面。庙会也叫庙市，是伴随寺院或宫观的宗教活动而出现的商品交易场所。从字面已不难理解，庙会的发展是以宗教的繁荣为基础，而市场交易则是借助寺庙做依托。陕西庙会产生于唐代，其实都城长安慈恩寺、兴善寺等均有庙会举办，宋代以后，更加兴盛，遍及城乡；明清时期庙会的发展达到高峰②。

太白山作为关中名山，受人关注是必然的，明代已有拜山的习俗，明代康吕赐的《远门太白庙记》载：

---

① 民国《临潼县志》卷一《风土》，民国十一年（1922年）西安合章书局铅印本。

② 张萍：《地域环境与市场空间——明清陕西区域市场的历史地理学研究》，北京：商务印书馆，2006年，第203、204页。

太白山四时雨雪，经年不消。惟夏盛暑，人敢至巅。其巅三峰连峙，每峰巅汇一池，深不可测。六月四方会朝者大集，人各为社，络绎奉香火，终月乃已。而吾武功距山百里，邑人结社颇多，因会众建庙山麓，先期诣庙祭告，后登山。①

武功至太白山奉香火者络绎不绝，此时是否有庙会已不可知。此时已有"开山、封山"之说。至山祭拜者，主要集中在每年的六七月份，此时为"开山"之时，四方云集，祭拜祷告之声当不绝于耳，众多信众汇聚于此，形成一种商业氛围是极有可能的。至八月天气转凉，登山者渐少，开始"封山"，山下的热闹景象也会随之消失。

太白山的入山路线是由信徒们自行决定的，但根据山形、山势和道路状况而言，绝大部分的入山者选择从远门入山。远门位于郿县东南，是一处因太白山求雨而兴起之地。贾鉝、汪皋鹤、赵嘉肇等都由远门入山，此处是传统的入山地。远门一带庙宇出现甚早，明代已有武功人建庙于此。至清代，至太白山取湫求雨者在上山前，多在远门祭拜并休息一晚，次日上山，如汪皋鹤，"又行二十里至郿县之远门，郿令陈君述祖来迎，遂诣山口神庙……是晚宿庙中，庙为唐时旧建"②。至赵嘉肇时，"至远门，宿保安宫，远门旧有十三宫，今圮其三。保安由官建，余皆民商私祠也"③。在宣统《郿县志》中，也对远门庙宇情况作了介绍，"在远门者，有三清宫、紫阳宫、清阳宫、通天宫、秦晋宫、福应宫、新盛宫、北圣宫、万寿宫，俱各县人建"。这可能是赵嘉肇所述的远门十三宫中的一部分。远门众多的庙宇，意味着有数量庞大的信众会汇聚于此。

在盛夏六七月之间，太白山形成赛神习俗，"过雷神峡，遇山下民会赛神者，执旗鸣钲，咸于道旁作礼"。赛神时参与民众众多，有商业活动是必然的。

在郿县之外，也有庙会与太白庙有关，如乾州，"薛禄镇，二月初

① 宣统《郿县志》卷三《太白山灵感录》，清宣统二年（1910 年）铅印本。
② 宣统《郿县志》卷三《太白山灵感录》，清宣统二年（1910 年）铅印本。
③ （清）赵嘉肇：《关中丛书》第四函《太白纪游略》，西安：陕西通志馆，1934 年。

八有太白会……中部县，三月十五日，塘和铺有太白会"①。在长武，"七月十五日道教中元日，道教斋会诵经。太白庙火神庙亦逢会"，从对长武城隍庙会的描述，可以窥知其大略状况，"八月初二城隍寿诞，从初一到十五，县城举行盛大的敬祀活动，香火之盛，甲于全县。演出大戏多在半月以上"②。太白庙会虽不及城隍庙会，但也应是一次商品贸易的交流活动。

长武不仅在七月有太白庙会。长武太白庙还有自己的庙产，"长武城南门外，旧有太白庙，嘉庆九年前令元君扩而大之。太白神兴云致雨，造福西陲，庙貌遍关中，旱干水溢祈泽祈晴，有祷必应，其祀之也固宜。是二庙之有且与民生祀之为报功德。迄淫祀也哉。太白庙尝业全无，火神庙头门未建。岁己卯贡生李文元生员张时中请于余，建火神庙头门，复于太白庙隙地盖小店十一间，收赁租以供香火，余嘉其意，捐廉助之"③。太白庙所建店面十余间，且位于城门处，产生一定的经济效益是必然的。

太白庙作为陕西境内分布最广泛的区域神庙，一定是当地人活动的重要场所，而在庙会市场兴盛的清代，太白庙会一定远胜于文献所载，它对陕西社会经济的影响一定会有更多的细节，但文献的缺载使我们很难深入去探讨。

第三节　信仰与景观的对应而不对等

民间信仰是民众在生产生活中自发产生的一种情感。作为一种意识形态，它主要与区域社会民众生活相关。对于陕西的太白山神信仰而言，它是与陕西旱灾频仍的自然条件联系在一起的。

---

① 民国《续修陕西通志稿》卷一九八《风俗四·赛会》，民国二十三年（1934年）铅印本。
② 长武县志编纂委员会：《长武县志》，西安：陕西人民出版社，2000年，第611、591页。
③ 宣统《长武县志》卷十二《附后续刻》，清宣统二年（1910年）铅印本。

一、信仰的度：景观发展的决定者

信仰是一种意识形态。信仰作为一种情感的表达，我们是无法从其本身来判读它发展的程度。要判断信仰的程度，必须从信仰的表达来入手。它的程度是由信仰者来决定的，信仰者分布的区域空间是信仰被接受范围的标志。太白山神信仰作为一种雨神崇拜，其外在形式是太白庙。陕西各地太白庙是民众信仰太白山神行为的延续，是我们得以判断的依据。将庙宇的数量作为判断信仰被民众认可程度的一种手段，是有其可行性的。信仰的程度在一定程度决定着庙宇的总体数量和单个庙宇所在的区位。

太白山神作为一种神明，笔者在分析中将其区分为地方神和区域神，两者之间并无本质的区别，它是我们根据信仰发展的外在表征而做出的判断，并借此对信仰发展做出较为理性的解释。

（一）魏晋至明：地方神与零星庙宇

魏晋时期，太白山神处于产生阶段，民众的信仰情感是模糊的，信仰群体想必也是不固定的，故而仅有太白山下的一座庙宇。唐代天宝八载（749年），太白山被封为明应公，庙宇景观并未随之产生改变。贞元十二年（796年）朝廷下令求雨太白山，盩厔县令裴均重修了境内的太白山神庙，使其规模得以扩大，在数量上未有增加。

殆及宋代，从李昭遘至苏轼及其后任，多次将太白山神上奏求封，使得山神奉赠由侯至公、由公至王。这看似至尊无上的奉赠，在景观上却未有大的促进，庙宇在原有基础上也仅多出两处，即郿县县城和凤翔府城。朝廷奉赠在一定程度上提高了太白山神的地位，可知信仰程度与奉赠即神明的地位并不对应。有宋一代，太白山神信仰并未越出凤翔府，这种地域的限制必然使其发展受阻，庙宇不多是必然的。

有元一代，信仰有所发展，景观也出现些许变化。大德年间，郿县县尉陈仲宜兴修清湫镇太白庙，在他的广泛发动下，参与的士绅辈数量庞大，并波及了一大批其他府、州、县的乡村精英，使得太白山神信众第一次跨出凤翔府范围，并波及关中中东部地区。虽然这些地区参与人数不能与本府参与者数量相比，但从中亦可见信仰发展的历程。在景观建造上，太白庙也开始越出郿县，出现在扶风县饴原乡。饴原乡庙宇是由移民元俊于至元年间所建，元俊初至扶风，见本地有求雨习俗，却未有祭拜之所，即与本地民众协力建庙。景观是信仰发展到一定阶段，信众数量较多时才能出现的建筑。元代太白山神信仰的发展，因缺少地方官员的参与，虽在地域上有所扩大，信仰程度甚为有限，庙宇无几。

明朝初年，抚军耿忠屯田关中，两年之间五次祷雨太白山，使得太白山神信仰在更广阔的地域上传播；在景观方面，他重修了武功凤岗之巅的太白庙，而在其他区域，仅有麟游山间建庙。此后，无论是信仰还是景观都未出现太大变化，这与明初朝廷的颁布的原理主义祭祀政策关系有一定的关系。

至嘉靖朝末期，国家祭祀政策松动，太白山神信仰再次兴起。明代中后期的求雨活动，以关中西部为主，康吕赐《远门太白庙记》载，"夫太白庙为一方重镇，远近诸邑遇旱往祷，祷即雨，岁以不灾"[①]。在远离太白山之地，地方官员也参与其间。万历年间，榆林官员遣人取湫太白山。崇祯年间，学宪汪乔年、朝邑知县张三策也参与其间，长途的取水历程也会为沿途居民传递信仰信息，太白山神信仰所受地域限制逐渐弱化，开始在更大区域内发展。

明代后期太白山神信仰跨越府界，是其发展阶段上的重要标志。信众的增加和地方官员的参与，都促使信仰区域扩大。同时我们也应看到，此时地方官员的参与，力度相对有限，无论是榆林某巡抚还是朝邑知县，而或是学宪，他们的身份和所在地域决定他们对太白山神的传播是相对有限的。在这种基础上，信仰区域是扩大了，信仰程度却较低。与此对应的庙宇景观，数量有所增加，分布地域扩大，但总体看来是零星分布。在部分方志景观中，已将明末太白庙列出，此处不赘。可见在当时已有信仰区内，除了信仰源区的郿县及其附近区域之外，多数县份仅有一座庙宇，信仰未及深入。

---

① 宣统《郿县志》卷三《太白山灵感录》，清宣统二年（1910年）铅印本。

（二）清代：区域神与庙宇密布

清代以降，朝廷在祭祀政策未有大的变动，延续了明末以来相对宽松的状态。太白山神信仰在明末已有的地域基础上继续发展。

1. 清代前期恢复期

清代前期依然延续明末的发展态势，太白山神信仰在更广的范围内被接受，太白山求雨活动在更多的区域出现，这是太白山神信仰所经历的一个恢复期，详细统计见表4-1。

表 4-1　清前期太白山神求雨活动统计表

序号	时间	州、县	求雨者	结果	资料来源
1	顺治十八年（1661年）	华州	民众	建太白庙	雍正《陕西通志》
2	康熙二年（1663年）	临潼	赵居	时雨槐	乾隆《临潼县志》
3	康熙三年（1664年）	郿县	知县梅遇		宣统《郿县志》
4	康熙十八年（1679年）	鄜州	知州宁可栋	捐金重建太白庙	道光《鄜州志》
5	康熙三十九年（1700年）	西安	三秦观察使贾鉝	刻太白山全图于西安碑林	《太白县志》（三秦出版社，1995年）
6	康熙四十六年（1707年）	西安	知府朱琦	立代天泽物匾额	雍正《陕西通志》
7	康熙五十一年（1712年）	朝邑	知县王兆鳌参与		康熙《朝邑县后志》

顺治十八年（1661年），华州民众至太白山祷雨，因灵应而建太白庙。康熙初年，临潼赵居曾取湫太白山，康熙五十一年（1712年）朝邑寺后社民众曾取湫太白山，这些民众对太白山神的信仰应是基于区域社会原有的信仰习惯。清代前期关中地区东部的求雨活动次数多于关中地区西部。这应当与关中地区西部的求雨活动多由民众自发进行相关，而民众自发进行的求雨活动大多不被传统社会地方志记载。

与清初太白山求雨活动相应，雍正年间的太白庙也多位于关中地区，详见表4-2。

表 4-2　雍正年间陕西太白庙分布表

序号	州县	庙宇所在位置	始建年代	资料来源
1	长安	西关	明崇祯间	
2	咸阳	县南二十里	嘉靖四十三年（1564 年）	
3	渭南	县西北二十里	天启元年（1621 年）	
4	富平	金瓮山巅	明万历之前	
5		流曲镇	明万历	
6	凤翔	城东门外	宋建元重修	
7	郿县	太白山	贞元十二年（796 年）重修	
8		县治	元至正修	
9		清湫镇	元明俱重修	
10		第五村	康熙十三年（1674 年）重修	
11		东二十五里	明成化年修	雍正《陕西通志》
12	镇安	县西七十里	明代	
13	朝邑	寺后村	明崇祯七年（1634 年）	
14	华州	关外	顺治十八年（1661 年）	
15	华阴	太和堡	康熙四十三年（1704 年）	
16	乾州	西街	天启三年（1623 年）	
17		上官村	宣德八年	
18	岐山	县东十三里		
19	武功	凤岗山巅	汉永平八年（65 年）	
20	鄜州	州南五里太白山	明天启元年	
21	保安	县西南太白山上		
22	大荔	长安屯	明万历年间	光绪《大荔县续志》
23	蓝田	阿福原		雍正《蓝田县志》
24	盩厔	县西一里	唐德宗时建	嘉靖《陕西通志》
25	扶风	虎王村	元至正年间	
26		马服村	明天启年间	嘉庆《扶风县志》
27		光道村	明崇祯八年（1635 年）碑	
28	麟游	紫荆山	明洪武	
29		狼嘴山	明嘉靖	光绪《麟游县新志草》
30		九曲山	明万历	
31		西三十里	康熙	康熙《麟游县志》
32	三原	南关	顺治年间重修	光绪《三原县新志》
33		东关门外	明万历十八年（1590 年）	
34	长武			康熙《长武县志》

序号	州县	庙宇所在位置	始建年代	资料来源
35	洛川		明万历十七年（1589 年）	嘉庆《洛川县志》
36	清涧		顺治	顺治《清涧县志》
37	宜君			雍正《宜君县志》
38	榆林		明万历初	道光《榆林府志》

由表 4-2 可知，建于清初的庙宇数量非常有限，对已有庙宇的修复是这一时期庙宇景观的主要特点。从太白山神信仰的发展历程看，这是一个恢复时期，也是信仰在关中东部地区深化发展的时期。

清初陕西太白山神信仰的发展，得益于民众对所处地域社会自然环境有了更多的认知。从表 4-1 和表 4-2 对比来看，明清之际的太白山求雨活动和新建的庙宇均以关中东部地区为主，首先，这种现象的出现是缘于地域社会的需要。陕西年平均降水量在地域分布上有东少西多的特点，此地系黄土高原南缘，多台塬地、丘陵地，即使有雨水也不易存留，如郃阳，"县土高亢敧侧，少平衍，土瘠而粘，雨小不足泽，大则奔流溃逸，挟田面沃料以去，故岁不常旱，而郃阳常苦旱"①。其次，该区域民众没有形成灌溉的习惯，如大荔，"邑之北铁镰山横亘数十里，土性高燥，南则地滨渭洛，东西亦沃壤，井利可兴，居民惟仰泽于天，不为灌溉计，故频年忧旱"②。关中东部地区的雨水较少和缺乏水利灌溉设施是求雨习俗在此盛行的基础。

陕西地方高级官员参与太白山求雨活动，也是太白山神信仰程度提高的原因之一。康熙三十九年（1700 年），三秦观察使贾铉奉总督之命前往太白山求雨，这是清代见于记载的第一位高层政区官员参与求雨活动。此后，"本朝康熙四十六年，祷雨灵应，知府朱琦立代天泽物匾以志神庥"③。康熙中期的两次求雨，参与者均为地方高级官员，他们的参与在一定程度扩大了神明的影响，使太白山神信仰在明末多以民众参与的状况得以改变，信仰程度应该有一定程度的提升。康熙五十一年

① （清）萧钟秀编：《郃阳县乡土志·政绩录》，民国四年（1915 年）铅印本。
② 光绪《同州府续志》卷一四《文征续录上》，清光绪七年（1881 年）刻本。
③ 雍正《陕西通志》卷二十八《祠祀一》，清雍正十三年（1735 年）刻本。

（1712年），朝邑知县王兆鳌在当地士绅的请求下参与当地民众的太白山求雨活动，地方士绅是民众取潄求雨和地方官员参与太白山神信仰的媒介，他们也是信仰的参与者。太白山神信仰在此时开始朝全民参与的方向发展，也是其地位逐渐抬升的标志。

太白山神地位的逐步提高，意味着信仰在各种力量的参与下，信仰程度逐步加深。信仰程度的加深，在景观方面就表现为景观数量的增加。顺治年间，华州因求雨灵应，建太白庙，这是继明末朝邑、大荔之后，东部地区出现的又一个太白庙。康熙四十三年（1704年），华阴因信太白老人护佑，在县西三十里太和堡建太白庙。康熙十八年（1679年），鄜州知州宁可栋以祷雨灵应，捐金重建太白庙。这些庙宇均为其时之代表①。

雍正年间陕西共有38座太白庙，其中陕北地区榆林、清涧、保安三座，陕南镇安 1 座，其余均位于关中地区。这与太白山神发源于关中地区西部且关中地区的地理基础较为一致，对太白山神有着共同的需求相关。

2. 清代中期顶峰期

至乾隆年间，太白山神迎来其发展高峰期。乾隆五年（1740年），总督尹继善将太白山神列入陕西祀典，这是太白山神发展史的一个标志性事件，意味着太白山神地位的改变，由此前的自发状态进入国家行政体制内的发展。太白山神列入祀典，是地方神与区域神的转折点。在此时期，官方有意识的信仰太白山神，即地域社会对太白山神需求加强。清代中期太白山神求雨活动主要出现在乾隆朝，详见表 4-3。

表 4-3　清代中期陕西太白山神求雨活动统计表

序号	时间	府、县	求雨者	结果	资料来源
1	乾隆三十九年（1774年）	西安府	巡抚毕沅遣属	重修庙宇	乾隆《西安府志》
2	乾隆四十三年（1778年）	西安府	巡抚毕沅遣属		嘉庆《长安县志》
3	乾隆四十九年（1784年）	西安府	巡抚毕沅	重修庙宇	民国《续修陕西通志稿》

① 道光《鄜州志》卷二《建置·祠庙》，清道光十三年（1833年）刻本。

序号	时间	府、县	求雨者	结果	资料来源
4	乾隆四十二年（1777 年）	兴平	知县顾声雷	重修庙宇	乾隆《兴平县志》
5	乾隆四十二年（1777 年）	郿县	知县李带双	重修庙宇	宣统《郿县志》
6	乾隆五十七年（1792 年）	西安府	巡抚秦承恩	上奏灵异之地	光绪《永寿县重修新志》
7	嘉庆十七年（1812 年）	汉中府	知府严如煜	建庙	民国《汉南续修郡志》
8	嘉庆十八年（1813 年）	汉阴厅	通判钱鹤年、张彩		嘉庆《汉阴厅志》

清代中期，陕西的太白山求雨活动以省级官员为主，基层地方官员也有参与。在求雨活动之外，太白山神更是在乾隆五年（1740 年）和乾隆五十七年（1792 年）两次被列入陕西祀典，这对太白山神信仰而言，是前所未有的。

清代中期，太白山求雨活动得到省级官员的多次垂青，不是偶然行为。首先，区域社会需水量开始增加。清初经过近百年的发展，至雍正时期，人多地少的矛盾随之而至。"雍正皇帝临御之初，便指出：'国家承平日久，生齿殷繁，土地所处仅可赡济，倘遇荒歉，民食维艰，将来户口日增，何以为业？惟开垦一事，于百姓最有裨益'，进而，尽力劝谕百姓开垦地亩，'使野无旷土，家给人足。'"[1]至乾隆初，这种忧患即已成为现实，乾隆对此深感忧虑，谕令各省加紧筹划，垦辟未耕之土，以减缓人多地少的紧张关系。"关中地区在这种全国性人口压力的推动下，也积极通查未垦之地，招民垦荒，扩大耕地面积。"[2]在此情境下，水资源的不足更加明显。

其次，行政效率的增加，也促使地方官员积极参与地方社会的求雨活动。众所周知，康乾盛世之时，国家和地方官员的行政效率都在提高。地方官员为寻求升迁，对政绩的追求是不遗余力的。毕沅抚陕期间，三次祷雨太白山，并多次将此事上奏朝廷，朝廷给太白山神赐以匾

① 何凡能，田砚宇，葛全胜：《清代关中地区土地垦殖时空特征分析》，《地理研究》2003 年第 6 期。

② （清）刘锦藻编纂：《清朝文献通考》卷三《田赋三》，杭州：上海古籍出版社，2000 年。

额、封号，并制御诗以答神庥。太白山神得到国家的认可，而毕沅在陕西的作为无疑也因此上传至朝廷。地方官员的参与意图也由此可见①。

乾隆五十七年（1792 年），秦承恩抚陕，"关中维太白灵湫祈祷极验，而诸郡邑多灵异之处，志乘竞传。去年大田偶旱，幸我芝轩秦公亲诣名山为民请命，神庥俟应，立致滂沱，中丞乃命间属之祈雨著有灵异辑成专书具录以闻"②。他将太白山神列入陕西祀典与他求雨是同一年，想必祈雨在前，列入祀典在后。秦承恩在将太白山神列入祀典的同时，还令各县将县属祈雨灵异之地辑成专书上奏。这种行政行为的直接后果是陕西的地方官员可将祈雨视为政治活动，将对民众信仰的认可，转而成为对上级命令的执行，使得信仰在达到省级认可之后有了下行趋势，这种来自行政的力量在与民间原有的信仰基础结合之后，太白山神信仰的地域范围扩大是必然的，而信仰程度的提高也是一定的。

太白山神信仰程度的提升，延续到整个乾隆时期。而与此对应，景观数量剧增，详见表 4-4。

表 4-4　清代中期陕西新增太白庙统计表

序号	州县	位置	修建时间	资料来源
1	潼关	北街		嘉庆《续修潼关厅志》
2	韩城	东郭门外		嘉庆《韩城县续志》
3	临潼	西关		乾隆《临潼县志》
4		新开山		
5	长安	庆珍村		
6		周家村		
7		张杜村		
8		静宁堡		
9		泉北村		民国《咸宁长安两县续志》
10	咸宁	屈家斜	嘉庆十年（1805 年）重修	
11		仁义村		
12		三北村		
13		侯官村		
14		县北三过村		

① 民国《续修陕西通志稿》卷二百《拾遗》，民国二十三年（1934 年）铅印本。

② 光绪《永寿县重修新志》卷九《艺文》，清光绪十四年（1888 年）刻本。

续表

序号	州县	位置	修建时间	资料来源
15	咸宁	龙王庙堡		嘉庆《咸宁县志》
16		呼于东堡		
17		东十里铺		
18		田家湾		
19		西韦村		
20		八仙菴旁	嘉庆十二年（1807年）	
21	鄠县	占官营		民国《重修鄠县志》
22		青杨寨		
23		东青羊务		
24		西占官营		
25	咸阳	县西街		乾隆《咸阳县志》
26	兴平	县西门外	乾隆四十二年（1777年）重修	乾隆《兴平县志》
27	盩厔	纸氏		乾隆《重修盩厔县志》
28	蓝田	北三十里寇家山		民国《续修蓝田县志》
29		南八里蒋家寨		
30	乾州	石牛山		光绪《乾州志稿》
31	宝鸡	东二十五里		乾隆《宝鸡县志》
32		朱家湾		民国《宝鸡县志》
33	凤翔	东十三里		乾隆《凤翔府志》
34	郿县	清湫镇新开山	乾隆四十三年（1778年）	宣统《郿县志》
35		韦谷水入渭处		
36	岐山	县北街	道光八年（1828年）	光绪《岐山县志》
37		北太白山	光绪六年（1880年）重修	民国《岐山县志》
38	扶风	县东街北	乾隆三十五年（1771年）	嘉庆《扶风县志》
39		五峰山		
40		作义村		
41		窟坨村		
42		齐胜前村		
43		聚粮王家村		
44		吴郡堡		
45		县三里南村		乾隆《凤翔府志》
46	麟游	九龙山	乾隆四十九年（1784年）	光绪《麟游县新志草》
47		西十三里		乾隆《凤翔府志》
48	永寿	甘井村	道光十年（1830年）	光绪《永寿县重修新志》

序号	州县	位置	修建时间	资料来源
49	中部	县北河寨湫	乾隆九年（1744年）	嘉庆《续修中部县志》
50		兼盛村	乾隆四十二年（1777年）	
51		双柳树镇东街	嘉庆五年（1800年）	
52	南郑	行台坊	嘉庆十七年（1812年）	民国《续修南郑县志》
53	留坝	木通沟		道光《留坝厅志》
54	汉阴	东南五十里		嘉庆《汉阴厅志》
55	宁陕	西六十里		道光《宁陕厅志》
56	紫阳	西北二十五里		道光《紫阳县志》
57	雒南	陈家川		乾隆《雒南县志》
58	商南	忠义祠南	嘉庆三年（1798年）	民国《续修陕西省通志稿》

注：表4-4确定庙宇建于清代中期的原则：（1）方志中有明确修建时间。（2）乾隆以前地方志未载，初见于乾隆、嘉庆、道光时期的志书

在表4-4上述庙宇中，还有一类与景观相关的现象，即对境内原有庙宇的修复。巡抚毕沅派汪皋鹤至郿县堪估修庙状况，应当修复了一批太白庙。地方官员也随之重修或新建庙宇，如兴平，"太白庙，县西门外，乾隆四十二年知县顾声雷重修"[1]；郿县，"太白山神祠在清湫镇新开山者，乾隆四十三年年，知县李带双重修"[2]。对已有区域的修复，是对已有信仰的再度强化。乾隆年间所修庙宇多位于州县附近，应为官方祭祀的场所。这股建庙风必然与太白山神信仰程度提高相关。庙宇的修建并被记载于方志定非偶然行为，它们的群体出现，是在表达信仰再度被重视。这些修建者多系地方长官，这也展示着地方官员对信仰的认同和支持。

乾嘉时期之后，太白山神在长时期内不再被地方官员提及，亦没有官方的求雨记载，区域社会至太白山求雨的行为少见。这一方面，我想与各地广建太白庙有关。本地已有太白庙，就意味着太白山神被安置在本地，各地太白庙所敬均为太白山神，神力在本质应是相同的。正是基于此，各地民众可就近祈雨，而不必亲至太白山，故而在文献中甚少见到记载。逮至道光朝，宝鸡、岐山等少数县份偶有新的建庙活动，但已

---

① 乾隆《兴平县志》卷三《建设·坛庙》，清乾隆四十四年（1779年）刻本。

② 宣统《郿县志》卷三《太白山灵感录》，清宣统二年（1910年）铅印本。

甚为寥落。另一方面，整个中国社会在鸦片战争的打击下，经济萧条，地方社会秩序也远非教化和安抚所能控制，太白山神信仰也渐渐湮没无闻。此后，太白山神信仰几乎不被地方官员提及，信仰程度的降低是必然的。这种信仰程度的降低也是地方社会权力拥有者的选择。影响权力选择的因素很多，这不在本书讨论范畴内，而这种权力选择的结果却使太白山神失去它曾经拥有的影响力。

3. 清代后期衰落期

同治年间，陕西爆发历时十年之久的回民起义，这场回民起义给关中地区的社会经济造成极大影响，民众生活更显艰难。在这样的社会背景下，农业发展面临的困境更加明显。而与此对应的是，民间信仰在区域社会中所能发挥的空间也显得较为有限。在清代后期民不聊生之时，求雨活动也较为少见，详见表 4-5。

表 4-5　清代后期陕西太白山求雨活动统计表

序号	时间	州、县	求雨者	结果	资料来源
1	光绪五年（1879 年）	西安府	巡抚谭钟麟	重修岐山太白庙	民国《岐山县志》
2	光绪二十六年（1900 年）	西安府	巡抚岑春煊	重修太白庙	民国《咸宁长安两县续志》
3	宣统元年（1909 年）	郿县	知县沈锡荣		宣统《郿县志》

清代后期，从表 4-5 求雨活动的频率看，下降趋势非常明显。光绪十年（1884 年），郿县知县赵嘉肇游山作记，记载了当时的求雨风气，"近百年来，流风渐歇。每岁六月山开，为男妇进香者踵至，即有时祷雨祈水而来者，见亦罕矣"。显然可见，此时入山求雨、取水者渐少，太白山神作为地域雨神的象征，其地位逐渐降低，官民对太白山的感情与乾隆时期大相径庭。此时不是信仰对象转移了，而是信仰整体的衰落，求雨事象在没有为政者鼎力倡导的形势下渐趋式微。信仰的没落不是信仰客体的变化，而是信仰主体情感的转移。

光绪二十六年（1900 年），慈禧太后和光绪帝仓皇而至，陕西又陷在又一场旱灾中不能自拔。巡抚端方重修毕公祠，继任者巡抚岑春煊遣人至太白山取水求雨，这是清代最后一次由区域社会上层官员发起的求雨活动，当事者对太白山求雨活动已无文字记载，也许在他们看来求雨仅是一种形式，虔诚的举动未必能换回一场大雨。

此次陕西旱灾中雨神作用的削弱，与当时中国救灾模式的改变有关，"1900—1901年的陕西旱灾都占据着一个相当突出的位置。这是因为，直接与这场旱灾相关的义赈活动，是整个清代历史上第一次由朝廷公开向地方社会求助的情况下出现的，并且这种义赈力量的主体还来自数千里之外的江南地方社会"①。此次旱灾因两宫驻守于此，更显得严重。江南士绅在此时也介入了陕西的抗旱活动，改变了中国传统的赈灾方式，这更促使求雨活动的退出。

及至宣统元年（1909年），郿县县令沈锡荣求雨太白山，这是清代官方最后一次求雨太白山。太白山求雨再由民众—县、府官员—省级官员的轮回中，再次回到了太白山神发源地。与这种趋势相类同的是景观的发展趋势，这一时期新建庙宇数量十分有限，仅有关中西部的几处，详见表4-6。

表4-6 清后期陕西新增太白庙情况表

序号	县份	庙宇位置	修建时间	资料来源
1	岐山	益唐镇西门外	光绪之后	民国《岐山县志》
2		高店镇北街	光绪之后	
3	永寿	店头镇	光绪年间	光绪《永寿县重修新志》
4		蒿店	光绪年间	
5	佛坪	东关		光绪《佛坪厅志》
6	砖坪	平利洛河		光绪《砖坪厅志》
7	孝义	城南180里		光绪《孝义厅志》

由表4-6可见，这时新增庙宇数量有限，除陕南地区的几个厅外，新增庙宇也以关中西部地区为主。雪上加霜的是，原有庙宇不断减少。同治年间的回民起义，使太白山神信仰景观也受到影响，如三原，"太白庙，二，一在南关，国朝顺治庚寅年重修，一在东关门外，明万历十

---

① 朱浒：《地方系谱向国家场域的蔓延——1900—1901年的陕西旱灾与义赈》，李文海，夏明方主编：《天有凶年：清代灾荒与中国社会》，北京：生活·读书·新知三联书店，2007年，第390页。

八年建，回乱毁"①。临潼，"自逆回倡乱，凡庙宇暨一切祈祷之区，胥成灰烬，至今颓垣败址，目不忍睹，幸县治各庙坊俱依旧祀典无缺，惟西门外太白庙，主受西方金气，邑令沈公改为火神庙，附记之"②。急剧的社会动荡，使得区域社会景观遭到破坏，而战乱后经济条件的困窘，使得庙宇的修复多不被提及。光绪十年（1884 年），郿县知县赵嘉肇游太白山时，"至远门，宿保安宫，远门旧有十三宫，今圮其三"③，山中的庙宇也渐现颓败。至此，庙宇的重修已很少见，太白庙已随着信仰程度的降低而逐渐退出民众视线。在社会秩序失控、民不聊生之时，太白山神不能从实际上解决民生艰难的局面，庙宇被毁或改造对民间信仰而言在情理之中。

整个清代，太白山神信仰经历了从下至上、从上至下的发展过程，随着太白山神地位提高和传播地域的扩大，信仰程度也随之加深。庙宇景观是信仰的表达，其必然随着信仰而发展。至信仰发展昌盛时期，太白山求雨活动频率增加，太白庙分布区域的扩大和同一区域内数量的增加，都与此同趋势发展，这是信仰程度加深的表达。清代后期，信仰随着社会经济的萧条和赈灾方式的改变趋于衰落，庙宇景观也随之剧减，呈现出凋零的情状。

二、景观是信仰的表达和延续

景观是信仰的标志，信仰者通过建造庙宇来表达他们的信仰，景观的存在就意味着信仰的存在。信仰的存在一定是有其外在的表达方式，这种表达可能是由社会各界发起的求雨活动，也可能是建造信仰物质标志物——庙宇。景观是信仰表达的一种结果，是一种物质的存在。景观作为物质存在，它的存在是较信仰这样一种非物质化的情感更具有可感知性，在某些情况下信仰景观是信仰的替代品。信仰的持续存在必然表现为景观的连续性。

---

① 光绪《三原县新志》卷四《祠祀》，清光绪五年（1879 年）刻本。

② 光绪《临潼县续志》卷上《祠祀》，清光绪十六年（1890 年）刻本。

③ （清）赵嘉肇：《关中丛书》第四函《太白纪游略》，西安：陕西通志馆，1934 年。

景观是信仰的物质表达，它的存在意味着信仰的必然存在，但它的缺失却不意味着信仰的必然消失。信仰是一种情感，是一种内在的东西。我们以外在的物质或事件来判断信仰的变迁，是一种手段，其客观性显而易见。

（一）景观表征着信仰发展的阶段性

景观是一种物质存在，它具有唯一性。太白山神是陕西境内存在了数千年之久的一种神明。在神明出现的初期，它是一种地方神，这种判定的基础是神明显灵的影响空间范围。作为信仰而言的太白山神，在其从地方神向区域神的转变中，神明并没有截然的变异。而作为其表达的景观而言，作为物质的存在，是可以以其数量等来判断，它是判断信仰者认可度的依据，同时还是信仰存在的象征。

前文已述，信仰的发展先于景观，景观是信仰发展到一定阶段的产物。一般而言，求雨活动获取灵应，是民众接受信仰速度最快的时候，也是建庙的最佳时机，许多庙宇都是基于此而建。唐代是求雨信仰出现的初期，盩厔县令裴均因要求雨太白山，故而大规模重建了境内的太白庙。至宋代，新增太白庙有郿县治所和凤翔府治所两处。至和、嘉祐年间，凤翔府官员李昭遘、苏轼等人参与太白山求雨，他们也为太白山神上奏求封，但此时民间神明众多，取得奉赠者亦不在少数，太白山神的赐封并不罕见，故而信仰虽越出了太白山所在的地界，却只囿于关中西部的凤翔府一隅。

元代，新建庙宇为郿县清湫镇和扶风饴原乡，清湫镇太白庙规模宏大，形制规范，周围自然景色秀美，是自然景观和人文景观的完美结合。而扶风饴原乡的太白庙，则是村民元俊自建，规模较为有限。元代两庙的位置均在乡间，且选址均为有湫泉之地。这时参与求雨活动的仅有郿县县尉陈仲宜，而陈氏为县尉，关心民生非其本职，意味着地方行政官员并未真正参与其中。民众参与的数量及地域范围有所扩大，但信仰者受其地位所限，影响力也仅限于乡间而已。庙宇位于乡间，其辐射作用可以想见，信仰不能广泛发展也就可以理解了。

明代太白山神信仰景观的发展呈现出明显的阶段性。明洪武年间，耿忠两年之间五次求雨，并因屡显灵应而对山神颇为信奉，大规模重修武功凤岗之巅的太白庙，使其成为一时之名胜。此后，关中地区少有建庙记载，乾州，"太白庙，在州南上官村，明宣德八年建"①。武功是乾州的辖县，其明初所修庙宇的影响最先涉及乾州是可信的。郿县，"太白庙，一在县东二十五里，明成化年修，亦有三湫池，久涸。一在县东四十里山上，正统四年重建"②。麟游在明代前期建有多座庙宇，但因其偏于山间，影响力甚微。明代前期太白庙的建造状况一如上述，其间无论是求雨活动还是建庙活动，都不见地方官员的踪迹，民间的求雨祭拜活动也不见于记载。

明代中期以后，庙宇建筑有所改观。嘉靖年间末期，"郿县，太白庙，其一庙在县治西十步，元至正二十三年修，明洪武十二年有祈雨灵应碑，嘉靖十年移建城南百步。咸阳，太白庙，在县南二十里，嘉靖四十三年建。"③至万历年间，太白庙在地域上有所扩展，长安、麟游九曲山、三原、大荔、富平、洛川、榆林府，都有庙宇出现。至天启年间，渭南、乾州西街、扶风县东二十里马服村、邠州相继建庙。明末崇祯年间，朝邑、长安重修，扶风县东光道村建庙。明代中后期，所建庙宇在时间序列上较为明晰，地域从东向西的趋势也是可见的。庙宇的出现，对应的是信仰的发展。这一时期，参与求雨活动和修建庙宇的地方官员也逐渐多了起来，从榆林府的官员某、学宪汪乔年、朝邑知县张三策，级别虽不相同，但地域范围较广则可知；邠州知州王铁、汪乔年等人则参与地方修庙，庙宇的增加，无疑彰显着信仰的广泛发展。

清代前期，太白庙多出现在乡间，如顺治间的华州关外、郿县第五村，康熙年间华阴的太和堡、麟游县三十里、长武南关等地均建庙，建庙者多不详，民众所建应为实情。从乾隆朝至嘉庆朝，庙宇多出现于州县治所，如临潼西关、咸阳县西街、兴平县西门外、扶风县东街北等多建于此时。民间建庙更是众多，郿县、扶风、长安、咸宁等县更是遍及村野，连一贯人迹罕至的太白山上也庙宇众多，成为一时之胜迹。景观

---

① 光绪《乾州志稿》卷七《祠祀志》，清光绪十一年（1885年）刻本。
② 雍正《陕西通志》卷二十八《祠祀一》，清雍正十三年（1735年）刻本。
③ 雍正《陕西通志》卷二十八《祠祀一》，清雍正十三年（1735年）刻本。

的大规模涌现，与总督尹继善、巡抚毕沅、秦承恩等高层官员的倡导，州县官员如董可成、李带双、邱佐、顾声雷、陕南严如煜等人的追随相关，民众的参与更是可以想象，景观对信仰的映射于此可见。

清代后期，咸丰朝几无建庙活动，诸多庙宇多为前朝所建，与此对应的是求雨活动也几无可陈述者。至光绪朝，旱灾频仍，而地域社会在经历了同治回民起义，太白庙受损严重，而乱后百废待兴，太白庙大多不能重修，新建者更是寥寥无几。地方官员虽有谭钟麟、岑春煊、桂春、沈锡荣等人参与，但也不能挽回其颓败之势。

景观对信仰发展阶段的印证，在时间和地域上均是甚为可信的。将景观作为判断民间信仰的一种手段，由太白山神信仰在陕西的发展过程来看，是可行的。

（二）景观对信仰消亡的延缓

景观是信仰发展到一定阶段的必然产物，是信仰的物质化表达。在信仰发展的早期，我们无法探究信仰与景观之间的时间间隔的长度。这可能是大多数信仰对象在其发展初期都会出现的状况。信仰作为一种信仰情感，它的发源是模糊的，这是民间信仰与宗教的重要区别。太白山神信仰逐渐明朗化是在唐代，柳宗元的祈雨碑文使得早已存在的太白山神信仰变得具体起来。而作为对山神灵应的酬谢，太白庙在此后得到不断的修复。宋代太白庙开始出现在渭河北岸的凤翔府城。逮至元代，太白山神信仰圈的扩展必然伴随着景观的跨地区出现，太白庙出现于扶风县。明代初年，抚军耿忠在多次求雨灵应之后，重修武功县南凤岗之巅的太白庙，形制规模都极一时之选。在此之后，太白山神信仰和庙宇都陷入低谷，这与明初开始执行的原理主义祭祀政策密切相关。

从明代中期开始，太白山神信仰又再次出现在民众的社会生活中。其实在明初，渭河北岸黄土高原地区南缘的麟游县已出现太白庙，但此庙建于山中，应当为一小部分人的祭祀场所，并未受到国家祭祀政策的影响，官方的求雨活动却从此销声匿迹。而存留的庙宇在明代中期国家祭祀政策松动之后，唤起地方民众的信仰情感，使得明代后期山神信仰又再度兴盛，庙宇也较多的出现。清代前期，是太白山神信仰的上升期，庙宇多因信仰而出现。

在信仰发展的上升期，信仰是主导者，景观是信仰的外延。而当信仰从官方的殿堂里走下来，依靠其在民间的力量继续前进时，景观在一定程度上成为信仰的主宰者，它是民众日常生活的感情寄托，这时它的功能一定不仅限于求雨，它可以满足人们各种需求，而那种曾经的严肃的信仰情感也就显得随意起来。

同治年间，陕西社会在几股力量的冲击下，社会经济急速下降，民众的信仰情感也发生变化。此前，儒、释、道等宗教和先贤、节烈、山神、水神等都是民众信仰的对象，关中地区寺院宫观林立，气象恢宏万千。在回民起义之后，民众的信仰情感有了较大的转移，民间祭拜多以对区域社会稳定做出牺牲的地方官员和民间节烈义士为主，这从起义之后庙宇宫观的新建和重修状况可以看到。官方建庙是以维护国家祀典为主，区域社会的民众信仰情感较难体现在官方的祀典中。而区域社会民众的情感寄托也很难顾及天气变异相关的太白山神，他们首先纪念那些为他们相对安定的社会付出生命之义士，这与他们的生命攸关；而后是药王、奶奶等民间神，这些神灵与民众的生活相关；至于与生产相关的神灵，如龙王、太白山神等则束之高阁。在此情境下，太白山神信仰景观无疑是有用的，他们在一定程度上延缓了信仰的极速瓦解。

从道光时期之后，太白山神求雨事件已较少出现。信仰趋于静寂，首先，官方不再大力提倡。信仰是否昌盛，其实不在于民众的信仰感情是否遗存，而在于是否有人对此表示关注。民众对于民间神灵的信仰感情，是非常肤浅的，是以其需要为基准的，同时又以其是否有效为延续的条件。同治年间之后，民众对太白山神的信仰情感就更显得薄弱。光绪年间的华北大旱，严重影响到陕西的社会稳定。陕西巡抚谭钟麟虽为岐山太白山神庙作文，但其所包含的信仰情感则远逊于乾隆时的地方官员，其次，朝廷对神明的态度是地域信仰神明发展的风向标。就在光绪大旱期间，"（三年五月）山西大旱，巡抚曾国荃请颁匾额为祷。以非故事，不许。谕曰：'祷惟其诚，当勤求吏治，清理庶狱，以迓甘和'"[1]。

---

① 赵尔巽等：《清史稿》，北京：中华书局，1976年，第859页。

可见这时朝廷对于求雨之事已不再热衷，他们更愿意以卖捐的方式来筹赈。新的赈灾方式的出现，是对原有本就消极的对抗旱灾措施之一的求雨的冲击，使得求雨之风渐形衰落。

在信仰急剧衰落时，景观却与其不完全同步。道光年间太白山神信仰已显衰微之势，其外在景观在这一时期受到的影响并不明显。及至光绪年间，陕西境内的太白庙数量依然较为可观。光绪十年（1884年），郿县知县赵嘉肇登太白山，此时太白山依然是关中地区的名山，但太白山神的象征意义已经被弱化，"近百年来，流风渐歇，每岁六月山开，惟男妇进香者踵至，即有时祷雨祈水而来者，见亦罕矣"①。作为兵荒之后的地方长官，"凡所以观风俗、正经界，勤民诸政必能次第行之"，赵氏进山名为勘界，实则游山。通观赵嘉肇记文，山之灵异几乎无载。对山中庙宇景观的记载，却是我们得以见证信仰衰落时景观的现状。此时，赵嘉肇在整个行程中所见庙宇，有远门的十三宫中留存的十宫，山上的十余所六间或三间的椽木结构的庙宇建筑，与汪皋鹤入山时相比，在数量、规模、形制及维修等方面，光绪时期都胜于乾隆时期。我们可以理解为景观与信仰的不同步性，景观的建构稍晚于信仰的发展。当信仰已经衰落时，庙宇还处于兴盛期的晚期阶段。

光绪年间，陕西的太白山神信仰渐趋萧条，而庙宇则所受影响有限。在方志中，大荔，"太白庙，在长安屯"；临潼，"太白庙，在西关，一在新开山"；民国《咸宁长安两县续志》中更是为我们展现了西安府所在的长安咸宁两县的近20座太白庙。可以说，在民国时期的方志中，大部分的太白庙仍然存在。太白庙的存在，是民间原有信仰的遗存。官方的求雨记载，在光绪二十六年（1900年）岑春煊派桂春诣山取湫祷雨，及宣统元年郿县县令沈锡荣求雨之后，湮没无闻。

景观与信仰是同步发展的，在时间上景观稍晚于信仰。景观是物质存在的外在形式，使得景观不致在短期内消失，若不是人为的损坏，庙宇的存在时间多则几十年，少则一二十年也是可能的。乡间民众的睹物思情之情怀总是有的，景观对信仰的延缓作用总是存在的。

---

① （清）赵嘉肇：《关中丛书》第四函《太白纪游略》，西安：陕西通志馆，1934年。

三、信仰与景观的对应

信仰发展过程是连续的。就其本质而言，它的变化必然是因人的因素而产生。人是信仰发展方向的决定者，人的需要决定着信仰发展的程度。信仰发展的阶段性，是指信仰在发展过程中所经历的具有标志性意义的变化，这种变化包括了信仰主体身份特征的演变、在地域社会中地位的改变等。对信仰景观而言，景观是信仰的外延，它必然是随着信众的信仰情感而发生必然的变化，庙宇选址、位置和数量的变化是其外在表征。这种变化需放在地域社会发展进程中来认知，它的变化趋势只有放在历史长河中才能觉察和洞悉。

信仰与景观之间的对应，不是一时一地的对应，只有将两者都回放到其时的场域中去，我们才能见证这一点。

（一）汉魏至明代：求雨事件与庙宇建造的一元对应

人们对太白山神的认知，首先表现为对太白山自然现象的认知。太白山为秦岭最高峰，且位于关中西部，是西北部干冷空气和东南暖湿气流的交会地，故而云雨较多。民众对云雾与雨现象的关注，却又不能对此做出合理的解释，促使太白山神出现。北魏太白山下所建太白祠，所祀何神不得而知，但它一定与民众对山中不能理解之意象相关，信仰是先于景观而存在，因此神明先于景观而出现。隋唐之际，太白山作为归隐之地而备受青睐，对于太白山神的起源和职司亦不甚清晰。至唐代中期，唐玄宗因山上发现祥符而封山神为明应公，这是确认太白山神地位之始。在贞元年间柳宗元的祷雨文中，他首次提到民众祭拜山神的需求，"故岁水旱则祷之，寒暑乖候则祷之，疠疾祟降则祷之"。在信仰早期阶段，太白山神几乎能够满足地域社会民众的所有愿望，生活中的难题尽括其中。

唐代以前关中地区的太白庙见于记载的有两处，一在武功境内，"唐高祖祠，在凤岗之巅，前则太白行祠也，太白盖封内故山，汉永平八年建祠于此"[①]。这是见于文献记载最早的太白庙，汉代武功县城在渭河以南，太白山属武功境内山，故而建庙。唐代贞元十二年（796年）求雨时，官府命令修庙。盩厔县令裴均奉命在盩厔修庙，此庙位于盩厔后畛子太白山上，是在原有庙宇基础上的扩建，后唐清泰年间被修葺。宋代以前山上情况不详，而庙宇景观仅此三处，即武功、太白山下和盩厔。

至宋代，太白山神的功能趋于单一化，以司雨为主。就目前见到的祈祷活动，多是围绕求雨展开的。至和年间，凤翔府李昭遘为太白山灵湫上奏求封，为太白山灵湫求得济民侯之封。嘉祐中，苏轼任凤翔府签判，认为济民侯之封不当，奏封山神为明应公。从两次奏文来看，李求封的是湫神，苏奏封的是山神，二者实质上是不同的指向，但当时人并未注意到这一点。宋代是太白山神获得奉赠最多的时代，确立了太白山神在凤翔府的地方雨神地位。

太白山神地位的提高，其信仰景观亦出现变化。首先，庙宇的增加。宋代除对已有庙宇修复之外，还新建庙宇，主要在府县治所，凤翔，"太白山神祠，在府东门外太白巷，宋建元重修"；郿县，元代重修的郿县县治西的太白庙，也应建于宋代。其次，求雨仪式也有些改变。唐代以修庙作为求雨敬神的主要措施；至宋代，取湫祭拜成为其主要环节。凤翔府是宋代太白山求雨的主要地域，这些祈雨活动多由府县长官主持，从一个侧面也可以认为是渭河以北对雨水的需求甚于南岸。取水成为求雨仪式的主要环节，这可能与民众对水的理解相关，水崇拜成为求雨活动的中心。

逮及元代，大德年间，郿县县尉陈仲宜曾多次求雨，并因此重修了清湫镇的太白庙。其碑刻阴面的功德铭文，为我们提供了当时参与修庙者的信众的地域范围。修庙参与者以郿县为主，逐渐波及到渭河北岸的扶风、岐山、武功、乾州、兴平、盩厔一带的民众，关中东部的朝邑亦有人参与集资。太白山因其山巅有三池，而析为三神，并分别被封为王，太白山神开始被更多的人所接受。

---

① 正德《武功县志》卷一《祠祀志》，明正德十四年（1519年）刻本。

元代信众的增加，也促使新的庙宇出现。大德年间，郿县县尉陈仲宜修建清湫镇太白庙。凤翔府所属的扶风县境内开始建太白庙，此庙位于饴原乡虎王村，是乡民元俊所建。郿县清湫镇和扶风饴原乡所建太白庙，其选址有着类似点。两者选址均为有湫泉之地，清湫镇太白庙，"前有湫五，垄涌两掖"；饴原乡太白庙，"有二池，可为神湫"，两者相同的选址理念应为其时民众的共识。

　　元代太白山神析封三神，是民众对山巅三池认知的结果。正是基于此，前述两庙的选址，已让我们见到当时民众信仰的具体化，即从唐代笼统的山神崇拜，移至宋代求雨中取水习俗，再及元代庙宇选址对湫泉的要求，这种具体化的信仰更深刻地影响到信仰的继续发展。

　　明初，社会秩序恢复之时，农业更显得重要。洪武九年（1367年），耿忠带军屯田关中，屯田范围几乎遍及整个关中平原，而此年频遭干旱。耿忠派人至太白山取湫，并在武功太白庙祭祀求雨。他带兵重修了武功太白庙，这对太白山神的传播起到了重要的推动作用。在此之前，太白山神的信仰者以地方民众为主体，地方官员唯有郿县和凤翔府官员参与其中。在明代前中期，因朝廷祭祀政策的影响，太白山神作为地方信仰，扩展的区域较为有限。从嘉靖年间开始，祭祀政策开始有所松动，太白山神信仰开始向更广阔的地域扩展。

　　耿忠求雨灵应后，虽大规模重建了武功凤岗之巅的太白庙，但不见继续者。此后，几乎没有太白山求雨活动，景观建造也就也乏陈可述。民间小规模的修庙活动仅见于乡村，如麟游山间，所建庙宇规模小，形制简单。明代中期的大部分时间里，几无新的信仰景观出现，仅有郿县、乾州、麟游三县有建庙记载，而这三地原本已有信仰出现，只能是在原有信仰区域的加固而已，并无新的扩展。

　　至明嘉靖朝，国家的祭祀政策出现松动，民间信仰得以活跃。而陕西的旱灾较前代更多见，民间求雨活动开始兴盛，至太白山求雨者也见于史册。万历年间榆林府派人至太白山求雨，关中地区的应当更为频繁。至明末，朝邑知县张三策、学宪汪乔年等人，都曾主持或参与这些求雨活动，求雨的兴盛无疑极大地扩大了信仰的地域范围。信众的增加更促使对祭拜场所的需求，庙宇的建造就势在必行。

明代中期以后，求雨活动增加，榆林府巡抚、陕西学宪汪乔年、朝邑知县张三策等地方官员参与太白山求雨活动，这促使建庙活动的同时发展。庙宇大幅度增加，至明末，陕西已有太白庙仅三十座，遍及关中平原的大部分州县，也兼扩及陕北地区，详见表4-7。

表 4-7　明代陕西太白庙情况统计表

序号	州县	建庙时间	庙宇位置	资料来源
1	武功	汉永平八年（65 年）	凤岗之巅	正德《武功县志》
2	郿县	魏晋时期	太白山	《水经注》
3	盩厔	唐德宗时	县西一里	嘉靖《陕西通志》
4	凤翔	宋代	城东门外	嘉靖《陕西通志》
5	麟游	洪武年间	紫荆山	光绪《麟游县新志草》
6	乾州	宣德八年（1433 年）	州南上官村	光绪《乾州志稿》
7	郿县	成化以前	县东二十五里	雍正《陕西通志》
8	镇安	明嘉靖以前	县西七十里	嘉靖《陕西通志》
9	麟游	嘉靖年间	狼嘴山	光绪《麟游县新志草》
10	长安	嘉靖年间	太乙元君行宫左侧	乾隆《西安府志》
11	咸阳	嘉靖四十三年（1564 年）	县南二十里	雍正《陕西通志》
12	榆林	万历初	南城外五里	道光《榆林府志》
13	洛川	万历十七年（1589 年）	旧治北关	嘉庆《洛川县志》
14	三原	万历十八年（1590 年）	东关门外	光绪《三原县新志》
15	郿县		东关外	乾隆《凤翔府志》
16	大荔	万历年间	长安屯	光绪《大荔县续志》
17	麟游	万历年间	九曲山	光绪《麟游县新志草》
18	富平	万历年间	金瓮山巅	光绪《富平县志稿》
19	富平	万历年间	流曲镇	乾隆《富平县志》
20	渭南	天启元年（1621 年）	县西北二十里	雍正《陕西通志》
21	鄜州	天启元年（1621 年）	州南五里太白山	道光《鄜州志》
22	乾州	天启三年（1623 年）	西街	光绪《乾州志稿》
23	扶风	天启年间	马服村	嘉庆《扶风县志》
24	朝邑	崇祯七年（1634 年）	寺后村	康熙《朝邑县后志》
25	扶风	崇祯八年（1635 年）以前	光道村	嘉庆《扶风县志》
26	长安	崇祯以前	西郭门外	乾隆《西安府志》
27	郿县		第五村	雍正《陕西通志》

由表4-7可知，明代中后期，陕西所建太白庙，位于行政治所者唯有三原县、洛川县、乾州和长安等地，更多的庙宇位于乡村。信仰者应

是以乡村百姓为主体，地方官员参与的求雨活动较少。信众的群体类型决定着信仰景观所在的位置，当信众以普通民众为主体时，信仰景观则多位于乡村。

明代太白庙出现以关中地区为主，在这些区域新建庙宇多出现在万历和天启年间。这与信仰发展的关系应当是非常明显的。这一时期太白山神信仰发展的影响因素是多方面的，这种内在因素，我们从其外在表象即景观集中出现于这一时期可以看到，此类现象的出现不是无缘无故的，但我们现在已无从考证，我们只能从外在表象来推测内在的原因。

首先，太白山神信仰是与降雨联系在一起的，那么水资源的缺乏一定是重要原因之一。水资源的缺乏可分为地表水缺乏和地下水缺乏两种。这两种状况的出现都应当与区域社会的降水状况相关，即气候的改变在一定程度上影响着信仰的发展。基于此种原因，第一是干旱气候的出现，朱士光等人研究认为："干旱自 15 世纪初开始迄于明末，则几乎是连绵不断，其中又以 15 世纪后半叶和 17 世纪前半叶频度最大，旱情严重程度则以明亡前之半个世纪，即 17 世纪前半叶为最。"[1]这种干旱的天气状况，是旱灾的根源。第二，是地表水资源的缺乏。业师萧正洪先生认为："如果唐宋时水资源就是如此状况，那么，关中农田灌溉史的有些问题就无法得到正确解释，因为这些始于唐宋时期的水利工程曾经正常地起过作用。所以，我们只能说这是唐宋以后关中地区生态环境长期历史变化的结果。"[2]萧先生之言，也可理解为明代时关中地区水资源已有萎缩趋势。两种情况的交织出现，造成了水资源总量的减少，旱灾就愈显严重。

其次，关中地区地域社会民众生存空间的改变。陕西是中国农业发祥地，是传统社会中的精耕细作农业区，土地利用程度在西部地区中较高。明代中后期，人口在前代基础上增加是必然的。正是基于此，关中地区的社会矛盾增加是必然的，太白山神信仰的加深也是必然之事。

明末信仰群体是以普通民众为主体的，其主导者应是乡村社会的精

---

① 朱士光等：《历史时期关中地区气候变化的初步研究》，《第四纪研究》1998 年第 1 期。

② 萧正洪：《环境与技术选择——清代中国西部地区农业技术地理研究》，北京：中国社会科学出版社，1998 年，第 28 页。

英阶层。作为乡村社会的主宰者，精英阶层参与到地方社会的求雨活动中，其目的是在非常时期控制乡村社会秩序。他们号召民众力量筹建庙宇，作为乡村社会长期祭拜求雨的场所。如朝邑，它的太白山取湫祈雨活动是由地方长官发起的，庙宇景观则是由地方民众筹建的。于此可知，当时信仰并未进入地方行政日程中，只是某些地方官员个体的行为，它与政治力量的联系较小。这种信仰状况，在景观就表现为庙宇多位于乡村，信仰决定着景观的发展于此可见其一斑。

（二）清代：信仰与景观的多元对应

清代是太白山神信仰发展的重要阶段，它由地方神转化为区域神，成为陕西雨神的象征。在这种情况下，信仰与景观之间，由前期的求雨事件与庙宇建造的一元对应向多元对应发展。

1. 求雨活动者与景观建造者身份的趋同

清初，至太白山的求雨活动多为民间自发活动，如顺治年间的华州民众求雨、郿县周边也多有民众自发求雨，康熙二年（1663年）临潼赵居也曾祷雨太白山，而朝邑、大荔也将至太白山求雨作为对抗旱灾的手段之一。由官方主持的太白山求雨活动次数较少，与此对应，这一时期的庙宇也多为民间自建，庙宇也多位于村落之中。

乾隆五年（1740年），总督尹继善将太白山神列入本省祀典，官员至太白山求雨的活动也渐渐多起来，如巡抚毕沅、秦承恩等高级地方官员也参与其中，并极力上奏求封。低级地方官员参与者更多。乾隆五十七年（1792年），秦承恩再次将太白山神列入祀典，并下令各地将求雨灵异之地上报。在我看来，乾隆朝是太白山神发展的顶峰，意味着太白山神从地方神转变为区域神。神明地位的转变，是我们自己的界定，但在当时其地位的提升是必然的。

地方官员是地域社会的主宰者，他们的行为会深刻地影响着地方社会的秩序。清代中期，是清朝国力强盛之时，民间信仰所具有的安慰民众情绪的功能，也会被地方官员接受，这是地方官员选择参与这些信仰活动的重要动机。缘于此，太白山神信仰得以昌盛。

清代逐渐增多的地方官员参与求雨，与此对应，这一时期无论是建庙还是重修庙宇，也有众多地方官员参与其间。我们通过对方志的检索，得到如表 4-8 中的数据。

表 4-8　清代新建太白庙承建者身份统计表

序号	建庙者	身份	州县	庙宇位置	年代	资料来源
1	董可成	中部邑侯	中部	县北河寨湫	乾隆九年（1744 年）	嘉庆《续修中部县志》
2	刘士夫	宜君知县				
3	邱佐	知县	扶风	县东街北	乾隆三十五年（1770 年）	民国《续修陕西通志稿》
4	杨世聪		中部	兼盛村	乾隆四十二年（1777 年）	嘉庆《续修中部县志》
5	刘俊	邑人	宝鸡	东二十五里	乾隆年间	乾隆《宝鸡县志》
6	合镇		中部	双柳树镇	嘉庆五年（1800 年）	嘉庆《续修中部县志》
7	严如熤	知州	南郑	行台坊	嘉庆十七年（1812 年）	民国《汉南续修郡志》
8	李晶	同知	孝义	城南一百八十里	嘉庆庚辰年（1820 年）	民国《续修陕西通志稿》

由表 4-8 可知，清代所修庙宇主要集中在乾嘉时期，这与太白山神信仰发展的轨迹是完全相同的。乾隆五年（1740 年），总督尹继善将太白山神列入陕西祀典，从而掀起了陕西修建太白庙的高潮。在有明确修建者姓名的庙宇中，我们看到官员所建庙宇多位于行政治所，而民众所修庙宇则位于乡村，两者的界限是明确的。

清代中期由官方力量倡导而使太白山神信仰达到其巅峰阶段，庙宇建造也出现前所未有的盛况，不仅有新的信仰区域和新建庙宇，在原有信仰区内，对已有庙宇的重建也颇为兴盛，详见表 4-9。

表 4-9　清代重修太白庙者身份统计表

序号	重修者	身份	县份	位置	年代	资料来源
1	周日熙	知县	武功	县西北一里	顺治五年（1648 年）	嘉庆《续武功县志》
2	宁可栋	知州	鄜州	州南五里	康熙十八年（1679 年）	道光《鄜州志》
3	五诚额	知州	鄜州		乾隆十五年（1750 年）	道光《鄜州志》

续表

序号	重修者	身份	县份	位置	年代	资料来源
4	阿明阿	知县	武功	县西北一里	乾隆二十六年（1761年）	嘉庆《续武功县志》
5	钱汝器	知县				
6	李如沆	知州	鄜州		乾隆初年	道光《鄜州志》
7	毕沅	巡抚	长安	西关	乾隆四十二年（1777年）	乾隆《西安府志》
8	顾声雷	知县	兴平	县西门外	乾隆四十二年（1777年）	乾隆《兴平县志》
9	李带双	知县	郿县	清湫镇	乾隆四十三年（1778年）	宣统《郿县志》
10	侯鸣珂	同治	孝义	县南一百八十里	同治四年（1685年）	民国《续修陕西通志稿》
11	胡昇猷	知县	岐山	县北街	光绪六年（1880年）	民国《岐山县志》
12	岑春煊	巡抚	西安	西关	光绪二十六年（1900年）	民国《续修陕西通志稿》

由表4-9可知，重建庙宇的活动贯穿了清代始终，仍以乾隆年间为盛。重建者均为地方官员，所修庙宇也以州县治所为主。其实这些数据远不足以概括清代庙宇的修建者情况，从中我们可以看到一点，无论是新建还是重修，都是以乾嘉时期为主，这是我们判断信仰决定景观的重要因素之一。

将上述两组群体身份与表4-1和表4-3清代前中期求雨活动者身份相比较，我们会发现两者基本是一致的，他们的身份以官员为主，少有涉及民众者。这种身份的趋同是因为地方官员在就任期间，对所在区域的自然和社会环境有了双重的认知。在自然环境方面，干旱是区域社会长期面临且日益严重的自然灾害；在社会环境方面，民众在日益严峻的生存危机下，对源远流长的雨神信仰的依赖程度增加，对民意的认同是地方官员履行职责的方式之一。正是基于此，求雨活动组织者和景观建造者身份趋同。

2. 信仰区域与景观空间分布之间的对应

清代，太白山神信仰范围以关中平原为核心区，以陕南、陕北地区为边缘区。太白山神信仰的这种地域分布特征，就景观而言，景观的分布空间和密度与此是对应的。

明代以前庙宇主要位于太白山所在的凤翔府范围内，以郿县境内和凤翔府城为主。明初洪武年间武功的太白庙得到修复。此后新建庙宇主要位于乡村，这种情形一直持续至清康熙年间。从乾隆年间开始，新建庙宇的位置开始出现较大变化，在原有乡村庙宇的基础上，众多州县治所出现太白庙，使得信仰景观摆脱了此前绝大部分位于乡村的状况，这种状况以乾嘉时期为主，详见表4-10。

表 4-10 清代位于州县治所的太白庙统计表

序号	州县	庙宇位置	始建年代	资料来源
1	潼关	北街	嘉庆年间	嘉庆《续修潼关厅志》
2	韩城	东郭门外	嘉庆年间	嘉庆《韩城县续志》
3	华州	在关外	顺治十八年（1661年）	雍正《陕西通志》
4	临潼	西关	乾隆年间	乾隆《临潼县志》
5	长安	西郭门外	明崇祯以前	乾隆《西安府志》
6	咸阳	西街	乾隆年间	乾隆《咸阳县志》
7	兴平	西门外	乾隆四十二年（1777年）修	乾隆《兴平县志》
8	盩厔	县西一里	唐德宗时修	嘉靖《陕西通志》
9	武功	县西北一里	汉永平八年（65年）	雍正《陕西通志》
10	乾州	西街	明天启三年（1623年）	光绪《乾州志稿》
11	宝鸡	城外西北隅	乾隆之后	民国《宝鸡县志》
12	凤翔	东门外太白巷	宋建元重修	乾隆《凤翔县志》
13	郿县	县南百余步	嘉靖移至此	乾隆《凤翔府志》
14		东关外	乾隆年间	
15	岐山	北街	道光八年（1828年）	光绪《岐山县志》
16	扶风	东街北	乾隆三十五年（1770年）	嘉庆《扶风县志》
17	泾阳	西关南角门外		宣统《重修泾阳县志》
18	三原	南关	顺治庚寅年	光绪《三原县新志》
19		东关门外	明万历十八年（1590年）	
20	长武	南关	康熙之前	康熙《长武县志》
21	洛川	旧治北关	万历十七年（1589年）	嘉庆《洛川县志》
22	清涧	县二里石基寺后	顺治年间	顺治《清涧县志》
23	榆林	南城街	乾隆三十八年（1773年）移入城内	道光《榆林府志》
24	汉中	府治西北	嘉庆十七年（1812年）	民国《汉南续修郡志》
25	凤县	洪利寺旧址	道光年间	道光《凤县志》
26	佛坪	东关	光绪之前	光绪《佛坪厅志》
27	商南	忠义祠南	嘉庆三年（1798年）建	民国《续修陕西通志稿》

据表4-10所载，清代陕西境内位于州县治所的太白庙共有27座，

其中 9 座建于清代以前，余者多建于清代，以乾嘉时期为最。这些州县最明显的特征就是绝大多数位于关中地区，选址于州县治所的太白庙，显然是以官方力量为建庙主力。州县治所出现修建太白庙的高潮，与地方官员对太白信仰的倡导在时间上是对应的，"本朝乾隆五年，总督尹继善奏请列入陕西祀典"，由此掀开了陕西境内地方官员参与兴修太白庙的高潮。毕沅抚陕期间，每遇旱象，亲至省城西郭太白庙祷雨，并数次遣员至太白山取湫和修复山中太白庙。毕沅的求雨行为对陕西太白山神信仰的传播无疑意义非同一般。巡抚毕沅求雨事件在陕西方志中出现六次，这种记载是历史形成记忆的再现。它的反复出现是信众在为自己的信仰行为寻找一种依据，这种行为执行者的地位越高，其说服力当愈强。及至乾隆五十七年（1792 年），巡抚秦承恩再次将太白山神列入陕西祀典。这一阶段是太白山神发展的高峰期。

　　太白山神信仰的高峰期，是指作为区域信仰的太白山神为地方最高官员认可，列入陕西祀典，并亲自参与祭拜活动，修建与其相关的信仰景观；地方民众在区域社会精英的影响下，接受该种信仰，将其融入社会生活，并在村落中修建信仰的标志——太白庙。在此时期内，太白山神信仰成为区域社会雨神的象征，在区域民众意识中它与干旱之间建立了必然的联系，这当是信仰发展高峰期的表征。基于这种表征，我们可以认为陕西太白山神的信仰高峰期出现于清代中叶的乾隆朝。

　　信仰景观的兴盛期与信仰的兴盛期相同时，太白山中信仰景观一如前述，乾隆三十九年（1774 年）汪皋鹤登太白山时，太白山中信仰景观以进山者日程来决定庙宇位置，在一日行程之内者，多为三椽庙宇，及至一日行程之外，神像则安放于依山而凿成的石洞中或置铁神像于露天之地；光绪十年（1884 年）赵嘉肇登山之时，山上庙宇景观远胜于乾隆时期，庙宇不再由入山者行程来决定，形制与山下庙宇几无差别，规模已有原来的三椽改为六间结构，且都有固定的人员居住在庙周围，以维修和看护庙宇。这种庙宇胜景与山下景观有类似之处。

　　乾隆时期是关中各地官方建庙的高潮，而陕南地区官方建庙则盛于嘉庆朝。地方社会民众的广泛建庙行为则出现于乾隆朝晚期和嘉庆朝，太白山所在的凤翔府和省城西安府是太白山神信仰景观的高密度区，凤翔府此时的太白庙有四十余座，而西安府以长安、咸宁为中心也有庙宇三十余座，单从数量而言，这种庙宇景观的密度远远超越了一般民间信仰，它足以成为此时该地区的主体信仰。大量的太白庙出现于关中地区的乡村中，显然这并非简单的行政命令可以做到。民众对太白山神的崇信是基于一种认同感，这种认同感即来自于省级官员将太白山神列入本省祀典，表面上看是民众对官方行为的一种认可，也是对地域社会自然环境有更为明确的认知。在这种心态下，普遍建庙不仅是一种行为，更成为一种民众认知的写照。

在明清时期的陕西，能与太白山神相匹敌的区域信仰对象可以视为空白，相类似的信仰景观就更是无从谈起。太白山神信仰景观的普遍存在和唯一性，是陕西社会民众对抗旱灾的独特象征。这种象征中的太白庙景观逐渐成为一种符号，是一个县域或村落的抗旱标志，而具体景观状况则慢慢退出民众的视线。

3. 对信仰的认知与景观布局的趋同

太白山神信仰在其出现之初，信仰景观就与之相伴。从汉至唐，庙宇数量无多，规模形制已无从考证。唐贞元年间盩厔县令裴均扩建太白庙，"邑令裴均临事有制，革去狭陋，恢宏栋宇，阶室之广，三倍其初"[1]。盩厔最初的太白庙形制简单、规模狭小的状况便展现在眼前。而在官方对神灵有所祈请时，扩建庙宇是敬神的行为。后唐清泰年间得以重修。宋代太白庙出现于郿县县城和凤翔府城，形制和规模有所提升。

及至元代，太白庙开始出现于郿县清湫镇和扶风饴原乡。大德年间，郿县县尉陈仲宜倡修清湫镇太白庙，"去旧基可廿余，为正殿一。凡四楹，其广八寻，其高如之，制度淑诡。百堵外施三阁口裂湫，各构堂于其上。或烟霏四开，山峰倒射，池影涵碧，草木环阴，龟游鱼跃，光景炳燿，河水东西奔流于渭。凉气袭人，衣被余润，南俯通逵，田夫行旅，驾肩接轸，稻胜麦陇，棋布森列，倚周览一目千里，真天下之绝观也"[2]。扶风饴原乡太白庙建于至正年间，该庙位于虎王村中，"一

---

① 乾隆《凤翔府志》卷十《艺文》，清乾隆三十一年（1766年）刻本。
② 宣统《郿县志》卷八《金石遗文录第五之上》，清宣统二年（1910年）铅印本。

日，俊游是者，见有二池，可为神湫，乃发心化乡民，吕氏施其地作祠址，先立通明殿，以奉玉皇，左右位崇四圣……次列神祠，监坛为配，不数载气象峥嵘，塑绘严整，信可为一郡祈福之所"①。观元代太白庙，选址为有湫泉之地，规模宏大，庙内布局严整，庙外视野开阔，交通便利，有着传统观念中的建庙意念。

明初庙宇选址原则中，仍以有湫泉为首选。麟游在明代建有庙宇多处，多位于山间，"紫荆山，有太白神祠，明洪武间建，下有灵湫，祷雨颇应。狼嘴山，有太白庙，明嘉靖间建，祠外有湫池三，遇旱祷之辄应"②。明万历年间榆林府在派人至太白山祷雨灵应之后，亦修建太白庙，该庙位于府南五里山上，山前有涧溪流过，有田畴，其自然意境与关中地区的太白庙宇景观是有联系的。

及至清代，太白庙开始较多的出现于行政治所，庙宇选址在方位上有一定的取向。在中国传统观念里，北方是向水之地，有向水之义，如肤施县，"黑龙庙，庙旁有泉，因泉求神塑像专祠，曰黑龙庙，取北方象水之义"③，故许多龙王庙都建在城市或村落的北方。对于陕西的太白庙而言，这种传统习惯对它也有影响，如潼关，"太白庙，在北街"；岐山，"太白庙，一在县北街"；扶风，"太白庙，在县东街北"；洛川，"太白庙，在旧治北关"；中部，"太白庙，在县北河寨湫"；宝鸡，"太白庙，一在县城外西北隅"。也许这只是一种偶合，但我想在可能的情况下，或者建庙者有一些风水意识的话，他一定会对庙宇选址进行有意识的选择。

从地方志资料来看，陕西太白庙庙宇方位的选择更多的是由太白山与该地所在的位置决定的，如在太白山以东的县份，众多的建庙者选择将庙宇建在县城的西边，这样就与太白山的方位一致。从渭南开始，渭南，"太白庙，在县西北二十里"；临潼，"太白庙，在西关"；长安，"太白庙，在西郭门外"；咸阳，"太白庙，在西街"；泾阳，"太白庙，在县西关南角门外"；兴平，"太白庙，在县西门外"；盩厔，"太

① 嘉庆《扶风县志》卷六《祠祀》，清嘉庆二十四年（1819年）刻本。
② 康熙《麟游县志》卷一《地舆志》，清康熙四十七年（1708年）吴世泽补刻本。
③ 雍正《陕西通志》卷二十八《祠祀一》，清雍正十三年（1735年）刻本。

白庙，在县西一里"；武功，"太白庙，在县西北一里"；乾州，"太白庙，在县西街"。这些县份均位于太白山的东边，他们均建庙于城西。而从另一方向看过来，就是另一种情形，宝鸡，"太白庙，在县东二十五里；一在县东南一百里朱家湾"；凤翔，"太白庙，府东门外太白巷"；扶风，"太白庙，太白庙，县南三里在城里"；长武，"太白庙，在南关"。这些庙宇位置的选择初衷我们现在已不得而知，通过对众多庙宇选址方位的排列，可以看到人为选择的痕迹，尽管这种趋向并非完全一致，但我们仍可以想象建庙者的心思，即尽可能地将本地太白庙与遥远的太白山联系在一起，这既满足了民众赋予的太白庙是太白山神的居所，与太白山有内在的联系；又符合太白山作为陕西地形雨中心的实情，在降雨时，东边的民众又感觉雨从西南而来，而西边的民众认为雨从东南而来，这种自然条件造成的降雨规律，促成了各地太白庙在具体方位上的趋同属性。

信仰是景观发展的基础，景观是信仰的衍生品。从信仰与景观发展的阶段对应来看，两者之间已由信仰发展早期的一元对应发展至清代其鼎盛时期的多元对应，这与区域社会对信仰的需求密切相关，是民间信仰发展的必然结果。

四、信仰与景观的趋同发展

信仰与景观，是一个事物的两个方面。信仰是景观的基础，而景观则延续着景观的发展，表达着信仰发展的程度。在长期的共同发展中，二者逐渐趋同，然而在趋同之中，却又存在本质的差异。

（一）早期：异大于同

在信仰与景观的互动中，两者是相互依存的。景观依赖信仰而存在，信仰维系着景观的发展。有信仰的区域不一定有景观，而在漫长的发展历程中，两者渐趋相同。

在太白山神信仰发展的早期阶段，景观的数量非常有限。信仰的发展程度不能完全体现在庙宇数量上。北魏时太白山下的太白庙，是已知最早的景观。及至唐代，太白山神虽得到朝廷封神，却与民间无涉，故而庙宇并未出现在这一时期的记载中。贞元年间，盩厔县令裴均因求雨，而扩建县属之太白庙。太白山神与民众的关系于此方才体现。对于关中地区民众而言，太白山神并未介入他们的生活，建庙活动也未出现。

宋代，凤翔府官员多次上奏求封太白山神，奉赠从侯至公、王。但对于宋代而言，民间神灵的奉赠甚为频繁，这并不能表征信仰的发展。太白山神信仰的地域仍然有限，参与者多为郿县和凤翔府之人，外界多不参与其间，庙宇仍限于郿县山下太白庙、郿县县城太白庙和凤翔府城东门外太白庙，仅此三者而已。这一时期信仰与景观之间的差异，首先是民众对官员行为的简单模仿，官员不热衷于庙宇建造，而民众的建庙行为也处于缺失状态；同时求雨与建庙包含了不同的花费。宋代凤翔府官员的求雨行为，从斋戒、熏沐开始，派下级官吏或士绅至山取湫并带回府城，知府率众朝夕烧香、叩头、作揖、祭拜，直至雨降；若不应，再重复之。求雨所包含的花费主要是以体力消耗为主，在金钱方面仅表现为香纸钱。而建庙，则意味着选择地址、木料、砖瓦，大量的人力，无论是对于官府还是民众，这都是一笔不小的资金，故而庙宇甚少。

元代新建庙宇见于记载者有两座。一为郿县清湫镇太白庙，资金系官倡民捐，从清湫镇建庙《助缘功德主铭》中可知，参与捐资建庙者几乎囊括了从郿县至长安的沿渭河各县，捐资者更是多达五百余人。参与捐资修庙是源于对神的情感，这种情感不一定是拥有者的亲身体会而产生的，他有可能是从他处间接得到的，但一定是与神相关的。信仰群体的扩大，并没有促使庙宇数量的增加。景观的出现并不是单纯的信众增加的产物。从扶风县饴原乡虎王村庙修建缘由看，求雨实践是庙宇产生的前提。"岁逢旱涝，迎湫致祷，屡获灵应，然无有为永远焚献之所者"[1]。在建庙之前，乡里已有迎湫祷雨之习俗。这种习俗的长期存在已对当地民众生活产生影响，他们对之有着较为深厚的感情。这种累积感情的影响，庙宇的建造才成为可能。元代所建的两座庙宇都系群体力

---

① 嘉庆《扶风县志》卷六《祠祀》，清嘉庆二十四年（1819年）刻本。

量所建，且都是在具有长期信仰太白山神习俗的地区。在信仰发展早期，景观远逊于信仰的发展，在信仰发展不充分的地区，庙宇的建造可能性较小。

及至明代，耿忠的求雨事件应该对关中地区民众产生了较为深刻的影响，郿县亦有求雨活动出现，"太白山湫神庙……其一庙旧在县治西十步，元至正二十三年修，明洪武十二年有祈雨灵应碑"①。这些行为可以见证明初太白山神信仰是延续前代的习惯，继续在当地旱灾出现时被民众所选择。尽管如此，庙宇的变化无多。在渭北的麟游山中出现一庙，"紫荆山，有太白神祠，明洪武间建"。整个陕西境内的太白庙在明初几无增加。

耿忠之后的近二百年间，太白山神信仰归于沉寂，太白庙也建者寥寥无几，乾州，"太白庙，在州南上官村，明宣德八年建"；郿县，"太白山湫神庙，在县东南四十里，唐宋祈祷雨泽封爵碑记俱存。正统四年重建""太白山湫神庙，一在县东二十五里，明成化年修，亦有三湫池久涸"。乾州庙宇建于乡村，当为民间行为无疑，而郿县山上庙宇则是在前代基址上的重建，这三处庙宇均位于乡村，可以想见官方并未参与其中。明代前期的绝大部分时间里，官方对至太白山求雨和建庙活动均无关注，而民间自发的力量是甚为有限的。

明朝嘉靖年间之后，民间的建庙活动再次兴起。郿县县城的太白庙，位置发生变化，"其一庙旧在县治西十步，元至正二十三年修，嘉靖十年移建城南百步"②。关中中部地区的第一座太白庙出现在长安，"太乙元君行宫……庙左太白行殿，嘉靖年建，万历年修"③。咸阳县太白庙建于嘉靖四十三年（1564年）建，麟游狼嘴山太白庙也建于嘉靖年间。万历年间是太白山神信仰发展的高峰期，关中地区建庙甚多。大荔太白庙、麟游九曲山、三原东关门外、富平流曲镇、洛川旧治北关、榆林府城南山太白庙均建于这一时期。而此时信仰的发展却显得相对滞后，万历初年榆林巡抚、崇祯年间学宪汪乔年、朝邑知县张三策遣人求

---

① 雍正《陕西通志》卷二十九《祠祀二》，清雍正十三年（1735年）刻本。
② 雍正《陕西通志》卷二十九《祠祀二》，清雍正十三年（1735年）刻本。
③ 乾隆《西安府志》卷六十二《古迹志下·祠字》，清乾隆四十四年（1779年）刻本。

雨太白山，是明代仅有的几次求雨活动。

明代中后期出现的数量相对庞大的太白庙，而官方却甚少参与太白山神求雨活动，两者之间的差异，是源于这一时期的信仰是民众的自发行为，它对区域社会的影响较为有限。民众自发的信仰和建庙行为，对太白山神信仰地位的提升和信仰范围的扩大作用较小。因此，此时信仰与景观之间的差异表现得较为明显。

（二）清代：同大于异

清初，陕西求雨地点的地域性特色并不明显，众多雨神并存是此时雨神崇拜的特点，如西安府：

> 咸宁，五岳庙，在长安县治东南，明正统九年都御史陈镒修，本朝康熙元年总督白如梅重修。四年陕西旱，巡抚贾汉复祈雨有应，遂重新之。……长安，太白庙，在县西郭门外，明崇祯间汪中丞乔年修，本朝总督白如梅重修。……元庆庵，在县治北。顺治初户部王来用建，康熙三年祷雨有应，巡抚贾汉复重建。……盩厔，白龙庙，在县治，庙后有泉，足资灌溉，夏四月祭祀，康熙二十一年知县章泰修。醴泉，元君庙，在县北一里有湫，旱祷辄应，康熙三十五年修。①

康熙年间，区域社会的求雨地点并不相同，各县都有自己的神明，太白山神是其中之一。太白山神并未成为区域社会的共同信仰。民众的信仰行为仍为自发行为，从自发到自觉经历了一个发展过程。太白山神开始崭露头角，逐渐提升。

顺治十八年（1661年），华州亢阳不雨，民众祷雨太白山，并建太白庙。至康熙年间，求雨活动逐渐增加，康熙四十三年（1704年）华阴因太白山神有保佑一方平安之功，民众修建太白庙。这一时期，信仰产生与景观建造之间的时间间隔越来越小。

---

① 乾隆《西安府志》卷六十《古迹志下·祠宇》，清乾隆四十四年（1779年）刻本；乾隆《西安府志》卷六十二。《古迹志下·祠宇》，清乾隆四十四年（1779年）刻本。

乾隆年间，太白山神由地方神转化为区域神，信仰与景观的发展渐趋一致。乾隆五年（1740年），总督尹继善将太白山神列入陕西祀典，由此山神的在区域社会的正统地位正式确立。关中地区的求雨建庙活动兴盛，这些行为的出现，一是对祀典的执行，二是区域社会土地垦殖面积扩大，水资源的需求量扩大，民众对神明的期望，促使他们普遍产生对司雨之神太白山神的崇奉。这种信仰感情随地域社会生存压力的增加而加深，信仰的程度也在不断提升。毕沅抚陕十年，至太白山求雨之事多有发生，他又相继上奏为山神求得奉赠、赐匾和御制谢诗，太白山神甚至获得国家的认可。正是基于此，太白山神成为陕西的雨神象征。

在乾隆年间太白山神进入陕西祀典之后，众多本无太白山神信仰的区域，也渐渐出现了太白山神。如位于省界的诸县，都建了太白庙，如潼关、韩城、雒南、商南、凤县、宝鸡等地，这些庙均应出现于乾隆朝及其后。信仰发展与景观建造之间的一致性于此可见。

至清末，区域社会在经历重大事件之后，民间信仰整体衰落，太白山神信仰也概莫能外。清末尚有几次官方求雨活动，但这并不能从根本上改变信仰衰落的趋势，而太白庙在此时除了偶有重修之外，几无进展，更多的庙宇景观开始颓败甚至废弃。

纵观清代，太白山神信仰与景观开始渐趋一致。这种趋同性是相对的，因为信仰总是一种情感，偶有不应就可能造成信仰的缺失，而庙宇则因其物质性，即使消失也有一个过程。两者对应而不对等的关系，贯穿了太白山神信仰的始终。

小　　结

信仰和景观产生于特定的区域，区域的自然环境是其产生的基础，而区域社会的人文环境则深刻地影响着信仰发展的历程。

信仰政治化倾向的出现，是因为地方神在其上升过程中，行政力量对其产生的影响可以与区域社会的需求相抗衡。国家或地方权力对神明的认可或奉赠是民众选择一种神明的一个重要指示。对某一神明而言，促使其上升的一定是权力的拥有者，权力的介入会使信仰得到地位的提升，这是它进一步扩展的基础。政区是国家权力的产物，它有着明确的疆界，故而既是一种空间意象，又是一种实体。作为文化因素的信仰，政区对它的发展具有双向性。在同一政区内，政区是信仰发展的推进器；而越过这一界限，政区又成了信仰发展的绊脚石。这一切都可以归结为是受到由行政力量影响而形成的省籍意识的结果。

区域信仰是产生在一定的地理条件之上的，在发展过程中，它必然对区域社会产生影响，我们将之称为信仰的世俗化。太白山神作为雨神，在其或缓或速的发展中，与其功能相当的雨神并存，整合了影响力较弱的雨神，这也是自然界中事物发展的必然规律。同时，太白山神信仰还介入到区域社会的社会生活中，从治病到尚白，都与关中地区的不同时段发生关联。在社会经济方面，太白山神信仰发源地和地方太白庙都有可能成为地方社会的贸易场所，即形成太白庙会。

从本质上而言，景观是信仰的衍生品，信仰先于景观而存在。两者之间是有对应关系的。在信仰发展初期，作为一种信众有限的地方神，景观也限于一隅之地，两者形成一元的对应关系。而后，作为区域神明，信仰与景观向多元对应发展，信仰参与者与景观建造者、信仰范围与景观分布、信仰发源地与景观布局之间逐渐趋同。这种多元对应是信仰发展到一定阶段的产物。信仰程度是一种形而上的存在，是我们借以判断信仰发展的一种感觉。与信仰程度对应的是地方神和区域神。在地方神阶段，庙宇景观则零星分布。地方神转化为区域神，信仰景观则遍及高层行政区。信仰决定着景观的发展，而景观作为信仰的衍生品，必然也对信仰产生作用。首先，景观的选址基础、分布地域、数量表征信仰发展的阶段以及信仰发展的程度。其次，景观对信仰的消亡有延缓作用。信仰与景观是一个事物的两个方面，信仰是情感，景观是物质。二者在共同经历的发展中，异中有同，同中有异。在信仰发展的前期，神明职能的不固定及参与群体的不稳定性，使得两者异大于同；在信仰发展的后期，信仰得以在高层政区内传播，这一时期的同大于异。总体而

言，两者对应而不对等。

　　信仰的产生是源于民众的需要，而景观的产生则是信仰发展的产物。信仰是景观发展的基础，而景观则是信仰发展的外在表现。两者是各自独立发展的，却又相互影响，互为支撑的相伴而行。区域社会是一个舞台，信仰和景观是活动于其上的舞者，区域社会孕育了信仰和景观，信仰与景观并行发展，两者相关又不相同的发展轨迹，是区域社会前进的缩影。

结　　语

　　民间信仰产生的地域有一定的特殊性，即不同的地理条件很少产生完全相类似的神明，民间信仰与地域社会的关系是复杂的、多层面的。在我看来，想要将两者关系清晰地再现，是较难做到的。一是因为无论是民间信仰还是区域社会，都是一个见仁见智且不能被明确保存和界定的无形存在，人们很难明确的将其固定在一定的模式中。二是民间信仰是一种文化现象。对不同的民间信仰对象来讲，其产生的基础、功能、信众群体、传播途径等都会有差异。基于此，信仰对社会的影响是没有固定的路径或途径去寻觅。三是在目前的研究中，地方社会而或区域社会，通常被认为是一个箩筐，所有发生的事物都可以纳入到社会中，想要对一个地域作全景式的研究，仅就一种或一类神明来切入，很难做出客观的复原。因此，对于民间信仰与区域社会来讲，阐明其中的一些关系，是比较可取的，这也是本书试图达到的目标。

　　民间信仰与区域社会，从本质上都是难以物质化的两个事物，若要剖析两者千丝万缕的联系，必须有一种介质，这就是景观。景观是信仰的物质表达，是民众表达信仰情感的场所。景观因信仰而产生，是信仰的衍生品，它的发展与信仰神明的类型、发展阶段和信众对神明的需求程度都密切相关。基于景观的物质性特征，将景观作为复原信仰发展趋势和分布空间的重要依据，是目前所能采取的较为可行的手段。

在陕西，太白山神仅是区域社会众多雨神之一。在绝大部分的发展历程中，它同区域内众多地方神一样，或显灵或受封，得到统治者关注就走上升路线，反之，则安于一隅之地，享受有限的香火。太白山神在出现之初，功能相对多样。在其后的发展中，因区域社会的发展需求，司雨功能凸显，这是官员和民众选择的结果。太白山神发展的多次扭转都与求雨灵应相关，这显然是受太白山异于关中地区的自然条件的影响，因此太白山神较其他地方神上升的契机就相应的要多一些。正是基于太白山神的灵应，各种政治力量纷纷将其作为达到自己目的的最佳选择，这是对权力的选择。不论是国家权力还是地方权力，都有一定的目的性，而它们的需求则是为了自身的利益，却间接地促进了太白山神的发展。相较而言，国家权力的使用要任意得多，只要基层官员的奏封对国家无害而又对地方有利，他们多会准许。而地方官员的参与更为频繁，这在于他们的需求更多，他们既想求得上级的认可，也想得到地方民众的赞赏，在双重利益的驱动下，他们的选择倾向就甚为明晰。由此可见，在民间信仰发展过程中，人的因素是至为关键的，人对所居住环境的认知决定了神明的功能、发展过程和分布区域，人神关系是按照人的需求而发展的。

我所以选择区域社会而非地域社会，是因为我认为地方神在其上升过程中，行政力量大于民间力量。不可否认，民众是信仰的主要参与者，是信仰在区域社会扩展的实际执行者，但民众信仰的趋同因素却来自权力。国家或地方权力对神明的认可或奉赠，是民众选择神明的重要指示。对某一神明而言，促使其上升的一定是权力的拥有者，权力的介入会使信仰得到地位的提升，这是它进一步扩展的基础。政区是国家权力的产物，它有明确的疆界，故而既是一种空间意象，又是一种实体。作为文化因素的信仰，它在自然条件相同的地域传播，是神明的功能使然，而当它跨越自然区划后，政区对它的发展具有了双向性。在同一政区内，政区的边界是信仰发展的推进器；而越过这一界限，即便是自然基础相同的区域，神明也很难得到发展，政区又成了信仰发展的阻碍。这一切都可以归结为是受到由行政力量影响而形成的省籍意识的结果。

正因如此，民间信仰发展中行政力量扮演着重要的角色。

信仰是一种情感，这种情感的表达是以信众的求雨和建庙行为来见证的。庙宇是安置神明和祭拜的场所。太白庙多建于大规模的求雨活动或求雨与降雨偶合之后，而求雨活动则是因旱而灾产生，即太白庙多出现于旱灾之后。求雨频繁的地区，建庙的可能性也就相对要大。庙宇基址和布局是对地域社会自然条件的优选，庙宇的规模和形制则与其所处的地理位置和交通条件相关。通过对陕西太白山求雨活动和太白庙的对比，我们可以发现两者是相对应的，成正相关关系，即求雨活动的频次和庙宇数量增加速度基本一致。求雨和建庙之间的时间差大小不一，是由参与者身份地位所决定。参与者的身份地位是其所拥有的权力和经济能力的象征，而这恰是庙宇建造的必备条件。由此看来，信仰和景观的发展都无法脱离具体的区域社会。

民间信仰与区域社会之间是互相影响的，区域社会的自然和人文环境，是信仰产生的基础，这种基础决定神明的功能和信仰区域。区域社会的行政权力决定着信仰的速度和程度，而政区及借此形成的认同感则发挥着双刃剑的作用，在同一政区内促进信仰在自然条件不同的区域传播，而在不同的政区内则限制了信仰在地理条件相同地区的发展，我认为这是信仰政治化的结果。从本质上看，信仰政治化是政治力量对信仰产生作用的结果，即区域社会的外力作用于信仰本身，而使信仰发生变化，是外力的渗入。

在信仰发展过程中，信仰会呈现出世俗化的趋向。民众在信仰神明的同时，对神明的发展也做出一定的判断，使得它与同类之间产生了变化。一般情况下，对于功能大于自己的神明，会并存；而对于力量相对弱小的地方神，则整合这些神明，覆盖其信仰空间。信仰世俗化的另一表现是对区域社会社会生活的影响，因神明的性质，会使得神明具有某些特征。不同的神明，起源不同，功能不同，必然会对区域社会不同的方面产生影响，因而它不具备共通性。在对生活习俗方面，应当是异彩纷呈的。以太白山神为例，关中人将白色头饰与太白山联系在一起，若换作其他山神，必不能与此习俗相关。而太白山中多草药，是太白山神能治病功能的来源之一。而在社会经济方面，不同的神明影响可能会有一些相同。神明的祭拜场所多为庙宇或宫观，而这些地方极易形成庙会。庙会随神明的地位和庙宇规模而有所不同，其所涉及的地域范围和产生的商品交易量也有差异。社会生活是多方面的，信仰的影响是多维的，需要对两者充分认识之后才能看到较为明晰的世俗化过程和结果。信仰对区域社会的影响，是信仰自身力量的渗出，变化的是区域社会，这是信仰内力的作用。信仰的政治化和世俗化，都是因信仰而产生，因驱动力来源的不同，作用方式和作用结果也不尽相同。

信仰与景观之间，是一种对应关系。景观因信仰而产生，也表征着信仰发展的程度。信仰的发展是景观发展的基础，两者具有相对的同步性，景观在出现时间上总晚于信仰，景观的消亡也缓于信仰，这由其是物质存在的特性决定的。在信仰发展的初期，信仰和景观之间一元对应，而当信仰发展趋于兴盛，信仰与景观之间出现多元对应，并最终趋同发展。在一定程度上可以认为，有信仰才会有景观，有景观的区域一定有过信仰的存在，但不能由此衍生出信仰和景观是一体的。有信仰的区域可能没有景观，信众可以选择在别处祭拜，故而两者又是不对等的。信仰和景观之间的这种对应而不对等的关系，对众多的民间信仰而言，应具有一定的普遍性。

信仰、景观与区域社会之间，有着多元的互动。选取何种层面去阐释，与研究者的视野和目的有关，但无论如何，它们都是区域社会民众对区域社会认知的结果。要将区域社会这个包罗万象的箩筐彻底理清楚，不是通过对一种神明及其所对应的景观的分析就能得到，或者因此而找到三者相对固定关系的规律。对多维社会的解释，需要对多种事象的深入挖掘，这也是笔者所力求实现的。

参 考 文 献

一、典籍

（晋）陈寿：《三国志》，北京：中华书局，1982 年。

（唐）房玄龄等：《晋书》，北京：中华书局，1974 年。

（清）刘锦藻编纂：《清朝文献通考》，杭州：上海古籍出版社，2000 年。

（后晋）刘昫等：《旧唐书》，北京：中华书局，1975 年。

（清）卢坤辑：《秦疆治略》，台北：成文出版社，1969 年。

（宋）欧阳修：《新唐书》，北京：中华书局，1975 年。

（宋）欧阳修：《新五代史》，北京：中华书局，1974 年。

（清）史善长编：《弇山毕公年谱》，清嘉庆年间刻本。

（明）宋濂等：《元史》，北京：中华书局，1976 年。

（宋）苏轼著，（清）王文诰辑注，孔凡礼点校：《苏轼诗集》，北京：中华书局，1982 年。

（宋）苏轼著，孔凡礼点校：《苏轼文集》，北京：中华书局，1986 年。

（宋）苏轼撰，王松龄点校：《东坡志林》，北京：中华书局，1981 年。

（清）王志沂辑：《陕西志辑要》，台北：成文出版社，1970 年。

（唐）魏徵等：《隋书》，北京：中华书局，1973 年。

（宋）薛居正等：《旧五代史》，北京：中华书局，1976年。

赵尔巽等：《清史稿》，北京：中华书局，1977年。

（清）赵嘉肇：《关中丛书》第四函《太华太白纪游略》，西安：陕西通志馆，1934年。

二、方志

长武县志编纂委员会：《长武县志》，西安：陕西人民出版社，2000年。

道光《大荔县志》，清道光三十年（1850年）刻本。

道光《鄜州志》，清道光十三年（1833年）刻本。

道光《留坝厅志》，清道光二十二年（1842年）刻本。

道光《宁陕厅志》，清道光九年（1829年）刻本。

道光《榆林府志》，清道光二十一年（1841年）刻本。

道光《增修怀远县志》，清道光二十二年（1842年）刻本。

道光《重修略阳县志》，清道光二十六年（1846年）刻本。

道光《重修汧阳县志》，清道光二十一年（1841年）刻本。

道光《紫阳县志》，清光绪八年（1882年）吴世泽补刻本。

光绪《大荔县续志》，清光绪五年（1879年）刻本。

光绪《凤县志》，光绪十八年（1892年）刻本。

光绪《佛坪厅志》，清光绪九年（1883年）刻本。

光绪《富平县志稿》，清光绪十七年（1891年）刻本。

光绪《靖边志稿》，清光绪二十五年（1899年）刻本。

光绪《临潼县续志》，清光绪十六年（1890年）刻本。

光绪《麟游县新志草》，清光绪九年（1883年）刻本。

光绪《岐山县志》，清光绪十年（1884）刻本。

光绪《乾州志稿》，清光绪十年（1884年）刻本。

光绪《三原县新志》，清光绪六年（1880年）刻本。

光绪《同州府续志》，清光绪七年（1881年）刻本。

光绪《孝义厅志》，清光绪九年（1883年）刻本。

光绪《永寿县重修新志》，清光绪十四年（1888年）刻本。

光绪《增续沔阳县志》，清光绪十三年（1887年）刻本。

姬乃军，韩志侃校注：《〈延安府志〉校注》，西安：陕西旅游出版社，1999年。

嘉靖《高陵县志》，明嘉靖二十年（1541年）刻本。

嘉靖《重修三原县志》，明嘉靖年间刻本。

嘉庆《扶风县志》，清嘉庆二十四年（1819年）刻本。

嘉庆《韩城县续志》，清嘉庆二十三年（1818年）刻本。

嘉庆《洛川县志》，清嘉庆十一年（1806年）刻本。

嘉庆《咸宁县志》，清嘉庆二十四年（1819年）刻本。

嘉庆《续武功县志》，清嘉庆二十一年（1816年）刻本。

嘉庆《续修潼关厅志》，清嘉庆二十二年（1817年）刻本。

嘉庆《续修中部县志》，清嘉庆十二年（1807年）刻本。

嘉庆《长安县志》，清嘉庆二十年（1815年）刻本。

嘉庆《汉阴厅志》，清嘉庆二十三年（1818年）刻本。

康熙《朝邑县后志》，清康熙五十一年（1712年）刻本。

康熙《淳化县志》，清康熙四十年（1701年）刻本。

康熙《麟游县志》，清康熙四十七年（1708年）吴世泽补刻本。

康熙《三水县志》，清康熙十六年（1677年）刻本。

康熙《长武县志》，清康熙十六年（1677年）刻本。

（元）骆天骧撰，黄永年点校：《类编长安志》，西安：三秦出版社，2006年。

民国《宝鸡县志》，民国十一年（1922年）铅印本。

民国《汉南续修郡志》，民国十三年（1924年）刻本。

民国《临潼县志》，民国十一年（1922年）西安合章书局铅印本。

民国《洛川县志》，民国三十三年（1944年）泰华印刷厂铅印本。

民国《咸宁长安两县续志》，民国二十五年（1936年）铅印本。

民国《续修蓝田县志》，民国三十年（1941年）铅印本。

民国《续修醴泉县志稿》，民国二十四年（1935年）铅印本。

民国《续修南郑县志》，民国十年（1921年）版本。

民国《续修陕西通志稿》，民国二十三年（1934年）铅印本。

民国《重修鄠县志》，民国二十二年（1933 年）西安酉山书局铅印本。

民国《岐山县志》，民国二十四年（1935 年）铅印本。

民国《重纂兴平县志》，民国十二年（1923 年）铅印本。

民国《盩厔县志》，民国十四年（1925 年）西安艺林印书社铅印本。

乾隆《宝鸡县志》，清乾隆五十年（1785 年）刻本。

乾隆《凤翔县志》，清乾隆三十二年（1767 年）刻本。

乾隆《富平县志》，清乾隆四十三年（1778 年）刻本。

乾隆《醴泉县志》，清乾隆四十九年（1784 年）刻本。

乾隆《临潼县志》，清乾隆四十一年（1776 年）刻本。

乾隆《雒南县志》，清乾隆十一年（1746 年）刻本。

乾隆《三水县志》，清乾隆五十年（1785 年）刻本。

乾隆《商南县志》，清乾隆四十八年（1783 年）补刻本。

乾隆《武功县志》，清乾隆二十六年（1761 年）刻本。

乾隆《西安府志》，清乾隆四十四年（1779 年）刻本。

乾隆《咸阳县志》，清乾隆十六年（1751 年）刻本。

乾隆《兴安府志》，清乾隆五十三年（1788 年）刻本。

乾隆《兴平县志》，清乾隆四十四年（1779 年）刻本。

乾隆《洵阳县志》，清乾隆四十八年（1783 年）刻本。

乾隆《凤翔府志》，清乾隆三十一年（1776 年）刻本。

乾隆《重修盩厔县志》，清乾隆五十年（1785 年）刻本。

顺治《邠州志》，清顺治六年（1649）刻本、清康熙四十四年（1705）
　　增补本。

顺治《清涧县志》，清顺治十八年（1661 年）刻本。

（宋）宋敏求撰，（清）毕沅校正：《长安志》，台北：成文出版社，
　　1969 年。

太白县地方志编纂委员会编：《太白县志》，西安：三秦出版社，1995 年。

咸丰《同州府志》，清咸丰二年（1852 年）刻本。

宣统《郿县志》，清宣统二年（1910 年）铅印本。

宣统《长武县志》，清宣统二年（1910 年）铅印本。

宣统《重修泾阳县志》，清宣统三年（1911 年）天津华新印刷局铅印本。

（清）佚名：《洵阳乡土志》，清代末期抄本。

民国《砖坪厅志》，民国六年（1917 年）铅印本。

雍正《安定县志》，清雍正八年（1730 年）钞本。

雍正《蓝田县志》，清雍正八年（1730 年）增刻顺治本。

雍正《陕西通志》，清雍正十三年（1735 年）刻本。

雍正《宜君县志》，清雍正十年（1732 年）刻本。

（明）赵廷瑞修，（明）马理、吕柟纂，董健桥等校注：《陕西通志》，西安：三秦出版社，2006 年。

三、今人著作

（美）阿兰·邓迪斯著，户晓辉编译：《民俗解析》，桂林：广西师范大学出版社，2005 年。

安德明：《天人之际的非常对话：甘肃天水地区的农事禳灾研究》，北京：中国社会科学出版社，2003 年。

（日）滨岛敦俊著，朱海滨译：《明清江南农村社会与民间信仰》，厦门：厦门大学出版社，2008 年。

钞晓鸿：《生态环境与明清社会经济》，合肥：黄山书社，2004 年。

邓云特：《中国灾荒史》，北京：商务印书馆，1937 年。

（美）杜赞奇著，王福明译：《文化、权力与国家：1900—1942 年的华北农村》，南京：江苏人民出版社，2008 年。

范正义：《保生大帝信仰与闽台社会》，福州：福建人民出版社，2006 年。

（英）J.G.弗雷泽著，徐育新、汪培基、张泽石译：《金枝》，北京：新世界出版社，2006 年。

复旦大学历史地理研究中心主编：《自然灾害与中国社会历史结构》，上海：复旦大学出版社，2001 年。

复旦大学历史系编：《中国传统文化的再估计——首届国际中国文化学术讨论会（1986 年）文集》，上海：上海人民出版社，1987 年。

葛兆光：《中国思想史》，上海：复旦大学出版社，2001 年。

郭于华主编：《仪式与社会变迁》，北京：社会科学文献出版社，2000 年。

国家文物局主编：《中国文物地图集·陕西分册》，西安：西安地图出版社，1998 年。

（美）韩明士著，皮庆生译：《道与庶道：宋代以来的道教、民间信仰和神灵模式》，南京：江苏人民出版社，2007 年。

（美）韩森著，包伟民译：《变迁之神：南宋时期的民间信仰》，杭州：浙江人民出版社，1999 年。

行龙，杨念群主编：《区域社会史比较研究》，北京：社会科学文献出版社，2006 年。

何平立：《崇山理念与中国文化》，济南：齐鲁书社，2001 年。

何星亮：《中国自然神与自然崇拜》，上海：三联书店，1992 年。

贾二强：《唐宋民间信仰》，福州：福建人民出版社，2002 年。

（美）克利福德·格尔茨著，韩莉译：《文化的解释》，南京：译林出版社，1999 年。

孔凡礼：《苏轼年谱》，北京：中华书局，1998 年。

李文海，夏明方主编：《天有凶年：清代灾荒与中国社会》，北京：生活·读书·新知三联书店，2007 年。

李旭旦：《人文地理学论丛》，北京：人民教育出版社，1985。

林拓：《文化的地理过程分析：福建文化的地域性考察》，上海：上海书店出版社，2004 年。

刘景纯：《城镇景观与文化：清代黄土高原地区城镇文化的地理学考察》，北京：中国社会科学出版社，2008 年。

孟慧英：《西方民俗学史》，北京：中国社会科学出版社，2006 年。

聂树人编著：《陕西自然地理》，西安：陕西人民出版社，1981 年。

牛平汉主编：《清代政区沿革综表》，北京：中国地图出版社，1990 年。

蒲慕州：《追寻一己之福——中国古代的信仰世界》，上海：上海古籍出版社，2007 年。

秦建明，（法）吕敏编著：《尧山圣母庙与神社》，北京：中华书局，2003 年。

瞿明安，郑萍：《沟通人神——中国祭祀文化象征》，成都：四川人民出版社，2005 年。

瞿同祖著，范忠信、晏峰译：《清代地方政府》，北京：法律出版社，2003 年。

任继愈主编：《中国道教史》，上海：上海人民出版社，1990 年。

（日）深尾叶子等著，林琦译：《黄土高原的村庄——声音·空间·社会》，北京：民族出版社，2007 年。

石峰：《非宗族乡村：关中"水利社会"的人类学考察》，北京：中国社会科学出版社，2009 年。

谭其骧主编：《中国历史地图集》，北京：中国地图出版社，1987 年。

汪汉忠：《灾害、社会与现代化》，北京：社会科学文献出版社，2005 年。

王继英：《民间信仰文化探踪》，北京：民族出版社，2007 年。

（法）魏丕信著，徐建青译：《18 世纪中国的官僚制度与荒政》，南京：江苏人民出版社，2003 年。

萧正洪：《环境与技术选择——清代中国西部地区农业技术地理研究》，北京：中国社会科学出版社，1998 年。

邢莉主编：《民间信仰与民俗生活》，北京：中央民族大学出版社，2008 年。

俞孔坚：《景观：文化、生态与感知》，北京：科学出版社，2005 年。

袁林：《西北灾荒史》，兰州：甘肃人民出版社，1994 年。

张萍：《地域环境与市场空间——明清陕西区域市场的历史地理学研究》，北京：商务印书馆，2006 年。

张晓虹：《文化区域的分异与整合——陕西历史文化地理研究》，上海：上海书店出版社，2004 年。

张研：《清代社会的慢变量：从清代基层社会组织看中国封建社会结构与经济结构的演变趋势》，太原：山西人民出版社，1999 年。

章海荣：《梵净山神——黔东北民间信仰与梵净山区生态》，贵阳：贵州人民出版社，1997 年。

赵世瑜：《狂欢与日常——明清以来的庙会与民间社会》，北京：生活·读书·新知三联书店，2002 年。

赵世瑜：《小历史与大历史：区域社会史的理念、方法与实践》，北京：生活·读书·新知三联书店，2006 年。

赵珍：《清代西北生态变迁研究》，北京：人民出版社，2005 年。

郑培凯，陈国成主编：《史迹·文献·历史：中外文化与历史记忆》，桂林：广西师范大学出版社，2008 年。

郑振满，陈春声主编：《民间信仰与社会空间》，福州：福建人民出版社，2003 年。

周尚意，孔翔，朱竑编著：《文化地理学》，北京：高等教育出版社，2004 年。

朱海滨：《祭祀政策与民间信仰的变迁——近世江浙民间信仰研究》，上海：复旦大学出版社，2008 年。

朱浒：《地域性流动及其超越——晚清义赈与近代中国的新陈代谢》，北京：中国人民大学出版社，2006 年。

四、论文

董晓萍：《陕西泾阳社火与民间水管理关系的调查报告》，《北京师范大学学报》（人文社会科学版），2001 年第 6 期。

何凡能，田砚宇，葛全胜：《清代关中地区土地垦殖时空特征分析》，《地理研究》2003 年第 6 期。

黄新力：《陕北最原始的祈雨民俗——黄土地上闹赛赛》，《文明》2005 年第 7 期。

吉成名：《龙王庙由来考》，《文史杂志》2003 年第 6 期。

李广龙：《〈三秦记〉辑本考述》，《兰台世界》2009 年第 20 期。

林涓：《祈雨习俗及其地域差异——以传统社会后期的江南地区为中心》，《中国历史地理论丛》2003 年第 1 辑。

林美容：《由祭祀圈到信仰圈:台湾民间社会的地域构成与发展》，张炎宪：《中国海洋发展史研讨会论文集》第三辑，台北："中央研究院"民族学研究所，1988 年。

林美容：《彰化妈祖信仰圈》，《"中央研究院"民族学研究所集刊》1990 年第 68 期。

林拓：《"边缘—核心转换"：区域神明信仰策源地的形成及特征——以

福建为例》，《宗教学研究》2005 年第 3 期。

林拓：《地域社会变迁与民间信仰区域化的分异形态——以近 800 年来福建民间信仰为中心》，《宗教学研究》2007 年第 3 期。

刘养洁：《山西宗教文化景观论》，《山西大学学报》（哲学社会科学版）1997 年第 2 期。

刘毓兰：《清代京师的祈雨活动》，《紫禁城》1995 年第 1 期。

刘志伟：《地域社会与文化的结构过程——珠江三角洲研究的历史学与人类学对话》，《历史研究》2003 年第 1 期。

庞建春：《旱作村落雨神崇拜的地方叙事——陕西蒲城尧山圣母信仰个案》，曹树基主编：《田祖有神：明清以来的自然灾害及其社会应对机制》，上海：上海交通大学出版社，2007 年。

皮庆生：《"中国民间信仰：历史学研究的方法与立场"学术研讨会综述》，《世界宗教研究》2008 年第 3 期。

僧海霞：《晚清陕甘回民起义与关中地区汉人信仰的变迁》，《北方民族大学学报》（哲学社会科学版）2009 年第 4 期。

深尾叶子著、周耘译：《中国黄土高原杨家沟村的〈祈雨调〉》，《黄钟（武汉音乐学院学报）》1997 年第 3 期。

史耀增：《关中东府民间祈雨风俗透视》，《古今农业》2004 年第 1 期。

汤茂林：《文化景观的内涵及其研究进展》，《地理科学进展》2000 年 1 期。

陶思炎，铃木岩弓：《论民间信仰的研究体系》，《世界宗教研究》1999 年第 1 期。

王存奎、孙先伟：《民间信仰与社会控制》，《民俗研究》2005 年第 4 期。

王科社：《青蛙与求雨——陇右风俗札记之一》，《民俗研究》1993 年第 2 期。

王丽芳：《民众求雨习俗的生态经济学思考——以山西民间求雨习俗为例》，《生产力研究》2006 年第 6 期。

杨新：《陕西旱灾特征》，《灾害学》1998 年第 2 期。

杨玉坤：《太白山名考》，《西北大学学报》（哲学社会科学版）1981 年第 2 期。

张晶：《中国的佛教文化景观》，《人文地理》1991 年第 3 期。

张晓虹，张伟然：《太白山信仰与关中气候——感应与行为地理学的考察》，《自然科学史研究》2000 年第 3 期。

张晓虹，郑召利：《明清时期陕西商品经济的发展与社会风尚的嬗递》，《中国社会经济史研究》1999 年第 3 期。

张晓虹：《明清时期陕西民间信仰的区域差异》，《中国历史地理论丛》2000 年第 1 辑。

张晓虹：《区域信仰的本土化与地方信仰的转型——基于清代陕南杨泗将军信仰的考察》，《陕西师范大学学报》（哲学社会科学版）2008 年第 6 期。

张晓虹：《陕西文化区划及其机制》，《人文地理》2000 年第 3 期。

张一平：《唐王室雩雨考述》，《山西师大学报》（社会科学版）2000 年第 3 期。

赵荣：《论文化景观的判识及其研究》，《西北大学学报》（自然科学版）1995 年第 6 期。

周振鹤：《行政区划史研究的基本概念与学术用语刍议》，《复旦学报》（社会科学版）2001 年第 3 期。

周振鹤：《中国历史上自然区划、行政区划与文化区域相互关系管窥》，《历史地理》第 19 辑，上海：上海人民出版社，2003 年。

朱士光等：《历史时期关中地区气候变化的初步研究》，《第四纪研究》1998 年第 1 期。

后　记

　　本书是我博士论文的修订版。岁月不居，时节如流，从 2010 年 6 月论文答辩到此刻补充这篇后记，已近 9 年。此刻再回看论文的致谢部分，九年前的那个初夏，种种心情，仍历历在目：

　　　　搁笔掩卷暇思，于我而言这不是结束。一个终结意味着另一个开始，对此我有太多的不舍。一路走来，得到诸多师长的关爱，感激之情，难以言表。

　　　　我的博士论文的指导教师是萧正洪教授。追随萧老师求学古城西安，是我人生中的一大幸事。入门之初，因对历史地理学的无知，在因毕业论文选题给导师长达一年之久的反复"汇报"中，我逐渐理解历史地理学绝不是我臆想中的历史与地理的叠加；当我的选题一次次被"扼杀"时，我明白"历史研究"也不是历史资料的集结。历史地理学是一道我站在门外看的美丽风景，若能走近它，先生之功定不可没。听先生讲课，常有拨云见日之感，总能在我困惑时给以启发；听先生评论，常有"听君一席话，胜读十年书"之叹，这将是我求学生涯中难以忘却的经历。

　　　　我的毕业论文从选题、书写到最终的定稿，都离不开导师高屋建瓴的指导。先生学识渊博，从研究方法、思维逻辑到论文架构都不吝指教；先生治学严谨，论文的书写、注释都得以强调。我自知拙文远不能达先生所愿，若有点滴进步，先生之恩定不能忘。

我的硕士研究生导师李并成先生，为人谦和、治学严谨。在我离开金城兰州后，数年来常常问及我的学习和生活，在我困惑时解疑答惑，在我迷茫时给以鼓励。先生的深情厚谊，学生将永存心间。

李并成先生常言："环发中心是一个君子之邦"。三年来，我感同身受。侯甬坚老师谦逊和蔼、治学严谨，时常问及我的学习、论文，关切之意令学生难忘；王社教老师才思敏捷，常能从不同的角度看问题，令学生茅塞顿开；张萍老师才华横溢，对论文提出了诸多宝贵的意见和建议，使我受益匪浅；李令福老师学识渊博、平易近人，慷慨赠书与我，并对论文提出了建设性建议，纠正了我认识上的不足；卜凤贤老师学术造诣颇深，在预答辩中给予专业性指导，开拓了我的研究思路；办公室上官娥老师、资料室张西平老师，给我提供了诸多的便利条件，并常常给与鼓励和帮助，在此均致以诚挚的谢意。

与我同道者，给我支持；与我同门者，给我鼓励。中心的众多学友，能同路前行，是我一生的缘分。

感谢我的家人多年来的爱护和支持，能行至此，他们是我坚强的后盾。

毕业后，我和儿子一直生活在兰州，小小少年给了我温暖的陪伴。九年来，我更加感激命运的馈赠和岁月的厚爱，要感谢的人也就更多了。

感谢复旦大学冯贤亮、西南大学蓝勇、华中师范大学王玉德、南京大学李承贤、西北大学杨新军诸教授的细心审阅和指教；感谢西北师范大学李并成，西北大学吕卓民，陕西师范大学侯甬坚、王社教、张萍诸教授参加我的毕业答辩。诸位先生的意见和建议，为论文的补充和修改，指明了方向。

太白山神作为陕西民间信仰的代表性神明，是地域社会发展的见证，有诸多面向，而我所阐释的只是其中的一部分。在博士论文完成后，我于 2011 年参加了全国历史学博士后论坛，会议论文以清代太白山神信仰为例探讨了民间信仰与区域文化的变迁，于赓哲和李宗俊诸教授都参与此问题的讨论；2013 年，《暨南学报》发表了我的《历史时期太白山主体信仰景观变迁及其机制研究》一文，王元林教授作为审稿专家给予了细致的指导；2015 年 6 月，受科大卫先生的邀请，我参加了由香港中文大学历史人类学研究中心举办的"区域社会研究：南北比较的视野"学术研讨会，提交《历史时期太白庙的分布及动力机制探析》一文，得到了与会学者如劳格文等先生的指正。以上诸位先生的指导，都使我获益良多，让我得以进一步思考民间信仰与地方社会的关系，从而有了更深的体悟。在此向他们表示感谢。

明人王祎诗云："洮云陇草都行尽，路到兰州是极边"。时至今日，交通已极为便利，然老家人提及兰州，仍视其为边远之地。于我，兰州是我走向历史之门的起点，是我的福地，我深深地感激这里给予我帮助的可敬的人们。15 年来，李并成先生对我关怀备至，此情我将终生铭记。田澍教授是我读硕士时的授课老师，也是我工作后的领导，感谢他给我的诸多帮助，尤其是 2017 年夏参与他的重大招标项目申报书的撰写，他敏捷的思维和严谨的态度，让我对做学问这件事有了更深的理解。西北师范大学历史文化学院的诸位同仁在工作和生活中给了我诸多帮助，感谢一路同行。我的硕士研究生刘婷、王淑纬、徐桂彬、刘吉兆等同学，帮我详细校对了本书的引文，谨致谢意。

感谢恩师萧正洪教授。承蒙先生不弃，我得以忝列萧门。十余年来，先生关爱有加，同门切磋问学，这成为我前行路上的怡人美景。

感谢我的父母、兄嫂和子侄们给我的温暖，感谢赵海朝先生和赵政同学的默默陪伴。

前路漫漫，且歌且行！

僧海霞

2019 年 3 月于西北师大